메이저
리그
견문록

메이저 리그 견문록

세계에서
가장 아름다운
MLB 야구장 이야기
30

최영조 지음

이상

메이저리그 견문록

초판 1쇄 펴낸날 2015년 4월 10일

지은이 최영조
펴낸이 이상규
편집인 김훈태
디자인 표지 엄혜리
디자인 내지 조덕희

펴낸곳 이상미디어
등록번호 209-06-98501
등록일자 2008. 09. 30
대표전화 02-913-8888
팩스 02-913-7711
e-mail leesangbooks@gmail.com

ISBN 978-89-94478-52-4 13690

이 책의 저작권은 저자에게 있으며, 무단 전재나 복제는 법으로 금지되어 있습니다.

세상에서 관중들로 가득 들어찬 야구장보다 아름다운 것은 없다.
(The most beautiful thing in the world is a ballpark filled with people).
―빌 비크(Bill Veeck)

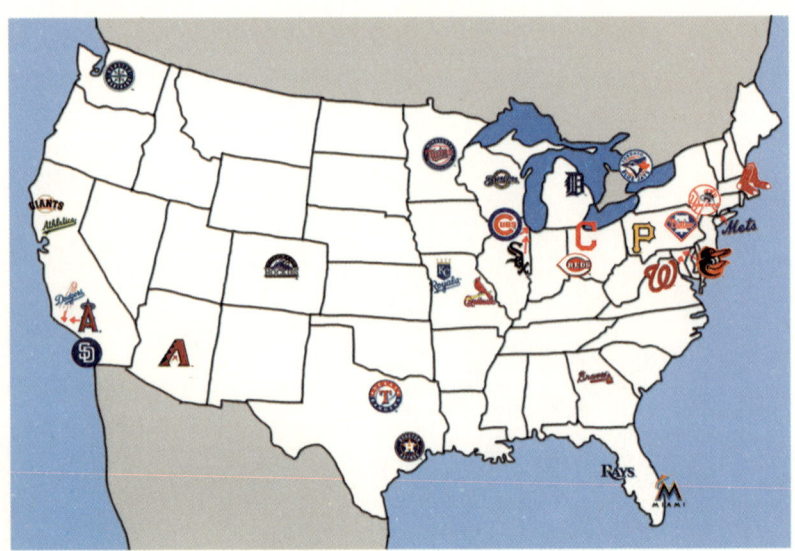

메이저리그 현황

National League

서부지구	중부지구	동부지구
애리조나 다이아몬드백스	시카고 컵스	애틀랜타 브레이브스
콜로라도 로키스	신시내티 레즈	마이애미 말린스
LA 다저스	밀워키 브루어스	뉴욕 메츠
샌디에이고 파드리스	피츠버그 파이어리츠	필라델피아 필리스
샌프란시스코 자이언츠	세인트루이스 카디널스	워싱턴 내셔널스

American League

서부지구	중부지구	동부지구
휴스턴 애스트로스	시카고 화이트삭스	볼티모어 오리올스
LA 에인절스	클리블랜드 인디언스	보스턴 레드삭스
오클랜드 애슬레틱스	디트로이트 타이거즈	뉴욕 양키스
시애틀 매리너스	캔자스시티 로열스	탬파베이 레이스
텍사스 레인저스	미네소타 트윈스	토론토 블루 제이스

차 례

메이저리그 야구장에 가기 전 꼭 알아야 할 것들 ... 10

애리조나 다이아몬드백스 Arizona Diamondbacks
태양의 계곡에 우뚝 솟은 체이스 필드 ... 18

애틀란타 브레이브스 Atlanta Braves
웅장한 토마호크 참의 함성, 터너 필드 ... 28

볼티모어 오리올스 Baltimore Orioles
복고풍 야구장의 롤모델, '칼이 지은 집' 캠든 야즈 ... 38

보스턴 레드삭스 Boston Red Sox
보스턴의 심장과 영혼, 펜웨이 파크 ... 48

시카고 컵스 Chicago Cubs
담쟁이덩굴의 위엄, 리글리 필드 ... 58

시카고 화이트삭스 Chicago White Sox
오바마가 사랑한 팀의 U.S. 셀룰러 필드 ... 70

신시내티 레즈 Cincinnati Reds
세계 최초 프로야구팀의 그레이트 아메리칸 볼파크 ... 80

클리블랜드 인디언스 Cleveland Indians
455연속 홈경기 매진의 영광, 프로그레시브 필드 ... 92

콜로라도 로키스 Colorado Rockies
해발 1600미터 '투수들의 무덤' 쿠어스 필드 ... 102

디트로이트 타이거즈 Detroit Tigers
몰락한 '자동차 도시'의 코메리카 파크 ... 112

휴스턴 애스트로스 Houston Astros
세계 8대 불가사의 애스트로 돔을 대체한 미닛 메이드 파크 ... 122

캔자스시티 로열스 Kansas City Royals
분수가 아름다운 코프먼 스타디움 ... 132

LA 에인절스 LA Angels
야구장에 바위와 폭포수가? 에인절 스타디움 ... 144

LA 다저스 LA Dodgers
박찬호와 류현진의 아메리칸 드림, 다저스타디움 ... 154

마이애미 말린스 Miami Marlins
비와 더위로부터의 해방, 말린스 파크 ... 166

밀워키 브루어스 Milwaukee Brewers
유니크한 돔을 자랑하는 밀러 파크   176

미네소타 트윈스 Minnesota Twins
'쌍둥이 도시'의 홈구장, 타깃 필드   186

뉴욕 메츠 New York Mets
에베츠 필드의 재림, 시티 필드   196

뉴욕 양키스 New York Yankees
전통과 역사를 품다, 양키스타디움   206

오클랜드 애슬레틱스 Oakland Athletics
오클랜드의 돌무덤, 오코 콜리세움   218

필라델피아 필리스 Philadelphia Phillies
해질 무렵 필라델피아에 반하다, 시티즌스 뱅크 파크   228

피츠버그 파이어리츠 Pittsburgh Pirates
가장 아름다운 스카이라인, PNC 파크   238

샌디에이고 파드리스 San Diego Padres
잔디밭에 앉아서 야구를 즐기다, 펫코 파크   248

샌프란시스코 자이언츠 San Francisco Giants
샌프란시스코에 마음을 두고 오다, AT&T 파크   256

시애틀 매리너스 Seattle Mariners
'비의 도시'에 세워진 돔구장, 세이프코 필드   266

세인트루이스 카디널스 St. Louis Cardinals
베이스볼 헤븐, 부시 스타디움   276

탬파베이 레이스 Tampa Bay Rays
MLB 유일의 폐쇄형 돔구장, 트로피카나 필드   286

텍사스 레인저스 Texas Rangers
가장 아메리칸리그다운 구장, 글로브 라이프 파크   298

토론토 블루 제이스 Toronto Blue Jays
MLB 유일의 '캐나다 야구장' 로저스 센터   310

워싱턴 내셔널스 Washington Nationals
최첨단 친환경 구장, 내셔널스 파크   320

미국 야구 명예의 전당 National Baseball Hall of Fame & Museum
미국 야구의 성지, 쿠퍼스타운을 가다   328

지은이 **최영조**

8살 때부터 동네야구를 하면서 자연스럽게 야구를 좋아했다. 하드볼이란 PC게임을 통해서 메이저리그를 처음 접했고 이후 박찬호 선수로 인해 본격적으로 메이저리그에 심취했다. 카투사로 복무한 군대시절에는 미군방송과 원서를 탐독하며 메이저리그에 대한 열정을 더 키웠다. 특히, 각양각색의 매력을 지닌 미국 야구장에 완전히 매료돼 메이저리그 30개 구장 방문에 대한 꿈을 꾸기 시작했다. 세인트루이스 카디널스를 좋아해 대학생 때 세인트루이스로 미국 어학연수를 떠났고 9개 구장을 방문했다. 처음 피부로 직접 느낀 메이저리그는 더욱 가슴을 뛰게 했다. 미국에서 데일리안 객원기자로 메이저리그 관련 기사와 칼럼을 기고했고 현재도 진행중이다. 경영학을 전공했고 증권회사에서 6년간 일하기도 했다. 2013년에 6개 구장, 2014년에 22개 구장을 방문하는 메이저리그 여행을 떠났고 마침내 30구장을 모두 둘러봤다. 선수들이 메이저리거가 되기까지 겪은 다양한 인생사를 알아가는 것에 큰 흥미를 느끼며, 야구를 보는 것만큼이나 하는 것을 좋아해 주말에는 토요일 팀 래쿤스와 일요일 팀 스왈로즈에서 사회인 야구를 하고 있다.

블로그 주소 : blog.naver.com/choiyj214

일러두기

1. 모든 기록은 베이스볼 레퍼런스(www.baseball-reference.com) 기준으로 2014년 시즌까지 반영해 정리했다.
2. 구장 정보는 2014년 시즌까지를 기준으로 작성했고 책에 나오는 파크 팩터 수치는 《Bill James Handbook》을 활용했다.
3. 모든 날짜와 시간은 미국을 기준으로 했다.
4. 야구용어는 《The Dickson Baseball Dictionary》를 참조했다.

메이저리그 야구장에 가기 전
꼭 알아야 할 것들

1. 티켓 예매는 어떻게 하나요?

메이저리그를 직접 관람하기 위해서 가장 먼저 해야 할 일은 역시 경기 입장권을 구입하는 것이다. 메이저리그 경기 티켓을 구입하는 방법에는 크게 3가지가 있는데, 가장 일반적인 방법은 각 구단의 공식홈페이지를 통해서 예매하는 것이다. 그리고 스텁 헙(www.stubhub.com) 등 온라인 티켓 구매 사이트를 이용할 수도 있다. 마지막으로 현장의 매표소에서 표를 사는 방법도 있다. 먼저 메이저리그 공식 홈페이지(www.mlb.com)를 통해 각 구단 홈페이지에 접속한 후 스케줄로 들어가면 달력처럼 월별로 시즌 경기 일정이 나와 있다. 보통 원정경기는 흰색으로, 홈경기는 그 구단의 상징적인 색이 바탕으로 되어 있다. 각 날짜 별로 상대팀과 경기시간이 나와 있는데, 바로 그 아래에 티켓(Tickets)이라고 적혀 있다. 그 티켓을 클릭해서 원하는 섹션과 좌석을 지정하면 절차에 따라서 티켓을 예매할 수 있다. 이렇게 온라인으로 티켓을 예매하면 평균 3~5달러 정도의 프로세싱 비용이 든다. 또 캘린더 날짜 안에 있는 티켓 바로 옆에는 흰색 작은 사각형 안에 파란 별 모양이 있는 경우가 있는데, 이것은 해당 날짜의 구단 프로모션 행사를 의미한다. 이것을 클릭하면 버블헤드 데이(Bobble head day), 불꽃놀이 등 다양한 프로모션을 미리 확인할 수 있다.

미국에서 살지 않는 경우에는 보통 e-티켓으로 핸드폰에 다운받거나 직접 프린트용 티켓을 출력하는 것이 가장 편하다. 만약 모바일 티켓이나 출력된 종이 티켓이 아닌 제대로 된 진짜 야구 티켓을 가지고 싶다면 배송 방법

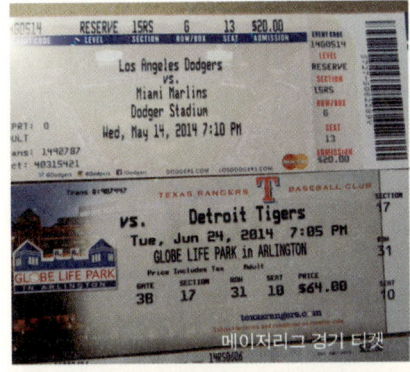

메이저리그 경기 티켓

좌측부터 야시엘 푸이그, 박찬호, 맥스 슈어저
버블헤드 인형

텍사스 레인저스
글로브 라이프 파크의 덕아웃

에서 '윌 콜(Will Call)'을 선택해야 한다. 윌 콜은 경기 당일 티켓 창구에서 직접 표를 받을 때까지 구단이 티켓을 보관해주는 것을 의미하는데, 이때 표를 받기 위해서는 결제한 신용카드와 여권 등 신분증이 반드시 필요하다. 윌 콜은 보통 최대 5달러 정도까지 추가 비용이 든다. 티켓 값 외에도 예매 프로세싱과 윌 콜 비용까지 최대 10달러 이상의 금액이 추가될 수 있다. 또 자동차를 이용할 경우 티켓 구입 후 바로 주차권을 같이 구매하면 현장에서보다 조금 더 저렴하게 살 수 있다.

온라인 사이트 스텁 헙을 이용하면 보통 시즌권 구매자들이 판매하는 경기 티켓을 구입할 수 있다. 홈페이지 메인 화면 검색 창에 원하는 팀의 이름을 넣으면 날짜별로 구매 가능한 티켓이 정렬된다. 이때 티켓 가격은 경기에 따라 정가보다 쌀 수도 있고 비쌀 수도 있다. 마지막으로 현장 구매는 티켓 가격만 지불하면 되기 때문에 추가비용이 없다는 장점이 있지만 당일 원하는 구역에 좌석이 없을 수도 있고, 최악의 경우 좌석이 매진돼 경기 자체를 관람하지 못할 가능성도 있다. 따라서 인기 팀의 경기를 관람할 예정이라면 현장 구매는 가급적 피하는 게 좋다. 단, 시즌 막판 포스트시즌에 탈락한 팀들의 홈구장에서는 보통 현장에서도 쉽게 티켓을 구할 수 있다. 또 메이저리그 야구장에서는 유명 선수들의 사인을 직접 받을 수 있다. 구장의 게이트가 열리면 바로 입장해서 선수들의 훈련 모습을 지켜볼 수 있는데, 이때 양측 덕아웃 쪽이나 외야 펜스 및 파울 폴 주변에서는 사인을 받기 위해 몰려든 팬들의 모습을 어렵지 않게 볼 수 있다. 운이 좋다면 클레이튼 커쇼 같은 스타 플레이어의 사인볼도 의외로 쉽게 구할 수 있지만 경기 시작 전이어도 해당구역으로 들어가기 위해서는 티켓을 확인하는 경우가 많다.

2. 자동차 없이 야구장에 갈 수 있나요?

미국에서는 역시 차를 이용하는 것이 가장 편리하다. 중소도시의 경우 차가 없으면 마트에 가기도 쉽지 않을 정도여서 차가 없는 미국 생활은 상상하기 어렵다. 물론 뉴욕, 시카고, 샌프란시스코 등 대도시들은 대중교통이 편리해 차가 없어도 여행하기도 편하고 야구장에 가기도 쉬운 편이다. 이 밖에 다른 중소도시들도 대부분 야구장까지 바로 이어지는 대중교통이 있지만 그 대중교통을 이용하러 가기 위해서는 시간이 많이 걸리고 번거로운 경우가 많다.

차가 없으면 미국 내에서 도시 간 이동은 상대적으로 저렴한 버스를 이용할 수 있다. 미국 버스에는 볼트버스, 메가버스, 그레이하운드 등이 있는데, 각 버스의 정류장과 야구장 거리를 미리 확인해 두는 게 좋다. 물론 거리가 멀면 당연히 비행기를 타야 한다.

3. 야구장 주변에 호텔이 있나요?

각 구단 홈페이지의 스케줄 달력 화면 우측에 보통 호텔을 검색할 수 있는 '호텔 서치(Hotel Search)'가 있어 이것을 활용하면 된다. 또 익스피디아(www.expedia.co.kr)에서 여행지에 야구장 이름을 치면 주변에 있는 여러 숙박시설들이 검색되고 야구장으로부터의 거리와 숙박비용까지 자세히 나온다. 또 한인 민박집이나 게스트 하우스, 호스텔을 이용할 수도 있다.

4. 야구장의 프로모션, 알고 가면 재미 두 배!

메이저리그 각 구단은 팬들을 위한 다양한 프로모션을 실시한다. 이 중에서 역시 가장 유명한 것이 바로 '버블헤드 데이(Bobble Head Day)'다. 버블헤드란 유명 선수의 얼굴을 크게 제작한 손바닥 크기의 인형인데, 목 부분에 스프링이 들어 있어 얼굴이 흔들리는 것이 특징이다. 어린이 팬은 물론 성인에게도 인기가 좋아 버블헤드 데이에는 유독 많은 팬이 몰린다. 구단은 버블헤드 외에도 저지, 티셔츠, 모자, 포스터, 타월, 가방 등의 기념품을 제공해 많은 팬들이 야구장을 찾도록 유도한다. 특히 주말 경기에는 경기 후 불꽃놀이 행사를 하는 경우가 많고 경기 종료 후 야구장에서 바로 이어지는 유명 가수의 콘서트도 인기가 있다.

5. 미국의 표준 시간대, 헛갈리지 마세요!

미국은 잘 알다시피 땅덩어리가 아주 커서 지역에 따라 시차가 존재한다. 미국 시간대에는 동쪽에서부터 서쪽으로 동부(ET), 중부(CT), 산악(MT), 태평양(PT)까지 총 4가지가 있다(알래스카와 하와이를 포함하면 총 6개 시간대). 동쪽에서 서쪽으로 갈수록 시간이 늦어지고, 서로 인접한 시간대는 각각 한 시간의 시차가 있다. 즉, 동부 시간대에 있는 뉴욕을 기준으로 중부 시간대의 시카고는 1시간, 산악 시간대의 덴버는 2시간, 태평양 시간대의 LA는 3시간이 더 늦다. 그렇기에 미국 전 지역을 누비는 메이저리거는 장거리 이동과 시차적응이라는 이중고에 시달릴 수밖에 없다. 이런 시차 때문에 서부에서 펼쳐지는 야간경기가 연장전에 접어들어 밤 12시에 끝나는 경우 동부는 새벽 3시가 된다. 또 피츠버그, 디트로이트, 신시내티, 클리블랜드 등은 메이저리그 중부지구에 속해 있지만 모두 동부 시간대에 속한다. 각 구단은 그 도시가 속한 시간대를 기준으로 경기 일정을 표기한다.

6. 구장 투어도 예매해야 하나요?

메이저리그 각 구장에는 팬들이 구장 구석구석을 둘러볼 수 있도록 만든 홈구장 투어 프로그램이 있다. 각 구단 홈페이지는 구장 투어가 가능한 날짜와 시간, 비용을 상세히 소개하고 있다. 구장 투어 티켓도 일반 경기표와 마찬가지로 홈페이지에서 예매할 수 있다. 가격은 구장마다 다르지만 평균 10달러 정도의 비용이 들고 약 1시간 30분 정도 구단 직원의 인솔 아래 구장 및 구단 역사에 대해 설명을 들을 수 있다. 무엇보다 그냥 야구 관람을 할 경우에는 구경하지 못하는 곳까지 살펴볼 수 있다. 덕아웃을 비롯해 기자실, 기자회견 프레스 룸, 스위트 룸 등을 둘러볼 수 있고 운이 좋으면 선수들이 이용하는 클럽하우스와 감독실에도 직접 들어갈 수 있다.

7. MLB도 식후경! 먹거리 추천해주세요!

메이저리그 각 구장에는 다양한 먹거리가 있다. 그 중에서도 필라델피아 시티즌스 뱅크 파크의 치즈 스테이크와 샌프란시스코 AT&T 파크의 갈릭 프라이, 보스턴 펜웨이 파크의 이탈리안 소시지는 단연 눈에 띄는 메뉴다. 각 구장의 공통 메뉴로는 핫도그, 햄버거, 나쵸, 팝콘, 피넛, 크래커 잭, 프리첼, 해바라기 씨, 아이스크림, 음료수, 맥주 등이 있다. 일부 음식물 반

입을 허용하는 구장도 있긴 하지만 보통 구장 내에서 음식을 사먹어야 하는 시스템이다. 미국 사람들은 보통 야구장에서 많은 비용을 지불하면서 다양한 음식을 사먹는데, 경기를 보러 온 것인지 먹기 위해 온 것인지 헷갈릴 정도다. 야구장에 입장할 때에는 경기장 보안 검색도 철저하다. 가방 안의 내용물을 일일이 들춰보는 소지품 검사는 물론이고 심한 곳은 공항에 버금가는 몸 수색까지 거쳐야 한다. 이때 구장에 따라 반입이 되지 않는 물병이나 음식물이 발견되면 입장 전 그 자리에서 즉시 먹거나 버려야 입장이 가능하다.

참고로 생수 한 병이 야구장에서 보통 4~5달러 정도이며, 맥주 한 캔은 보

선수 사진이 들어간 수집용 컵

미국 야구장 전통의 먹거리 피넛과 크래커 잭

통 8~9달러 정도다. 음료수는 5달러 정도를 지불하면 1회용 컵에 담아주고 2~3달러 정도의 추가 비용을 더 지불하면 기념품 음료(Souvenir Soda)라고 해서 '수집용 컵(Collectible Cup)'에 담아준다. 이 컵은 플라스틱 소재로 되어 있고 컵마다 다른 선수 사진이 들어가 있어서 팬들에겐 소장가치가 있다. 또 이 컵에는 노란색 리필 스티커가 붙어 있어서 당일에 한해 한 번 무

료리필이 가능하다. 구장 내에 위치한 음식 코너에서는 현금은 물론 신용카드도 사용이 가능하지만, 구장 내에서 직접 돌아다니는 벤더들에게서 먹거리를 살 경우에는 현금으로 결제해야 한다. 특히, 야구장에서 맥주를 마시려면 여권이나 신분증을 반드시 지참해야 한다.

8. 무엇이든 마음대로 먹을 수 있는 자리도 있어요!

메이저리그에서 흔히 볼 수 있는 '올 유 캔 잇 싯(All You Can Eat Seat)'은 말 그대로 모든 음식을 원하는 대로 먹을 수 있는 특별한 좌석으로 원래 야구장의 빈자리를 메우기 위한 마케팅 일환으로 도입됐다. 식별과 편의를 위해 이 구역 관중에게는 보통 팔찌를 제공한다. 팬들은 계산하는 번거로움 없이 팔찌만 보여주면 어떤 음식이든 주문해 먹을 수 있다. 음식 가격이 비싸기로 유명한 야구장이기 때문에 메뉴에 있는 음식들을 잘 골라먹으면 충분히 티켓 가격을 뽑고도 남는다. 이렇게 장점이 뚜렷하지만 보통 외야쪽 근처인 경우가 많아 경기를 관람하기에는 시야가 좋지 못한 곳이 많다.

밀러 파크 주차장에서 테일 게이트 파티를 즐기는 사람들

9. 테일게이트 파티(Tailgate Party), 같이 즐겨 보세요!

팬들은 경기 시작 몇 시간 전부터 경기장 주차장에서 '테일 게이트 파티'를 즐긴다. 원래 테일게이트(Tailgate)는 SUV나 픽업트럭의 트렁크 뒷문을 의미하는데, 이 파티는 경기장 주차장에서 트렁크 뒷문을 열어놓은 채 삼삼오오 모여 간단한 음식과 맥주를 즐기는 것을 말한다. 모두 같이 야구장에 온 기분을 내며 하루를 즐기는 것으로 미국의 다른 스포츠 경기장에서도 자주 볼 수 있는 광경이다. 경기 시작 전부터 이들이 내뿜는 열기로 경기장 주변은 항상 시끌벅적하기 마련이고 때로는 경기 후에도 파티가 이어지기도 한다. 물론 이런 테일게이트 파티를 허용하지 않는 구장도 있다. 하지만 단순히 야구만 보는 것이 아니라 야구를 일상의 축제처럼 즐기는 모습은 미국에서 '국민의 여가(National Pastime)'로 불리는 야구의 의미를 여실히 보여준다.

10. 7이닝 스트레치, 우리고 같이 몸 좀 풀자고요!

7이닝 스트레치는 메이저리그의 대표적인 전통 중 하나로 7회초가 끝나면 어느 구장에서나 '테이크 미 아웃 투 더 볼게임(Take Me Out to the Ballgame)'이란 노래를 부른다. 모든 관중들이 일어나서 노래를 따라 부르고 스트레치도 하며 잠깐의 휴식시간을 갖는다. 2001년 9.11 테러 이후에는 '갓 블레스 아메리카(God Bless America)'라는 노래가 많이 불리는데, 특히 뉴욕의 양키스타디움에서는 홈 경기마다 이 노래가 울려 퍼진다.

애리조나 다이아몬드백스
Arizona Diamondbacks

태양의 계곡에 우뚝 솟은
체이스 필드

구단 정보

창단: 1998년
연고지: 애리조나주 피닉스
월드시리즈/리그 우승: 1회/1회
영구결번: 루이스 곤잘레스(#20), 재키 로빈슨(#42)

구장 정보

이름: 체이스 필드(Chase Field)
설립: 1998년
잔디: 천연 잔디
수용: 48,633명
규격: 좌 101m / 좌중 115m / 중 124m / 우중 115m / 우 102m
주소: 401 E. Jefferson Street Phoenix, AZ 85004

1년 내내 뜨거운 햇볕이 내리쬐어 '태양의 계곡(Valley of the Sun)'이라 불리는 피닉스(Phoenix). 애리조나는 겨울에도 따뜻한 날씨 덕분에 플로리다와 함께 매년 메이저리그 스프링트레이닝이 열리는 장소로 친숙하다. 같은 이유로 스캇츠데일 등 피닉스와 인근 지역에는 은퇴자들이 많이 거주하는 곳으로 유명하다. 무엇보다 피닉스는 곳곳에 선인장이 펼쳐져 있어 이국적인 풍경을 연출한다. 또 애리조나에는 죽기 전에 꼭 가봐야 한다는 절경 그랜드캐니언과 강한 영적 에너지가 흐르는 지역 세도나가 있어 연중 관광객의 발걸음이 끊이질 않는다.

미국 최초의 개폐식 돔 구장

 애리조나의 주도 피닉스에는 NL 서부지구 애리조나 다이아몬드백스의 홈구장 체이스 필드가 있다. 체이스 필드는 1998년 다이아몬드백스 창단과 함께 개장한 개폐식 돔구장으로 2005년까지 뱅크 원 볼파크로 불리다가 2005년 9월 뱅크 원 그룹이 JP모건 체이스&컴퍼니에 흡수합병되면서 현재의 이름이 됐다. 메이저리그에서는 캐나다의 로저스 센터와 올림픽 스타디움에 이어 세 번째로 생긴 개폐식 돔구장이지만 미국에서는 최초다. 또 개폐식 돔구장으로서 천연 잔디를 사용한 첫 야구장이다. 우리에게는 과거 김병현이 활약해 더 친숙해진 곳이기도 하다. NBA 팀 피닉스 선즈의 홈구장 유에스 에어웨이 센터(U.S Airways Center)가 체이스 필드 바로 옆에 있다.

에어컨 시설이 완비된 개폐식 돔

 사막지대인 피닉스의 여름은 살인적인 무더위가 기승을 부린다. 오죽하면 농구팀 이름이 '선즈(Suns)'이겠는가. 여름철 섭씨 40도를 넘는 날이 부지기수라 돔과 에어컨 시설은 선택이 아닌 필수다. 물론 습도가 매우 낮아 우리나라 여름과는 다르지만 에어컨은 경기 시작 전부터 가동되며 보통 외부보다 섭씨 약 11도 가량 낮게 유지한다. 따라서 경기를 보는 내내 더위를 느끼지 않고 오히려 쾌적한 환경에서 야구를 관람할 수 있다. 개폐식 돔인 체이스 필드의 지붕을 열고 닫는 기준은 바로 기온이다. 지붕 무게만 4,000톤이 넘지만 여닫는 데 5분이 채 걸리지 않는다. 구단 홈페이지에는 해당 경기의 지붕 상태가 고지되어 있다. 천연 잔디 구장이기에 지붕을 닫는 날에도 경기 전에는 지붕을 열어 잔디가 충분한 햇빛을 받도록 한다. 경기 중에 거대한 지붕이 움직이기 시작하면 신기한 나머지 지붕에서 눈을 떼기가 힘들다. 체이스 필드에는 마운드 앞에서 타석 쪽으로는 옛 야구장의 향수를

2001년 월드시리즈 우승 기념 공간

2001년 월드시리즈에서 랜디 존슨이 입었던 유니폼

불러일으키는 길(잔디 없는 부분)이 있는데 디트로이트 타이거즈의 홈구장 코메리카 파크 역시 이런 특징이 있다.

창단 4년만에 월드시리즈 우승

2001년 시즌 애리조나는 랜디 존슨(21승 6패, 2.49)과 커트 실링(22승 6패, 2.98)이라는 역사에 남을 원투펀치를 자랑했다. 당시 22세에 불과했던 마무리 김병현(5승 6패 19세이브, 2.94)도 투구폼만큼 인상적인 활약으로 뒷문을 지켰다. 타격의 중심에는 커리어 최고 활약을 한 '곤조' 루이스 곤잘레스(.325-57홈런-142타점)가 있었다. 2001년 시즌 곤잘레스는 배리 본즈, 새미 소사에 이어 내셔널리그(NL) MVP 3위에 올랐다. 이 해 애리조나는 창단 4년 만에 월드시리즈 우승이라는 위업을 달성했다. 상대는 월드시리즈 4연패를 노리던 최강팀 뉴욕 양키스. 마지막 7차전에서 1-2로 뒤진 채 9회말 마지막 공격에 들어섰다. 양키스의 마운드엔 이미 8회부터 올라온 '수호신' 마리아노 리베라가 버티고 있었기 때문에 패색이 짙었다. 하지만 애리조나는 극적인 동점을 만든 데 이어 원아웃 만루의 결정적인 찬스를 잡았다. 이때 곤잘레스가 리베라를 상대로 끝내기 안타를 날려 첫 우승을 드라마틱하게 장식했다. 이는 아직까지 체이스 필드 역사상 가장 극적인 순간으로 남아 있다. 4승을 모두 책임지며 우승을 이끈 존슨(3승)과 실링(1승)은 월드시리즈 공동 MVP에 올랐다.

당시 김병현은 악몽 같은 양키스타디움을 경험했다. 4차전에서 9회말 티노 마르티네즈에게 동점 투런을 허용한 데 이어 10회말 데릭 지터에게 끝내기 홈런을 연거푸 맞았다. 5차전에서도 9회말 스캇 브로서스에게 동점 투런 홈런을 허용해 연 이틀 블론세이브를 기록했다. 야구장 한 쪽에는 2001년 월드시리즈 우승을 기념하기 위한 작은 공간이 마련돼 있다. 랜디 존슨과 루이스 곤잘레스의 유니폼, 월드시리즈 트로피 등의 볼거리가 있어 많은 사람들이 붐빈다. TV로는 당시 경기를 보여줘 팬들은 우승 당시 분위기를 생생히 느끼고 떠올릴 수 있다. 곤잘레스의 등번호 20번은 애리조나 선수 역사상 처음으로 영구결번이 됐다. 그 옆엔 재키 로빈슨의 42번이 있다. 2015년 명예의 전당에 입성한 랜디 존슨의 51번도 곧 영구결번이 될 예정이다.

레전드 레이스(The Legends Race)

5회말이 끝나면 '레전드 레이스'에 친숙한 얼굴이 대거 등장한다. 주인공은 랜디 존슨, 루이스 곤잘레스, 마크 그레이스, 맷 윌리엄스로 4명 모두 2001년 월드시리즈에서 함께 뛰었다. 애리조나를 대표했던 4명의 얼굴을 한 마

레전드 레이스 모습

스코트가 나와 달리기 시합을 한다. 워싱턴의 대통령 레이스와 같이 보는 재미가 쏠쏠해 팬들의 반응이 뜨겁다. 이들은 레이스 후에도 관중석 곳곳으로 팬들을 찾아가 분위기 메이커 역할도 충실히 수행한다.

애리조나 다이아몬드백스

체이스 필드의 상징, 외야석 풀장

체이스 필드의 상징은 바로 우중간 펜스 너머에 위치한 수영장이다. 이름은 '램트럭스닷컴풀(RAMTRUCKS.COM POOL)'로 구장의 명물로 자리매김 했다. 바로 옆엔 작은 스파도 있다. 42명을 수용할 수 있는 이곳의 렌트 비용은 경기당 약 4,500~7,000달러 수준으로 여기엔 외야석 티켓 35장, 무료 음식, 주차권이 포함돼 있다. 당연히 사전 예약은 필수지만 비싼 가격에도 인기가 많아 보통 시즌 초에 1년치 모든 티켓이 팔려나간다고 한다. 안전을 위해 인명구조원도 배치되어 있다. 더운 피닉스 날씨와 이 수영장의 조합은 안성맞춤이다. 메이저리그에는 각 도시의 특징을 잘 반영하는 구장이 많은데 에어컨과 수영장이 있는 체이스 필드도 그 중 하나다. 개장 이후 처음으로 수영장 안에 홈런 볼을 빠뜨린 선수는 바로 1998년의 마크 그레이스다. 한편 LA 다저스는 2013년 9월 이곳 체이스 필드에서 NL 서부지구 1위를 확정지었고 일부 다저스 선수들은 자축 세리모니로 펜스를 넘어 수영장에 난입했다. 사전 약속에 없는 이 눈엣가시 같은 행동은 애리조나 구단과 언론을 발칵 뒤집어놓기도 했다.

2001년 월드시리즈 우승 이후, 2002년 시즌 4만 명에 육박했던 홈경기 평균 관중은 2014년 2만5천 명 수준으로 곤두박질쳤다. 최근 체이스 필드의 야구 열기는 이곳을 내리쬐는 뜨거운 태양과는 대조적이다.

직관 후기

이날 경기는 LA다저스와 애리조나의 맞대결이었는데 다저스 선발투수는 바로 클레이튼 커쇼였다. 현역 최고 투수의 투구를 직접 감상할 수 있다는 기대감은 이미 피닉스에 오기 전부터 부풀어올랐지만 결과는 애리조나의 18-7 대승. 기대와 달리 커쇼는 2회도 못 던지고 7실점하며 와르르 무너졌

체이스 필드의 상징인 외야석 수영장과 스파

애리조나 다이아몬드백스

체이스 필드의 전체 모습

고 다저스의 완패로 마무리됐다. 애리조나의 폴 골드슈미트가 2개의 홈런을 때렸다. 완벽한 에어컨 시설로 애리조나에서 더위 걱정 없이 야구를 봤다는 만족감은 컸다. 하지만 체이스 필드의 기억은 아쉽게도 '커쇼가 무너진 날'로 아직까지 강하게 뇌리에 남아 있다.

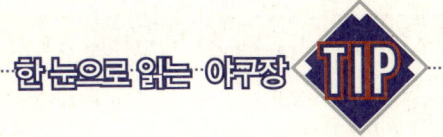 한 눈으로 읽는 야구장 TIP

MUST SEE
외야 풀(Pool)

볼거리
2001년 우승 기념 공간
레전드 레이스
개폐식 돔

교통 및 숙박
피닉스의 메트로 라이트 레일(Metro Light Rail)을 이용하면 체이스 필드에 쉽게 갈 수 있다. 3rd Street and Washington Street 또는 3rd Street and Jefferson Street에서 내리면 된다. 구장이 다운타운에 있어서 도보로 10분 이내 거리에 있는 여러 숙소를 이용할 수 있다.

전체적인 분위기 (별 5개 만점)

애리조나 다이아몬드백스

02
애틀란타 **브레이브스**
ATLANTA BRAVES

웅장한 토마호크 참의 함성, 터너 필드

브레이브스 명예의 전당 박물관 내부의 모습

애틀란타 브레이브스
Atlanta Braves

웅장한 토마호크 찹의 함성,
터너 필드

구단 정보

창단: 1876년
연고지: 조지아주 애틀랜타
월드시리즈/리그 우승: 3회/17회
영구결번: 데일 머피(#3), 바비 콕스(#6), 치퍼 존슨(#10), 워렌 스판(#21), 존 스몰츠(#29), 그렉 매덕스(#31), 필 니크로(#35), 에디 메튜스(#41), 재키 로빈슨(#42), 행크 애런(#44), 톰 글래빈(#47)

구장 정보

이름: 터너 필드(Turner Field)
설립: 1997년
잔디: 천연 잔디
수용: 49,586명
규격: 좌 102m / 좌중 116m / 중 122m / 우중 119m / 우 101m
주소: 755 Hank Aaron Drive Atlanta, GA 30315

코카콜라와 CNN의 본사가 있는 미국 남동부 조지아주의 주도 애틀란타. 이곳에 있는 명문 조지아 공대는 케빈 브라운, 노마 가르시아파라, 마크 테세이라 등 메이저리거를 배출한 학교로도 유명하다. 터너 필드는 원래 1996년 애틀란타 올림픽을 위해 지어져 메인스타디움으로 활용됐다. 올림픽 이후인 1997년 시즌부터 애틀란타 브레이브스의 홈구장으로 사용되고 있는데, 구장 근처엔 금색의 올림픽 오륜마크가 여전히 빛나고 있다. 보스턴과 밀워키를 거친 브레이브스는 1966년 애틀란타로 연고지를 옮겼고 구단은 2016년 시즌까지 터너 필드를 홈구장으로 사용하기로 계약되어 있다. 터너 필드는 애틀란타 브레이브스 전 구단주 테드 터너의 이름을 딴 야구장이다. 터너는 CNN의 창립자로 더 잘 알려져 있다.

행크 애런을 추억하다

구장에 도착하면 먼저 무심코 지나칠 수도 있는 주차장에 행크 애런 홈런 담장이 있다. 현재 주차장은 예전 홈구장 풀튼 카운티 스타디움(1966~1996)이 있던 바로 그 자리다. 1974년 4월 8일은 메이저리그 역사에서 빼놓을 수 없는 날이다. 바로 애런이 풀튼 카운티 스타디움에서 펼쳐진 홈경기에서 좌중간 펜스를 넘기는 통산 715홈런을 쏘아 올렸다. 이 홈런으로 애런은 베이브 루스(714홈런)를 넘어 메이저리그 통산 최다 홈런 기록을 갈아치웠다. 당시 관중들이 뛰어들어와 애런과 함께 베이스를 도는 명장면을 만들어냈다. 과거 야구장의 위치가 현재 주차장으로 탈바꿈했지만 이곳은 애런의 홈런 볼이 떨어진 위치를 기념하기 위해 지금도 고스란히 남아 있다. 원래 구장이 지어졌을 때 애틀랜타 시민들은 구장의 이름으로 행크 애런 필드가 되기를 바랐다고 한다. 아쉽게 그렇게 되진 못했지만 현재 터너 필드의 주소엔 그의 이름과 통산 홈런 개수인 755가 들어가 있다.

행크 애런이 715홈런을 쏘아 올린 펜스

715홈런을 친 순간의 모습을 담은 행크 애런 동상

필 니크로의 35번 기념비

주차장에서 구장 쪽으로 걸어가다 보면 터너 필드 앞 '모뉴먼트 그로브(Monument Grove)'라는 곳에 브레이브스 출신 레전드들의 동상이 자리하고 있다. 행크 애런을 비롯해 메이저리그에서 318승을 올린 전설적인 '너클볼러' 필 니크로, 363승으로 좌완 최다승을 올린 투수 워렌 스판, 조지아주의 자랑 타이 콥 동상이 있다. 애런, 니크로, 콥 동상은 원래 풀튼 카운티 스타디움에 있었던 것이 옮겨온 것이고 스판 동상은 2003년에 추가로 만들어졌다. 애런 동상은 715홈런을 때린 역사적인 순간의 타격모습을 형상화했다. 니크로 동상은 너클볼 그립을 꽤 섬세하게 표현했고, 스판 동상은 그의 트레이드마크이던 오른발을 치켜드는 투구폼을 표현했다.

또 브레이브스 선수는 아니지만 조지아주 출신의 레전드 타이 콥 동상을 볼 수 있다는 점도 흥미롭다. 콥의 닉네임은 '조지아 피치(The Georgia

Peach)'다. '복숭아의 주'로도 불리는 조지아는 원래 복숭아가 달기로 유명한데, 그의 닉네임은 조지아의 최고 명산물을 의미한다고 볼 수 있다. 다른 동상들보다 약간 초록빛을 띄는 이 동상은 콥 특유의 슬라이딩 모습을 표현했는데 얼굴만 봐선 콥을 많이 닮지는 않았다. 디트로이트 타이거즈 홈구장 코메리카 파크에 있는 그의 또 다른 동상과 비교해볼 때 구체적인 표현에서 조금 아쉬움이 남는다. 한편 콥은 선수시절 야구 외에도 주식투자에 탁월한 감각을 과시했는데, 결국 코카콜라 주식으로 떼돈을 벌었으니 애틀랜타와의 인연이 남다르다고 할 수 있다. 본사가 애틀랜타에 있는 코카콜라는 브레이브스의 오랜 스폰서다. 이 동상들 옆엔 영구결번 된 선수들의 번호를 조각해 놓은 기념비들이 있다.

브레이브스 박물관 & 명예의 전당

구장 내부에 있는 브레이브스 명예의 전당 박물관은 한 눈에 구단의 과거와 현재를 훑어볼 수 있는 장소다. 과거 보스턴, 밀워키 시절부터 현재까지 자료를 잘 정리해놓아 그들의 역사를 온전히 담고 있는 곳이다. 박물관 이름은 예전 애틀랜타 시장의 이름에서 딴 '이반 앨런 주니어 브레이브스 뮤지엄(Ivan Allen Jr. Braves Museum)'이다. 박물관은 매 홈경기 시작 2시간 30분 전에 열려 7회면 문을 닫고 입장료는 토큰(2달러)으로 낸다. 이곳에서는 애런, 니크로, 스판부터 그렉 매덕스, 톰 글래빈, 치퍼 존스까지 브레이브스 명예의 전당에 들어간 선수들의 얼굴을 만나볼 수 있다. 물론 터너 전 구단주와 바비 콕스 감독도 만나볼 수 있다. 무엇보다도 1995년 월드시리즈 우승 트로피가 가장 눈에 띈다. 애틀랜타는 14년 연속 NL 동부지구 1위(1991~2005, 1994년은 2위 중 파업)를 차지한 90년대의 강팀이었지만, 그 기간 우승은 1995년 단 한 번에 불과하다.

당시 애틀랜타는 최강 타선을 자랑하는 클리블랜드를 4승 2패로 꺾고 우승을 거뒀다. 1914년(보스턴)과 1958년(밀워키)에 이은 구단 역사상 세 번째이자 애틀랜타에서 거둔 첫 번째 우승이었다. 1990년대 애틀랜타는 메이저리그 최강의 로테이션을 자랑했다. '컨트롤 마법사'로 불리며 1992년부터 1995년까지 NL 사이영상을 4연속 수상한 그렉 매덕스(92년은 시카고 컵스 소속), 1991년과 1998년에 NL 사이영상을 수상한 좌완 톰 글래빈, 1996년 NL 사이영상을 수상하고 나중엔 마무리투수로도 변신한 존 스몰츠까지 실질적인 에이스 3명을 보유한 셈이었다. 이들 셋은 모두 명예의 전당에 입성했다. 90년대 이후 강팀으로 군림한 애틀랜타라면 박물관에 덩그러니 놓여 있는 하나의 트로피는 뭔가 부족해 보인다(월드시리즈 트로피는 1967년에 생김). 터너 필드의 좌중간 펜스 위쪽엔 애틀랜타로 연고를 이전한 이후, 포스트시즌 진출을 의미하는 19개의 깃발 모형이 일렬로 늘어서 있다. 모두가 노란색인데 그 중 우승을 차지했던 1995년만 빨간색 깃발로 되어 있다.

흥미만점 야구 체험 공간

박물관 앞 좌측 외야 통로에 위치한 '스카우트 앨리(Scouts Alley)'는 젊은 팬들을 타깃으로 만들어진 일종의 야구체험 공간이다. 이곳에는 구속을 측정할 수 있는 '스로잉 히트(Throwing Heat)', 타격 연습을 할 수 있는 '프로 배터(Pro Batter)', 아이들을 위한 타격 연습장인 '프로 배터 주니어(Pro Batter Jr.)', 또 스트라이크를 던져 제구력을 측정하는 '인 컨트롤(In Control)'이란 공간이 마련돼 있어 많은 팬들로 붐빈다. 브레이브스 팀 스토어에서 가장 눈길을 끄는 것은 브레이브스의 상징인 토마호크 도끼다. 3미터는 족히 넘어 보이는 대형 도끼 모형 안에 작은 스펀지로 만든 토마호크 폼이 가득 들어 있다. 가격은 6달러. 이것을 구입하면 응원할 때 유용하게 사용할 수 있다. 구장에선 프레디 프리먼, 크레이그 킴브렐의 티셔츠와 저지를 입은 팬들이 가장 많이 보인다.

터너 필드의 전체 모습

1달러 티켓

터너 필드에선 1달러짜리 티켓을 판매한다. 경기 시작 약 두 시간 전부터 매표소에서만 선착순으로 현금 구매할 수 있다. 스카이라인 티켓이란 이름의 이 표는 1인 1매로 제한된다. 이 표를 사면 구매와 동시에 바로 입장해야만 하는데 아마 암표를 미연에 방지하기 위함이 아닐까 생각된다. 물론 위치가 좋은 좌석은 아니지만 단돈 1달러에 메이저리그 경기를 볼 수 있다는 건 행운이다. 경기장 좌측 상단에 위치한 코카콜라 스카이 필드는 일종의 스탠딩 룸 구역이다. 역시 애틀랜타 홈구장이라서 좌측 외야 상단에 대형 코카콜라 병도 볼 수 있다. 브레이브스 선수가 홈런을 치거나 경기에서 승리하면 콜라병이 회전하면서 하늘 위로 불꽃이 치솟는다.

토마호크 찹 응원!

'토마호크 찹(Tomahawk Chop)'이란 터너 필드에서 볼 수 있는 독특한 응원이다. 토마호크는 인디언들이 사용한 손도끼이고 찹(chop)은 '내리 찍다' '자르다'를 뜻하는 단어이니 토마호크 찹은 말 그대로 도끼질을 의미한다. 득점 기회가 오면 모든 관중이 일어나 '오~~오오오오~'로 시작하는 특유의 구호를 외치며 팔을 위아래로 움직이는 모습은 흡사 도끼질을 연상시킨다. 이때 토마호크 도끼 폼이 있으면 유용하게 쓸 수 있다. 경기장 전체를 휘감는 이 웅장한 구호는 홈팀엔 승리의 기운을 불어넣지만, 상대팀에겐 큰 위압감을 준다. 스코어보드 위에 있는 도끼 모양의 네온사인도 좌측에서 우측으로 차례대로 움직인다. 이때 전광판에는 '토마호크 찹(TOMAHAWK CHOP)'과 '찹 디스 하우스(CHOP THIS HOUSE)'라는 문구가 떠 홈팬들을 선동한다.

이 응원구호는 인디언들이 전장터에 나가기 전에 불렀던 노래라고 전해진

토마호크 찹 응원시 전광판에 뜨는 'CHOP THIS HOUSE' 문구

다. 그래서 가끔 비장하게 들리기도 한다. 사실 팀명인 브레이브스(Braves)도 인디언 전사를 의미하는 단어에서 유래했다. 정작 인디언들은 자신들을 몰아낸 백인들이 인디언 응원을 하는 것에 대한 큰 반감을 가지고 있다. 실제 애틀랜타는 새 인디언 로고를 공개했다가 인디언들의 반발로 무산된 적도 있다. 이는 또 인디언 로고를 사용하는 다른 팀들인 클리블랜드 인디언스나 NFL의 워싱턴 레드스킨스도 비슷한 처지다. 토마호크 찹은 단체응원을 하지 않고 비교적 조용히 응원하는 것으로 알려진 메이저리그에서 유독 눈에 띄는 최고의 단체응원이다. 이 응원이 내뿜는 현장의 분위기는 중계 화면을 통해서 보고 듣던 것보다 10배는 더 위압적이며 한 번 따라 해보면 이 응원만 나오길 기다릴 정도로 중독성도 상당히 강하다. 논란이 되는 응원이긴 하지만 애틀랜타 홈경기 관람의 백미임에는 틀림없다.

건즈앤로지스의 '웰컴 투 더 정글'을 들을 수 있다면!

터너 필드에서 현존 최강 마무리 크레이그 킴브렐의 투구모습도 볼 수 있다면 금상첨화다. 그의 등장과 동시에 건즈앤로지스의 '웰컴 투 더 정글(Welcome to the Jungle)'이 터너 필드에 울려 퍼지면 구장은 다시 뜨거운 열기를 뿜어낸다. AC/DC의 '헬스 벨(Hells Bells: 트레버 호프만의 등장 음악)'와 메탈리카의 '엔터 샌드맨(Enter Sandman: 마리아노 리베라의 등장 음악)'을 더 이상 들을 수 없는 현재 이 노래는 왠지 더 반갑게 들린다. 행크 애런의 홈런 담장을 둘러보고 토마호크 찹 응원에 킴브렐의 투구까지 본다면 터너 필드를 제대로 즐긴 셈이다.

안타깝게도 터너 필드 주변은 교통이 불편하고 슬럼화로 인해 치안 문제도 좋지 못한 편이다. 이로 인해 구장을 찾는 홈팬들의 숫자는 과거에 비해 계속 줄어드는 추세다. 이에 구단은 2017년부터 애틀랜타 근교인 콥 카운티에 있는 선트러스트 파크로 구장을 이전하기로 발표했다. 이곳은 교통이 편리하고 부유층 백인들이 많이 산다. 몇 년 후 터너 필드는 결국 과거의 다른 구장들처럼 팬들의 기억 속에서 조금씩 잊혀지겠지만 이곳에서 웅장하게 울려 퍼지던 토마호크 찹의 함성만큼은 야구팬들의 가슴속에 계속 남아 있을 것이다.

직관 후기

이날 애틀랜타는 경기 초반 좀처럼 득점을 올리지 못해 토마호크 찹 응원의 기회도 많지 않았다. 하지만 1-5로 뒤진 9회말 극적으로 동점을 만들며 이 응원의 진가를 만끽했다. 결국 애틀랜타는 연장 13회까지 가서 패했지만, 터너 필드의 기억은 토마호크 찹의 웅장한 함성을 빼놓고는 이야기할 수 없다. 메이저리그 전체 구장을 통틀어서 단체 응원이라고 할 수 있는 유일한 응원이다.

한 눈으로 읽는 야구장 TIP

MUST SEE
토마호크 찹 응원

볼거리
행크 애런 홈런 펜스
행크 애런, 필 니크로, 워렌 스판, 타이 콥 동상

교통 및 숙박
야구장 주변의 대중교통과 치안이 좋지 못해 차량을 이용하는 것이 바람직하다. 터너 필드 바로 앞에 '컨트리 인 & 스위트(Country Inn & Suites)'라는 숙소가 있다.

전체적인 분위기 (별 5개 만점)
★★★★☆

애틀란타 브레이브스

03
볼티모어 오리올스
BALTIMORE ORIOLES

볼티모어 오리올스
Baltimore Orioles

복고풍 야구장의 롤모델,
'칼이 지은 집'
캠든 야즈

구단 정보

창단: 1901년
연고지: 메릴랜드주 볼티모어
월드시리즈/리그 우승: 3회/7회
영구결번: 얼 위버(#4), 브룩스 로빈슨(#5), 칼 립켄 주니어(#8), 프랭크 로빈슨(#20), 짐 팔머(#22), 에디 머레이(#33), 재키 로빈슨(#42)

구장 정보

이름: 오리올 파크 앳 캠든 야즈(Oriole Park at Camden Yards)
설립: 1992년
잔디: 천연 잔디
수용: 45,971명
규격: 좌 102m / 좌중 111m / 중 125m / 우중 114m / 우 97m
주소: 333 West Camden Street Baltimore, Maryland 21201

볼티모어는 19세기 초 미국 독립전쟁 당시 격전이 벌어진 곳으로 미군이 이곳의 맥헨리 요새를 지켜내는 과정에서 현재의 미국 국가 '별이 빛나는 깃발(The Star-Spangled Banner)'이 탄생했다. 이후 남북전쟁 때도 최대 격전지 중 하나였던 볼티모어는 미국 역사에서 의미 있는 도시다. 이곳에 아메리칸리그(AL) 동부지구 볼티모어 오리올스의 홈구장 캠든 야즈가 있다. 정식 명칭은 오리올 파크 앳 캠든 야즈(Oriole Park at Camden Yards)지만 많은 사람들은 캠든 야즈라고 부르는 편이다. 1992년 개장한 이 구장은 기존 구장이던 메모리얼 스타디움을 대체했다. 1990년대 찰리 쉰 주연의 영화 〈메이저리그 2〉의 배경이 된 구장이 바로 캠든 야즈다(영화의 배경이 되는 팀은 클리블랜드 인디언스).

베이브 루스 동상(Babe's Dream)

구장에 들어서기 위해 외야 쪽으로 발걸음을 옮기면 가장 먼저 볼티모어 영구결번 기념비들이 눈에 띤다. 구단은 볼티모어를 빛낸 영광의 선수들을 기념하기 위해서 그들의 등번호를 조각상으로 만들었고 각각의 기념비 아래에는 각 선수의 포지션, 이름, 영구결번 연도가 새겨져 있다. 기념비 우측으로 팬들의 발길을 더욱 끌어당기는 명물이 있는데 바로 베이브 루스 동상이다.

모두가 알다시피 루스는 메이저리그 역사상 가장 유명한 야구선수다. 루스는 연일 홈런포를 쏘아 올리며 당시 메이저리그 경기의 흐름을 바꾼 선수로 알려져 있다. 레너드 코페트는 자신의 책《야구란 무엇인가》에서 이를 '루스 혁명'이라고 칭한 바 있다. 하지만 사실 루스가 볼티모어 태생이라는 것을 아는 사람은 생각보다 많지 않다. 실제로 루스의 생가는 캠든 야즈에서 약 두 블록 떨어진 곳에 있다. 그의 생가는 캠든 야즈에서도 볼 수 있는데 구장 투어 중 구단 관계자가 생가의 위치를 직접 알려주기 때문에 불세출의 야구 영웅의 출생지를 먼 거리에서나마 바라볼 수 있다.

'베이브스 드림(Babe's Dream)'이란 이름이 붙은 이 동상은 루스의 젊은 모습을 형상화했다. 그러나 루스는 좌투좌타임에도 불구하고 이 동상에는 우투용 글러브를 가지고 있는 것이 옥의 티다. 여기엔 사연이 있는데 동상 제작자는 베이브 루스 박물관에서 보낸 글러브를 당연히 루스가 사용하던 글러브로 생각하고 제작에 들어간 반면 박물관 측에선 귀한 루스의 진짜 글러브를 빌려줄 수는 없었던 것이다. 결국 의사소통 과정의 실수로 생긴 해프닝이다. 구단관계자는 '가난한 루스가 당시 비싼 좌투용 글러브를 쓰긴 어려웠을 것이라는 의견도 있다'고 전했다. 이 동상에 적혀 있는 '볼티모어리언(Baltimorean)'이라는 선명한 문구에서 루스가 볼티모어 출신이라는 자부심을 느낄 수 있다.

베이브 루스의 동상 칼 립켄 주니어의 영구결번 기념비

볼티모어 전설, 칼 립켄 주니어

많은 메이저리그 팬들에게 캠든 야즈는 칼 립켄 주니어의 연속경기 출장 기록을 세운 역사적인 현장으로 더 유명하다. 1995년 9월 립켄은 성역으로 여겨지던 루 게릭(2,130경기)을 넘어 2,131경기 연속출장이라는 새로운 이정표를 세웠다. 당시 빌 클린턴 대통령까지 직접 구장을 방문할 정도로 이 기록에 대한 관심은 뜨거웠다. 그의 최종 기록은 2,632경기 연속출장이다. 1998년 9월 20일 뉴욕 양키스와의 홈경기를 앞두고 '이제는 때가 됐다(I think it's time)'는 말과 함께 스스로 라인업 제외를 요청했다는 일화가 유명하다.

그는 1981년 데뷔해서 2001년 은퇴할 때까지 줄곧 볼티모어 유니폼만 입고

볼티모어 오리올스

그라운드를 누볐다. 그리고 통산 타율 .276 - 3,184안타 - 431홈런 - 1,695타점을 기록한 대표적인 공격형 유격수였다. 2007년에는 무려 98.53%의 득표율로 명예의 전당에 당당히 입성했는데 이는 톰 시버(98.84%), 놀란 라이언(98.79%)에 이은 역대 3위 기록이자 포지션 플레이어로는 역대 최고의 득표율이다. 1983년부터 2001년까지 19년 연속 올스타전 출전(선발출전 17회)은 립켄이 팬들의 압도적인 사랑을 받았다는 증거다. 옛날 양키스 타디움이 '루스가 지은 집(The House That Ruth Built)'으로 불렸듯이 캠든야즈는 '칼이 지은 집(The House That Cal Built)'으로 불리는 것을 보면 그의 위상을 짐작할 수 있다. 한편, 볼티모어와 필라델피아를 연결하는 95번 고속도로를 달리다 보면 립켄 스타디움(Ripken Stadium)도 볼 수 있다. 립켄 스타디움은 립켄의 고향인 메릴랜드주 애버딘에 위치하고 있는데 현재 볼티모어 싱글A 애버딘 아이언버즈(Iron Birds)의 홈구장으로 사용되고 있다.

칼 립켄 주니어 동상의 모습

볼티모어는 캠든 야즈 개장 20주년을 기념해 2012년 립켄과 그밖에 영구 결번 레전드 6명의 동상을 구장에 세웠다. 나머지 주인공들은 '다혈질의 대명사' 얼 위버 감독과 강타자 프랭크 로빈슨, 철벽수비로 '인간 진공청소기'라 불린 3루수 브룩스 로빈슨, 504홈런을 때린 스위치 히터 에디 머레이, 볼티모어가 배출한 최고의 투수 짐 팔머다. 이 중에서도 팔머의 동상은 특유의 딜리버리(와인드업부터 공의 릴리스까지 이어지는 투구의 연속 동작)를 기가 막히게 표현해 눈길을 끈다.

B&O 웨어하우스(B&O Warehouse)

캠든 야즈에서 가장 눈에 들어오는 명물은 바로 우측 펜스 너머로 보이는 연갈색 건물이다. 100년이 훌쩍 넘는 유구한 역사를 지닌 건물로 볼티모어-오하이오 철도(Baltimore and Ohio Railroad)에서 지어서 B&O 웨어하우스라 불린다. 볼티모어-오하이오 선로는 미국 최초의 철도로 알려져 있다. 홈플레이트로 부터 약 439피트(약 133.8미터)가량 떨어져 있다. 1970년대 이후로 거의 빈 건물이던 이곳은 캠든 야즈가 생겨나면서 새롭게 태어났다. 현재는 구단 사무실 등으로 이용되고 있고 1층엔 공식 팀 스토어가 있다. 샌디에이고 펫코 파크의 좌측담장 뒤 서부금속회사(Western Metal Supply Co.) 건물과도 비슷한 느낌이다. B&O 웨어하우스 건물은 구장 안에서 보이는 게 전부가 아니고 야구장 우측 바깥쪽으로 보이는 만큼의 건물이 더 있다.

유타 스트릿(EUTAW STREET)

구장과 B&O 웨어하우스 사이의 '유타 스트릿'은 경기가 없는 날은 누구에게나 개방된다. 샌프란시스코 AT&T 파크에 스플래시 히츠(Splash Hits)가 있다면 캠든 야즈에는 유타 스트릿 홈런이 있다. 우측 구장 너머 유타 스트

캠든 야즈의 전경

릿에 떨어지는 홈런을 친다는 것은 자신의 자취를 남길 수 있다는 점에서 타자들에게 의미가 있다. 볼티모어 구단이 홈런 볼이 떨어진 지점에 팀, 선수 이름, 날짜, 홈런 비거리가 적힌 야구공 모양의 동판을 새기기 때문이다. 흥미로운 사실은 원정팀이 기록한 홈런도 동판을 제작한다는 점이다. 개장 이래 지금까지 유타 스트릿에 떨어진 홈런 볼의 수는 총 79개.

가장 최근에 유타 스트릿에 떨어진 홈런은 빅터 마르티네즈의 솔로 홈런이었다(2014년 5월 13일). 가장 많은 유타 스트릿 홈런을 기록한 선수는 바로 우리나라 SK 와이번스에서 뛰었던 루크 스캇으로 6개의 홈런을 유타 스트릿 위에 떨어뜨렸다. 또 NC 다이노스의 에릭 테임즈도 2012년에 유타스트릿 홈런을 기록한 바 있다. 하지만 캠든 야즈를 홈구장으로 쓰는 슬러거 크리스 데이비스(5개)가 이 부문 1위로 올라서는 것은 시간문제로 보인다.

건물 벽에 새겨진 켄 그리피 주니어의 홈런 동판

한편, 유타 스트릿을 넘겨 B&O 웨어하우스 건물을 맞힌 유일한 타자는 켄 그리피 주니어로 1993년 올스타전 홈런 더비에서 그의 타구가 이 건물을 직접 강타했다. 한편 유타 스트릿엔 또 'Boog's BBQ'라 불리는 가게가 있는데, 이곳은 볼티모어에서 활약했던 좌타자 부그 파웰이 직접 운영하는 곳이다. 파웰은 통산 339홈런을 때려낸 강타자로 1970년에는 아메리칸리그 MVP를 수상하기도 했다. 운이 좋으면 이곳에서 직접 그를 보고 사인까지 받을 수 있다고 하니 캠든 야즈를 찾는 팬들은 한번쯤 들를만한 곳이다.

2개의 오렌지 좌석

캠든 야즈의 전 좌석은 녹색이다. 하지만 유심히 살펴보면 외야 2개의 오렌지색 좌석을 발견할 수 있다. 먼저 좌측담장 바로 너머에 있는 오렌지 좌석은 립켄의 278호 홈런 볼이 떨어진 지점이다. 이 홈런으로 립켄은 어니 뱅크스를 제치고 유격수로서 최다홈런을 기록했다. 우중간 펜스 뒤쪽에 또 하나의 오렌지 좌석은 바로 스위치히터 에디 머레이의 500호 홈런 볼이 떨어진 곳이다. 캠든 야즈는 립켄의 역사적인 연속경기 출장 발자취부터 최근의 포스트시즌 경기까지 볼티모어 시민들의 과거와 현재의 추억이 공존하는 곳이다. 물론 안방에서 보스턴의 노모 히데오에게 캠든 야즈 역사상 유일한 노히트 패배(2001년 4월 4일)를 당한 치욕의 과거도 있다. 캠든 야즈는 내·외관이 웅장하고 전통적인 느낌을 주는 복고풍 양식 스타일의 야구장이다. 1992년 캠든 야즈 건립 이후 글로브 라이프 파크(텍사스, 1994년), 쿠어스 필드(콜로라도, 1995년), AT&T 파크(샌프란시스코, 2000년), 부시 스타디움(세인트루이스, 2006년)까지 이른바 복고풍 야구장들의 건립이 이어졌다. 캠든 야즈는 복고풍 스타일 야구장의 롤모델이라 불릴만하다.

칼 립켄 주니어의 278호 홈런볼이 떨어진 오렌지 좌석

MUST SEE
베이브 루스 동상
유타 스트릿

볼거리
B&O 웨어하우스
레전드 동상
베이브 루스 생가 박물관(걸어서 3분 거리)

추천 메뉴
볼티모어에서 활약했던 좌타자 부그 파웰이 직접 운영하는 'Boog's BBQ'에서 판매하는 부그 파웰 샌드위치

교통 및 숙박
야구장은 다운타운에 있지만 도시가 위험한 편이라 차량을 이용하는 것이 좋다. 야구장 주변에 햄튼 인(Hampton Inn) 등 숙소가 여러 군데 있다.

전체적인 분위기 (별 5개 만점)
★★★☆

볼티모어 오리올스

보스턴의 심장과 영혼, 펜웨이 파크

04

보스턴 레드삭스
BOSTON RED SOX

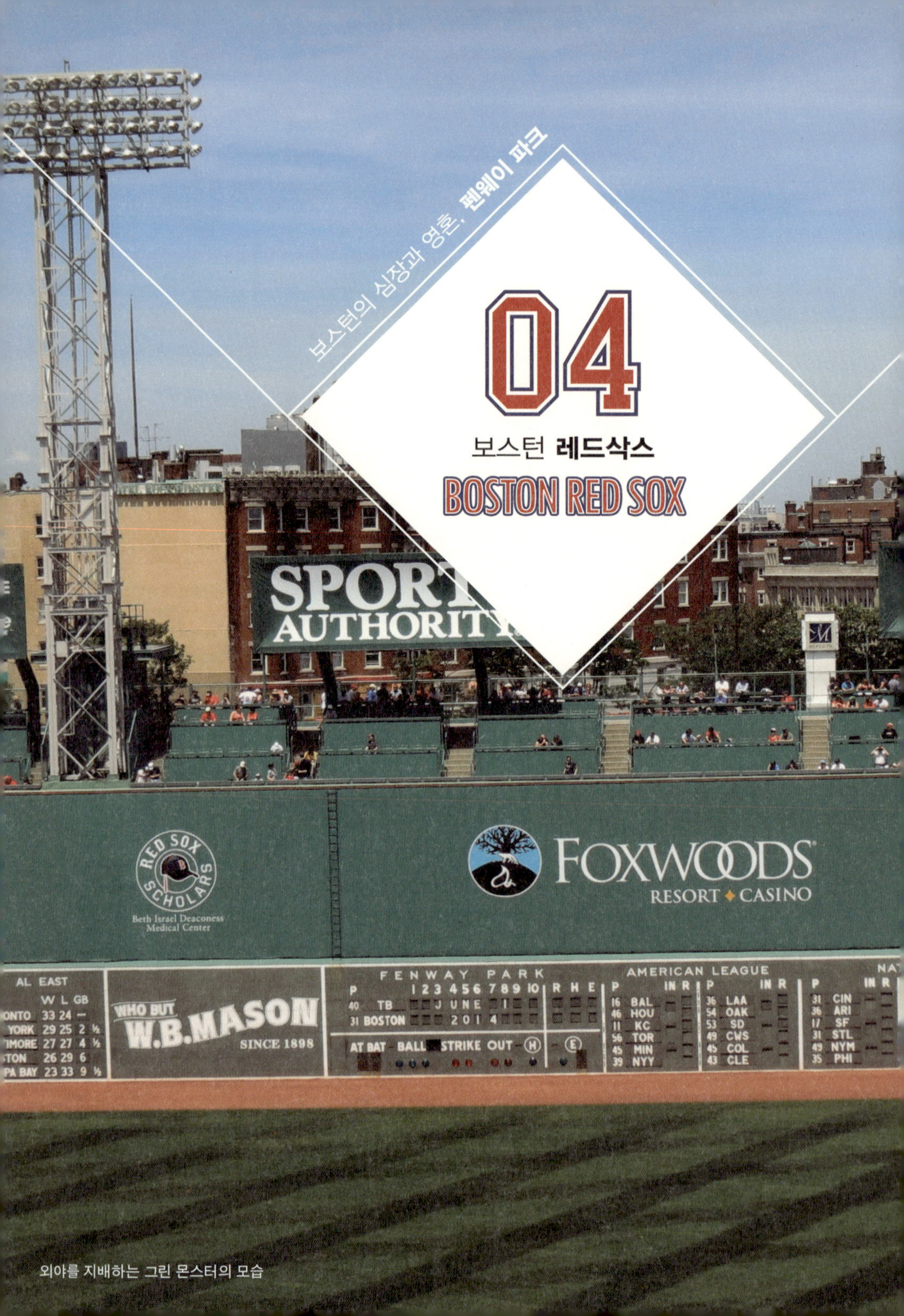

외야를 지배하는 그린 몬스터의 모습

보스턴 레드삭스
Boston Red Sox

보스턴의 심장과 영혼,
펜웨이 파크

구단 정보

창단: 1901년
연고지: 메사추세츠주 보스턴
월드시리즈/리그 우승: 8회/13회
영구결번: 바비 도어(#1), 조 크로닌(#4), 조니 페스키(#6), 칼 야스트렘스키(#8), 테드 윌리엄스(#9) 짐 라이스(#14), 칼튼 피스크(#27) 재키 로빈슨(#42)

구장 정보

이름: 펜웨이 파크(Fenway Park)
설립: 1912년
잔디: 천연 잔디
수용: 37,499명
규격: 좌 94m / 좌중 116m / 중 128m / 우중 116m / 우 92m
주소: 4 Yawkey Way Boston, MA 02215

영국계 청교도들이 넘어와 뉴잉글랜드에 터를 잡고 생겨난 도시 보스턴. 가장 오래된 도시 중 하나로 미국 역사의 출발지로 불린다. 하버드로 대표되는 학문과 지성의 도시이기도 하다. 이곳에 위치한 AL 동부지구 소속 보스턴 레드삭스의 홈구장 펜웨이 파크. 도시의 역사에 걸맞게 메이저리그에서 가장 오랜 역사를 자랑하는 야구장이다. 펜웨이 파크는 1912년 4월 20일 개장한 이래 100년이 넘는 유구한 전통을 지키며 그 동안 숱한 명승부를 연출했고, 역사에 남을 환희와 눈물이 고스란히 녹아 있는 메이저리그 역사의 산실이다.

외관 벽에 새겨진 영구결번

100년의 세월을 간직한 '야구 박물관'

　펜웨이 파크 개장 5일 전인 1912년 4월 15일. 뉴욕을 향해 첫 출항한 타이타닉호가 침몰하는 비극적인 사건이 있었다. 타이타닉 참사가 연일 언론의 주목을 받아 펜웨이 파크의 개장 소식은 상대적으로 묻혔고 여름까지도 주목받지 못했다. 하지만 그 해 보스턴이 월드시리즈에서 뉴욕 자이언츠를 꺾고 두 번째 우승을 거머쥐면서 사람들의 이목을 끌기 시작했다. 펜웨이 파크는 외관에서 100년 세월의 흔적이 고스란히 느껴지고 야구 박물관을 연상케 할 정도의 과거와 현재가 교차한다. 2012년에는 미국의 국립사적지(National Register of Historic Places)로 등재됐다. 정부가 관리하는 역사적 장소로 지정됐다는 것은 펜웨이 파크가 그저 단순한 야구장이 아니라는 증거다.

테드 윌리엄스 동상   칼 야스트렘스키 동상

영구결번 숫자들이 외관 벽을 수놓은 가운데 Gate B 근처에 있는 테드 윌리엄스와 칼 야스트렘스키, 팀메이트 동상이 팬들의 발길을 멈추게 한다. 윌리엄스 동상은 윌리엄스가 왼쪽 어깨에 배트를 지고 꼬마에게 자신의 모자를 씌워주는 모습이다. 야스트렘스키 동상은 은퇴를 앞둔 그가 메이저리그 마지막 타석에 들어서기 전 홈팬들에게 헬멧을 벗어 든 모습을 표현했다. 팀메이츠 동상의 주인공들은 7시즌 동안 팀메이트로 활약, 1946년 보스턴의 월드시리즈 진출을 주도했다. 모두 2차 세계대전에 참전했고 '평생 친구'로 남았다. 경기가 있는 날이면 펜웨이 파크 주변은 경기 시작 훨씬 전부터 인산인해다. 2~3시간 전부터 팬들이 밀물처럼 모여들어 분위기가 후끈 달아오른다. 야구 경기가 있는 하루가 보스턴 팬들에겐 그야말로 축제다. 메이저리그에서 뜨겁기로 유명한 팬들답게 다른 구장과는 차별화된 분위기다. 구장 대표메뉴로 자리잡은 이탈리안 소시지의 맛에는 분명 이 분위기가 녹아들어 있다.

그린 몬스터(The Green Monster)

 펜웨이 파크 하면 가장 먼저 떠오르는 것이 좌측 담장 '그린 몬스터'다. 약 11.3미터의 높은 벽은 마치 펜웨이 파크를 지배하는 것처럼 느껴진다. 홈플레이트에서 그린 몬스터의 좌측까지는 94미터로 아주 짧다. 하지만 그 높이 때문에 수많은 홈런성 타구를 안타로 떨어뜨려 몬스터로 불린다. 1912년 나무재질로 만들어졌던 그린 몬스터는 1934년 스코어보드가 생기면서 강철과 콘크리트로 바뀌었다. 1947년 현재와 같은 녹색의 그린 몬스터가 되기 전까지는 광고들로 가득해 처음엔 그저 '벽(The Wall)'으로만 불렸다. 구단 측은 펜웨이 파크의 이 명물을 더 부각시키기 위해 2003년 그린 몬스터 위에 관람석을 만들었다. 누구나 한번쯤은 그린 몬스터 좌석에 앉아보길 원할 정도로 이

외야를 지배하는 그린 몬스터

곳의 인기는 단연 최고다. 가장 인기 있는 좌석인 만큼 구단 측은 공평한 배분을 위해 그린 몬스터 좌석에 한해서 2004년부터 추첨을 통해 예매를 실시하고 있다. 누구나 이메일 주소만 있으면 예매 신청을 할 수 있다. 한편, 그린 몬스터에 위치한 스코어보드에서 'AT BAT' 좌측에 있는 문을 열면 3명의 직원이 수작업으로 스코어보드를 관리한다. 더 재미있는 사실은 내셔널리그 스

코어보드는 위치상 밖에서 작업을 할 수밖에 없어 이닝이 바뀔 때마다 밖으로 나와 바삐 움직이며 수작업을 한다는 점이다.

페스키 폴과 피스크 폴

페스키 폴

페스키 폴은 펜웨이 파크 우측 파울 폴로 홈플레이트로 부터 거리가 92미터다. 메이저리그 구장 폴을 통틀어 가장 짧다. 이 폴은 조니 페스키 이름에서 유래한 것으로 그의 통산홈런은 불과 17개. 페스키는 펜웨이 파크에서 단 6개의 홈런만 기록했다. 이 중 몇 개의 홈런 볼이 파울 폴 근처에 떨어지면서 붙은 명칭이다. 우측에 페스키 폴이 있다면, 좌측엔 피스크 폴이 위치하고 있다. 이는 보스턴에서 활약했던 칼튼 피스크 이름에서 따왔다. 피스크는 1975년 신시내티와의 월드시리즈 6차전 12회말 6-6 동점 상황에서 이 폴 근처로 극적인 끝내기 홈런을 쏘아 올렸다. 당시 피스크는 페어가 되길 바라는 마음으로 두 손을 우측으로 손짓했다. 이 순간은 월드시리즈 명장면으로 자주 소개된다.

보스턴 레드삭스

유일한 빨간 좌석

 펜웨이 파크 우측 외야석 수많은 녹색의자 중 유일하게 빨간색 의자 하나가 있다. 이는 구장 역사상 가장 멀리 친 홈런을 기념하기 위한 자리로 1946년 6월 9일 테드 윌리엄스가 친 홈런 볼이 정확히 이곳에 떨어졌다. 홈플레이트로부터의 거리가 무려 502피트(153미터). 당시 그 홈런 볼은 졸고

테드 윌리엄스의 홈런볼이 떨어진 자리

있던 관중이 맞았다고 전해진다. 매니 라미레즈도 2001년 그린 몬스터 위로 윌리엄스의 홈런에 버금가는 501피트(152.7미터)짜리 대형홈런을 쏘아 올렸다. 윌리엄스는 은퇴까지 줄곧 레드삭스 유니폼만 입고 활약한 보스턴의 상징과도 같은 선수다. 통산 성적은 타율 0.344 - 521홈런 - 1,839타점. 2

차 세계대전과 한국전쟁 때문에 선수시절 중간을 군대에서 보냈다는 것을 감안하면 그가 남긴 성적은 혀를 내두르게 한다. 윌리엄스는 1941년 타율 0.406을 기록해 현재까지 마지막 4할 타자로 불리고 있다. 윌리엄스는 타석에서 극단적으로 잡아당기는 타자였는데 보스턴 구단은 펜웨이 파크 우중간에 불펜을 만들어 윌리엄스가 더 많은 홈런을 치도록 배려했다. 이 불펜은 윌리엄스 버그라고 불리게 됐다.

홈 820경기 연속 매진

 2003년 5월 15일부터 2013년 4월 8일까지 10년 가까이 펜웨이 파크는 매진을 기록했다. 정규시즌 794경기, 포스트시즌을 포함해 무려 820경기다. 이는 메이저리그는 물론 모든 프로스포츠를 통틀어 단연 1위에 해당하는 최장기록이다(2위는 NBA 포틀랜드 트레일 블레이저스의 814경기). 보스턴 레드삭스와 펜웨이 파크에 대한 팬들의 사랑이 없었다면 불가능한 기록이다. 주차시설이 없는 펜웨이 파크이기에 이 기록은 더욱 놀랍다. 이런 팬들의 열정이야말로 2004년 레드삭스가 그들을 옭아맨 '밤비노의 저주'를 깬 원동력이 됐다. 지미 펄론과 드류 베리모어가 주연한 영화 〈날 미치게 하는 남자〉는 이때를 배경으로 보스턴 레드삭스 골수팬의 이야기를 그렸는데 줄곧 나오는 펜웨이 파크 구경만으로도 보는 재미가 쏠쏠하다. 또 당시 보스턴 팬들은 드롭킥 머피스의 '테시(Tessie)'를 응원가로 불렀는데, 이 노래는 보스턴이 1903년 첫 우승 당시 불렀던 응원가를 리메이크한 것이다. 이후 레드삭스는 2007년, 2013년에도 월드시리즈 트로피를 들어올렸다.

100년의 역사, 그리고 11번의 월드시리즈

 개장 후 100년이 넘는 세월과 1926년과 1934년 두 번의 화재까지 겪었지

펜웨이 파크 전경 좌측의 그린 몬스터의 모습

만, 지속적인 보수공사로 현재까지 살아남은 펜웨이 파크. 구장 일부에서는 아직도 예전의 나무 좌석을 볼 수 있다. 펜웨이 파크는 보스턴 시민들에게 단순한 야구장이 아니라 '스윗 캐롤라인(Sweet Caroline)'을 함께 부르며 공감대를 형성하는, 세대를 이어주는 문화 공간이다. 또 과거에는 풋볼경기장, 예식장으로, 현재는 공연장으로도 활용되고 있다. 물론 대다수 야구팬들에겐 수많은 역사를 간직한 메이저리그의 성지로 여겨진다. 지금까지 월드시리즈가 11번이나 열렸다. 펜웨이 파크는 베이브 루스(1910년대), 테드 윌리엄스(1940~1950년대), 칼 야스트렘스키(1960~1970년대), 로저 클레멘스(1980~1990년대), 페드로 마르티네즈(1990~2000년대), 데이빗 오티즈(2000~2010년대)처럼 한 시대를 풍미한 레전드들의 발자취와 땀이 배어 있다는 것만으로도 보는 이들을 숙연케 하는 야구장, 아니 미국 역사 속 하나의 성지로 숨 쉬고 있다.

MUST SEE
그린 몬스터
페스키 폴/피스크 폴

볼거리
테드 윌리엄스 동상, 칼 야스트렘스키 동상, 팀메이츠 동상
테드 윌리엄스 홈런 볼이 떨어진 빨간 좌석

추천 메뉴
구장 주변에서 파는 이탈리안 소시지. 일반 핫도그와 비슷한데 소시지의 길이가 유난히 긴 것이 특징이다. 가격은 가게별로 6~10달러 정도

교통 및 숙박
펜웨이 파크로 가는 가장 편리한 방법은 지하철을 이용하는 것이다. 켄모어 역에서 하차해 보스턴 저지와 티셔츠를 입은 팬들을 따라가면 된다. 단, 경기종료 직후 지하철 역에는 발 디딜 곳이 없을 정도로 사람들이 많아 표는 미리 사두는 게 좋다. 숙소는 구장 근처에 호텔이 두 군데 있지만 비싼 편이고 1킬로미터 정도 떨어져 있는 오아시스 게스트 하우스가 그나마 저렴한 편에 속한다.

전체적인 분위기 (별 5개 만점)
★★★★★

05

시카고 컵스
CHICAGO CUBS

리글리 필드의 상징 담쟁이덩굴 펜스

시카고 컵스
Chicago Cubs
담쟁이덩굴의 위엄,
리글리 필드

구단 정보

창단 : 1876년
연고지 : 일리노이주 시카고
월드시리즈/리그 우승 : 2회/16회
영구결번 : 론 산토(#10), 어니 뱅크스(#14), 라이언 샌드버그(#23), 빌리 윌리엄스(#26), 퍼거슨 젠킨스(#31), 그렉 매덕스(#31), 재키 로빈슨(#42)

구장 정보

이름 : 리글리 필드(Wrigley Field)
설립 : 1914년
잔디 : 천연 잔디
수용 : 41,072명
규격 : 좌 108m / 좌중 112m / 중 122m / 우중 112m / 우 108m
주소 : 1060 West Addison Street Chicago, IL 60613

시카고 다운타운을 중심으로 북쪽엔 시카고 컵스의 홈구장 리글리 필드가 있다. 1914년에 지어진 이 구장은 2014년에 정확히 100주년을 맞아 한 세기가 넘도록 명맥을 이어오며 시카고 시민의 변함없는 사랑을 받고 있다. 메이저리그에서는 보스턴의 펜웨이 파크 다음으로 유서 깊은 야구장으로 시카고 컵스가 1916년부터 홈구장으로 사용해오고 있다. 건립 당시 이름은 위그맨 파크(1914 ~ 1920)였다가 컵스 파크(1920 ~ 1926)를 거쳐 1927년부터 리글리 필드로 불리게 됐다. 리글리(Wrigley)는 미국의 대표적인 껌 제조회사다.

100년의 역사와 함께한 리글리 필드

 오랜 역사를 자랑하는 만큼 리글리 필드에선 이미 3번의 올스타전(1947, 1962, 1990)이 열렸다. 또 베이브 루스가 1932년 월드시리즈 3차전에서 그 유명한 예고 홈런을 쏘아 올렸고, 어니 뱅크스는 1970년 좌측 담장을 넘기는 통산 500홈런을 때렸다. 세월이 흘러 1998년엔 '루키' 케리 우드가 자신의 메이저리그 5번째 선발경기에서 20탈삼진 완봉승을 거두는 등 수많은 역사가 이곳에서 탄생했다. 무엇보다 우리에겐 1996년 4월 6일 LA 다저스의 박찬호가 감격의 메이저리그 첫 승을 거둔 구장이다. 또 리글리 필드는 계속 낮 경기를 고수해온 것으로 유명한데 1988년 8월이 돼서야 첫 야간 경기를 치렀다.

리글리 필드 외관은 긴 역사만큼 오랜 세월의 흔적들이 구석구석 배어 있다. 역시 가장 눈길을 끄는 것은 정문 위에 걸린 붉은색 차양이다. 1934년에 생긴 이 차양엔 '리글리 필드 홈 오브 시카고 컵스(WRIGLEY FIELD HOME OF CHICAGO CUBS)'라고 적혀 있어 구장의 간판 역할을 한다. 특히 예스럽지만 여전히 화려함이 남아 있는 차양 문양에선 옛 영광이 고스란히 느껴진다. '리글리 빌'이라 불리는 리글리 필드 주변은 리글리 루프탑을 비롯해 각종 기념품 가게, 다양한 음식점, 맥주를 즐길 수 있는 바들이 즐비해 수많은 사람들로 소란스럽다. 또 경기가 있는 날이면 어김없이 들려오는 시카고 컵스 딕시랜드 밴드의 생생한 음악은 리글리 빌의 역동적인 분위기와 어우러져 팬들의 마음을 더욱 들뜨게 한다. 1982년부터 연주를 시작해 이미 30년이 넘는 역사를 자랑하는 이 밴드는 리글리 필드의 또 다른 볼거리다.

컵스 레전드 동상

 리글리 필드 외부에는 컵스 레전드 동상들이 세워져 있다. 동상의 주인공들은 스포츠 캐스터 해리 캐리, 어니 뱅크스, 빌리 윌리엄스, 론 산토다. 가

파란색이 인상적인 어니 뱅크스의 동상

빌리 윌리엄스 동상

장 먼저 생긴 캐리 동상을 제외한 나머지 세 동상은 모자와 등번호, 언더티, 벨트, 스타킹 부분이 컵스의 상징인 파란색으로 칠해져 있어서 일반적인 동상들보다 더 눈에 쏙 들어온다. 캐리는 컵스의 전담 캐스터로 많은 인기를 누렸다. 특히 그의 구호와 함께 시작되는 7이닝 스트레치는 리글리 필드의 대표적인 이벤트였다. 캐리가 없는 지금은 여러 스포츠스타, 가수 등 유명인사들이 캐리의 역할을 대신하며 전통을 이어가고 있다. 리글리 필드의 7이닝 스트레치는 다른 구장의 분위기와는 확실히 다르다.

뱅크스는 닉네임 '미스터 컵(Mr. Cub)'이 말해주듯 컵스의 상징과도 같은 선수다. 19년간 줄곧 컵스 유니폼만 입고 뛰며 통산 512홈런을 때려낸 강타자다. 두 차례 NL 홈런왕에 올랐고 유격수로 2년 연속 NL MVP를 수상하기도 했다(1958~1959). 1977년엔 83.8%의 득표율로 명예의 전당에 입성했고 그의 등번호 14번은 구단 역사상 최초로 영구결번이 됐다. 2013년엔 그의 업적을 인정받아 대통령 훈장까지 받았다. 뱅크스는 컵스 최초의 흑인 선수로 2015년 세상을 떠나기 전까지 시카고 시민의 가장 큰 사랑을 받았던 야구선수다. 그의 동상 아래엔 그의 애칭 'MR. CUB'과 그가 늘 말하곤 했던 '한 게임 더 하자구!(Let's play two!)'라는 문구가 새겨져 있다.

빌리 윌리엄스는 다소 마른 체구에도 불구하고 폭발적인 손목 힘으로 426 홈런을 때려낸 좌타자다. 그의 별명 '스위트 스윙잉(Sweet Swinging)'은 동상에 적힌 그의 이름 바로 위에 새겨져 있다. 뱅크스마저 자신이 본 가장 아름다운 스윙이라 극찬했을 정도였다. 윌리엄스도 1987년 명예의 전당에 헌액됐고 그의 26번도 영구결번이 됐다. 론 산토는 1960년대에서 1970년대 중반까지 활약한 3루수다. 9번이나 올스타에 선정됐고 5년 연속 골드 글러브도 수상하는 등 공수를 겸비한 3루수로 명성을 떨쳤다. 특히 산토는 선수시절 내내 당뇨병이란 병마와 싸워가며 많은 팬들에게 뜨거운 감동을 줬고, 은퇴 후엔 합병증으로 결국 양쪽 다리를 잘라내어 많은 팬들의 눈시울을 적셨다. 결국 그는 2010년 안타깝게 생을 마감했지만 2012년 '황금시대' 위원회 투표에서 16표 중 15표(93.75%)를 얻어 명예의 전당에 입성했다.

담쟁이덩굴로 덮인 외야 펜스

펜웨이 파크 하면 그린 몬스터가 떠오르듯 리글리 필드의 명물은 당연히 외야의 담쟁이덩굴이다. 다 낡아빠진 야구장이 시카고의 명물로 자리매김 할 수 있었던 이유도 이때문이지 않을까. 외야 담장 전체를 뒤덮은 담쟁이 덩굴을 바라보면 정말 리글리 필드에 왔다는 사실이 실감난다. 외야수들은 이곳에서 수비할 때 특히 유의해야 한다. 공이 담쟁이덩굴 속으로 사라지는 일이 종종 발생할 뿐 아니라 그 안에는 무시무시한 벽돌 펜스가 숨어 있기 때문이다. 공이 담쟁이덩굴 속으로 사라지면 외야수는 공이 사라졌다는 수신호를 확실히 보내야 한다. 이 경우 심판은 보통 그라운드 룰 더

블(Ground Rule Double : 구장 규칙에 따라 특수한 상황에서 심판이 인정하는 2루타)을 선언한다. 그렇지 않고 외야수가 계속 공을 찾는 경우에는 경기는 계속 진행되고 주자도 계속 달릴 수 있어 그라운드 홈런이 나온 적도 있다.

펜웨이 파크처럼 리글리 필드에도 수동 스코어보드가 있다. 1937년에 생긴 이 스코어보드는 최첨단 스코어보드가 넘쳐나는 요즘 보기 드문 골동품이다. 긴 역사에도 불구하고 아직까지 이 스코어보드를 맞춘 타자는 아무도 없다고 한다.

미시간 호에서 불어오는 강한 바람

바람이 유독 많이 부는 시카고의 닉네임은 '윈디 시티(Windy City)'다. 리글리 필드에도 근처 미시간 호에서 강한 바람이 쉴 새 없이 불어온다. 리글리 필드에서의 바람은 그 어느 구장보다 경기에 큰 영향을 미치는 중요한 요소다. 전 세인트루이스 토니 라루사 감독은 리글리 필드에선 바람을 가장 먼저 체크한다고 했고, 전 필라델피아 래리 보와 감독은 매 이닝 바람을 체크한다고 말할 정도였다. 바람이 외야 쪽에서 불어 들어오면 투수에게 유리하지만, 반대로 외야 쪽으로 불어나가면 타자에게 유리한 구장으로 돌변한다. 그 중에서 유난히 불어나가는 바람이 거센 날이 있었는데 바로 '시카고의 총격전'으로 회자되는 1979년 5월 17일 필라델피아 필리스와의 경기였다. 시속 45km가 넘는 강풍이 몰아친 이날 두 팀은 10회까지 무려 50안타, 23장타, 11홈런, 45득점을 주고받으며 박스스코어를 가득 채웠다. 결과는 필리스의 23-22 승리. 컵스의 강타자 데이브 킹맨은 이날 홈런 3개를 쏘아 올렸는데 그 중 마지막 홈런은 바람을 타고 구장 밖으로 홀연히 사라졌다. 이 타구는 비거리 약 550피트(167미터)로 리글리 필드 역사상 가장 큰 홈런으로 추정된다.

리글리 루프탑(Wrigley Rooftops)

리글리 루프탑은 리글리 필드에서 볼 수 있는 가장 특이한 광경이다. 외야 뒤쪽 길 건너편 건물 옥상에 경기를 볼 수 있도록 좌석이 마련돼 있는데 구장 안에서 외야를 바라보면 그냥 연결된 외야석으로 보인다. 1980년대까지만 해도 문제가 없었는데 이후 건물주들이 입장료를 받고 많은 사람들을 입장시키면서 구단과 마찰을 빚었다. 결국 구단은 전체 수익 중 일부분을 받는 조건으로 건물 옥상 좌석을 공식적으로 인정하게 됐고 구단 홈페이지를 통해 공식 루프탑 파트너들을 소개하고 있다. 글레날렌 힐은 좌측 담장 너머 구장 건너편 루프탑으로 홈런을 쏘아 올리기도 했다. 이 루프탑 좌석은 찾는 사람이 많아 가격이 비싸기로 유명하지만 길 건너편 건물에서 경기를 보기 때문에 아무래도 큰 몰입도를 기대하긴 힘들다.

구장의 일부처럼 보이는 리글리 루프탑

우측 파울 폴에 걸린 깃발

컵스가 승리하면 올라가는
파란 W가 새겨진 흰 깃발

'나의 유골을 리글리 필드에 묻어주오'

컵스가 경기에서 승리하면 스티브 굿맨의 '고 컵스 고! (Go Cubs Go!)'라는 노래가 구장에 울려 퍼지고 모든 홈 관중들은 이 노래를 따라 부르며 승리의 기쁨을 만끽한다. 단, 경기에서 이겨야만 부르는 승전가이다 보니 리글리 필드에서 컵스가 이기는 것을 지켜본다면 또 하나의 큰 볼거리가 생기는 셈이다. 이 노래를 부른 굿맨은 열혈 컵스 팬으로 유명했는데 그가 죽어 화장된 후 그의 유골 가루는 리글리 필드 좌중간 워닝 트랙(Warning Track : 야구 경기 중 선수가 펜스 가까이 있음을 쉽게 알 수 있도록 만들어놓은 위험 경계 지역)에 뿌려지기도 했다. 백혈병으로 세상을 떠나기 전 그가 만든 또 다른 노래 '죽음을 앞둔 한 컵스 팬의 마지막 요청(A Dying Cub Fan's Last Request)'에서 그는 자신이 죽으면 유골 가루를 리글리 필드 좌측 너머 길가에 뿌려달라고 했다.

시카고 컵스

구장에 바람이 불면 외야 양쪽 파울 폴에 걸린 영구결번 6인의 깃발이 펄럭거린다. 우측 파울 폴엔 윌리엄스, 샌드버그, 그렉 매덕스의 깃발이 휘날리고 좌측 파울 폴엔 뱅크스, 산토, 퍼거슨 젠킨스의 깃발이 위아래로 걸려 있다.

또 리글리 필드에서는 경기 결과에 따라 스코어보드 위에 깃발이 올라가는데 승리하면 흰 바탕에 파란 W, 패하면 파란 바탕에 흰 L이 표시된 깃발이 휘날린다. 이는 전 구단주 리글리가 주변을 지나가는 사람들에게 매일 컵스의 낮 경기 결과를 알려주기 원해서였다고 전해진다. 또 리글리 필드에는 경기 중 유난히 많은 갈매기들이 떼로 날아드는 묘한 광경을 보게 된다. 특히 경기가 끝나고 관중들이 자리를 뜨면 갈매기들이 본격적으로 날아들어 남은 음식을 모조리 해치우는 진풍경을 연출한다.

1908년 시카고 컵스 우승 이후 벌어진 20대 사건

컵스의 마지막 우승은 1908년으로 이미 100년이 훌쩍 넘었다. 즉, 이미 100년이 된 리글리 필드에서 컵스는 아직 단 한 번도 우승을 하지 못했다. 오죽하면 컵스 마지막 우승은 조선시대 순종 2년 때라는 우스갯소리가 있겠는가. '시카고 컵스 우승 이후 벌어진 20대 사건'이라는 재미있는 목록도 있다. 그 목록 1번은 '라디오가 발명되어 컵스 팬들은 라디오로 지는 소식을 듣게 된다'로 시작해 20번 '알래스카, 애리조나, 하와이, 오클라호마, 뉴멕시코주가 미합중국에 편입된다'로 끝이 난다. 한편 1989년 출시된 SF영화 〈백 투 더 퓨처 2〉에선 타임머신을 타고 미래의 2015년으로 가게 된 주인공 맥 플라이가 길거리 한복판에서 컵스가 2015년 월드시리즈 우승을 했다는 문구를 보고 놀라는 장면이 나온다. 당시 영화에서도 먼 미래로 묘사된 2015년이 마침내 현실로 다가왔다. 믿거나 말거나 컵스의 2015년 시즌을 지켜보는 것은 메이저리그의 또 다른 흥밋거리다.

염소의 저주와 스티브 바트만 사건

 염소의 저주는 1945년 월드시리즈 4차전을 앞두고 생긴 일화다. 빌리 지아니스라는 팬이 염소를 데리고 경기장에 입장하려다 거부당하자 다시는 이곳에서 월드시리즈가 열리지 않을 것이라고 저주를 퍼부은 것. 실제 컵스는 이후 월드시리즈 무대를 단 한 번도 밟지 못하고 있다. 지난 2003년 컵스는 1945년 이후 첫 월드시리즈 진출을 눈앞에 뒀다. 시리즈 전적 3승 2패로 앞선 챔피언십 시리즈(NLCS) 6차전에서 선발 마크 프라이어의 호투로 8회초 원아웃까지 플로리다 말린스에 3-0으로 앞서고 있었다. 월드시리즈 진출까지 필요한 아웃카운트는 5개. 이후 플로리다의 루이스 카스티요가 좌익수 쪽 파울볼을 쳤다. 좌익수 모이제스 알루는 이 공을 잡으려고 관중석 쪽으로 글러브를 뻗었지만, 동시에 스티브 바트만이라는 컵스 팬이 손을 뻗는 바람에 그만 이 타구를 놓치고 만다. 무슨 일인지 이후 컵스는 내리 8실점하며 3-8로 경기를 내줬고 7차전에서도 패해 월드시리즈 진출이 물거품 됐다. 이것이 이른바 '스티브 바트만 사건'이다. 아직까지 광분하던 TV속 알루의 모습이 눈에 선하다.

여전히 진화 중인 리글리 필드

 2014년 시즌이 끝나고 리글리 필드는 '1060 프로젝트'라 불리는 4년에 걸친 대대적인 보수공사에 들어갔다. 외야석 좌측과 우측에 대형 스코어보드를 설치하고, 작아서 불편했던 선수들의 클럽하우스도 크게 확장한다. 또 팬들을 위한 스위트룸의 숫자도 늘릴 계획이다. 이렇게 팬을 위한 노력이 계속된다는 점이 리글리 필드가 100년 넘게 살아남은 이유가 아닐까. 메이저리그에서 가장 시설이 열악한 구장 중 하나로 손꼽히는 야구장이지만, 담쟁이덩굴이 있는 리글리 필드와 주변 분위기는 팬들을 완전히 사로잡는다. 리글리 필드도 보스턴의 펜웨이 파크처럼 뭔가 특별한 느낌이 있다. 기념

리글리 필드의 전경

품 가게에 있는 흑백 사진 속 리글리 필드는 현재의 모습과 별 차이가 없어서 탄성을 자아낸다. 비록 우승한 지 한 세기가 넘었지만 컵스에 대한 팬들의 사랑은 변함이 없다. 특히 행복한 표정으로 '고 컵스 고! (Go Cubs Go!)'를 부르는 팬들의 함성은 여전히 귓가를 맴돈다. 언젠가 다가올 컵스의 다음 월드시리즈 우승이 기다려지는 이유다.

한 눈으로 읽는 야구장 TIP

MUST SEE
외야 담쟁이덩굴

볼거리
리글리 루프탑
레전드 동상

추천 메뉴
장조림을 연상시키는 고기가 인상적인 BBQ 풀드 포크 샌드위치

교통 및 숙박
시카고 교통수단 CTA(Chicago Transit Authority)를 이용하면 쉽게 리글리 필드에 갈 수 있다. 레드라인을 타고 어디슨(Addison) 역에서 내리면 걸어서 멀지 않은 거리. 지하철이 편리해서 야구장에서 먼 곳에 숙소를 잡아도 상관없다.

전체적인 분위기 (별 5개 만점)

시카고 컵스

06
시카고 화이트삭스
CHICAGO WHITE SOX

시카고 화이트삭스
Chicago White Sox

오바마가 사랑한 팀의
U.S. 셀룰러 필드

구단 정보

창단: 1901년
연고지: 일리노이주 시카고
월드시리즈/리그 우승: 3회/6회
영구결번: 넬리 팍스(#2), 해롤드 바인즈(#3), 루크 어플링(#4), 미니 미노소(#9), 루이스 아파라시오(#11), 테드 라이온스(#16), 빌리 피어스(#19), 프랭크 토머스(#35), 재키 로빈슨(#42), 칼튼 피스크(#72)

구장 정보

이름: U.S. 셀룰러 필드(U.S. Cellular Field)
설립: 1991년
잔디: 천연 잔디
수용: 40,615명
규격: 좌 101m / 좌중 114m / 중 122m / 우중 114m / 우 102m
주소: 333 West 35th Street Chicago, IL 60616

'윈디 시티'로 불리는 시카고는 거센 바람 말고도 아름다운 건축물과 뜨거운 스포츠 열기로 유명하다. 시카고 곳곳엔 아름답고 개성 넘치는 건물들이 수두룩하다. 1871년 도시 전체를 집어삼킨 대화재의 비극이 결과적으로 시카고에 새로운 건축물이 들어서는 전화위복의 계기가 됐다. 특색 있는 마천루, 바다처럼 광활한 미시간호, 도심 속 야외 미술관을 연상케 하는 밀레니엄 파크의 조화는 도시 전체를 현대적인 감각의 아름다움으로 물들인다. 또 시카고는 스포츠 열기가 뜨겁기로 유명한 도시다. 과거 '농구 황제' 마이클 조던이 몸담았던 NBA팀 불스, 오랜 전통의 NFL팀 베어스, 스탠리컵 5회 우승에 빛나는 NHL팀 블랙호크스가 있고 메이저리그의 컵스와 화이트삭스까지 시카고를 대표하는 다양한 프로구단이 있다. 이 중 화이트삭스는 미국 오바마 대통령의 응원 팀으로도 유명하다. 오바마는 2010년 워싱턴 내셔널스파크 메이저리그 개막전 시구 당시, 워싱턴 점퍼에 화이트삭스 모자를 썼을 정도로 팀에 대한 애정이 각별하다.

옛 코미스키 파크가 있던 곳에 자리잡은 주차장

주차장에 100년 전 흔적을 남겨두다

AL 중부지구 소속 시카고 화이트삭스의 홈구장 U.S. 셀룰러 필드는 시카고 다운타운을 중심으로 남쪽에 위치한다. 기존 홈구장이던 코미스키 파크(1910~1990) 바로 옆에 지어졌고 개장 당시 이름도 그대로 코미스키 파크였지만, 2003년부터 현재의 이름으로 불린다. 1910년에 지어진 코미스키 파크는 한때 메이저리그에서 가장 오래된 야구장이었지만 지금은 펜웨이 파크에 그 타이틀을 물려주고 역사 속으로 사라졌다(미국에서 가장 오래된 야구장은 앨라배마 버밍엄에 있는 릭우드 필드로 1910년에 지어졌는데 코미스키 파크 개장 7주 후에 문을 열었다). 현재 구장의 5번 게이트 근처 B주차장에는 과거 코미스키 파크의 홈플레이트와 파울라인이 있던 위치

구장 앞 챔피언스 플라자

미니 미노소의 영구결번 기념비

를 그대로 남겨놨다. 대리석 홈플레이트에는 'COMISKEY PARK 1910-1990 HOMEPLATE'라고 적혀 있다. 현재 주차장이 예전에 구장이 있던 자리다. 구장 앞에는 2005년 월드시리즈 우승과 팬들을 기념하기 위해서 만들어진 '챔피언스 플라자'라 불리는 공간이 있다. 당시 활약했던 우승 멤버들의 모습이 조각으로 새겨진 대형 기념비가 있고, 화이트삭스를 응원하는 팬들의 메시지도 눈길을 끈다. 이외에도 주변엔 영구결번 기념비가 줄지어 있어 많은 팬들이 몰린다. 미니 미노소(#9), 루이스 아파라시오(#11) 프랭크 토머스(#35), 칼튼 피스크(#72) 등 친숙한 이름이 보인다. 각각 기념비 꼭대기에는 영구결번과 이름이 금색으로 빛나고 아래쪽에는 간단한 약력과 영구결번 날짜가 적혀 있다.

시카고 화이트삭스

라이벌 컵스

같은 시카고 연고 팀이지만 컵스는 북쪽, 화이트삭스는 남쪽에 위치해 두 팀은 자연스럽게 지역 라이벌이 됐다. 두 팀이 맞붙는 인터리그 시리즈는 '윈디 시티 쇼다운' 또는 '크로스타운 시리즈'로 불리며 더 큰 관심을 끌어 모은다. 두 홈구장은 CTA 레드라인으로 연결돼 있어 레드라인 시리즈라고 불리기도 한다. 두 팀간의 대표적인 경기로는 U.S. 셀룰러 필드에서 열린 2006년 5월 20일 경기가 가장 많이 회자된다. 이 경기에서 양팀 포수 마이클 바렛과 A.J. 피어진스키의 거센 몸싸움이 일어났다. 3루 주자 피어진스키는 타자의 희생플라이때 득점을 위해 홈으로 파고들었고 홈플레이트를 지키던 컵스의 포수 바렛과 정면으로 충돌했다. 바렛은 이 충격으로 볼을 떨어뜨렸고 피어진스키는 세이프 판정을 받았다.

그런데 바렛은 자리에서 일어나 덕아웃으로 향하려던 피어진스키의 길목을 막고 급기야 그의 얼굴에 주먹을 날렸다. 벤치에 있던 양팀 선수들이 모두 달려 나온 것은 당연한 일. 이날 두 라이벌 팀의 얽히고설킨 감정은 두 선수의 물리적 충돌로 폭발했다. 100년도 넘은 일이지만 두 팀은 1906년 처음이자 마지막으로 월드시리즈에서 맞붙었는데 당시 시즌타율이 .230에 불과했던 '빈타의 기적(Hitless Wonders)' 화이트삭스는 시즌 116승의 컵스를 물리치는 이변을 일으켰다. 시리즈에서 화이트삭스(.198)는 여전히 빈타를 보였지만 더 차갑게 식어버린 컵스 타선(.196)의 덕을 톡톡히 봤다.

블랙삭스 스캔들

화이트삭스에 망령처럼 따라다니는 '블랙삭스 스캔들'은 1919년 월드시리즈에서 일어난 승부조작 사건이다. 역시 돈과 관련된 승부조작은 때와 장소를 가리지 않는다. 당시 화이트삭스가 신시내티 레즈에 패했는데, 8명의 화이트삭스 선수들이 돈을 받고 경기를 일부러 져주었다는 승부조작 의혹

프랭크 토머스 동상 폴 코너코의 동상

이 일면서 결국 8명이 영구 제명되고 만다. 이 치욕적인 과거는 화이트삭스 선수들이 일으킨 점을 비꼬아 블랙삭스 스캔들이라 불렸고 거의 100년 가까이 흐른 지금까지도 사람들 입에 오르내린다. 연루된 선수 중엔 통산 타율 .356을 기록한 맨발의 조 잭슨이 가장 유명하다. 훗날 이 사건을 바탕으로 존 쿠삭 주연의 〈여덟 명의 제명된 남자들(Eight Men Out)〉이라는 영화까지 나오기도 했다.

외야 레전드 동상

구장에서 가장 큰 볼거리는 단연 외야 쪽에 있는 레전드 동상들이다. 전 구단주 찰스 코미스키를 비롯해 'Mr. 화이트삭스' 미니 미노소, 명포수 칼튼 피스크, 키스톤 콤비를 이뤘던 유격수 루이스 아파라시오와 2루수 넬리 폭스, 1950년대를 대표하는 좌투수 빌리 피어스, 2,866안타를 때린 해롤드 바인즈, '빅 허트' 프랭크 토머스, 2014년 시즌을 끝으로 은퇴한 폴 코너코 동상이 있다. 이 동상들을 보기 위해선 100레벨로 입장해야만 한다. 직원들이 티켓 확인 후 100레벨로 들어갈 수 있기 때문에 구장 내 다른 곳에선 아예 접근이 불가능하다. 선수들의 영광스런 동상을 보기 위해 이곳에 오는 팬들의 접근을 막는다는 것은 조금 납득하기 힘들다.

또 외야 스코어보드 바로 아래쪽에 있는 팬덱(Fan Deck)은 150여 명을 수용할 수 있는 곳으로 외야에서 확 트인 그라운드를 바라볼 수 있다. 이곳 벽에는 짐 토미가 2008년에만 두 번이나 팬덱 위로 홈런을 친 것을 기념하는 명판이 있다. 스코어보드 상단에 있는 바람개비 장식은 왠지 네이비 피어(Navy Pier)에 있는 관람차를 연상시킨다. 화이트삭스 선수들이 홈런을 치면 스코어보드 위에서 폭죽이 터지며 야구장을 화려하게 장식한다. 한편 과거 U.S.셀룰러 필드의 좌중간 펜스엔 화이트삭스 레전드들의 영구결번과 흑백 얼굴 그림이 가득했다. 은은한 멋이 느껴졌던 이 펜스는 아름다운 구장의 배경으로 손색이 없었다. 하지만 지금 이것들이 전부 사라진 채 광고판들만 덩그러니 남아 있어서 뭔가 씁쓸한 아쉬움이 남는다.

2005년 월드시리즈 우승

화이트삭스는 2005년 월드시리즈에서 휴스턴 애스트로스에 내리 4연승하면서 1917년 이후 88년 만에 첫 월드시리즈 정상에 올랐다. 당시 2차전에서 폴 코너코의 만루홈런과 스캇 포세드닉의 끝내기 홈런이 떨어진 자리는 아직까지 고스란히 남아 있다. 바로 159섹션 7열 4번 좌석(코너코)과 우중간 101섹션에 1열 13번 좌석(스캇 포세드닉)이다. 2007시즌 외야 블루 좌석이 모두 그린 좌석으로 교체됐을 때 이 두 좌석만은 그대로 남겨졌다. 녹색의 자로 가득한 외야에 2개의 파란 좌석이라 눈에 띈다(참고로 구장의 그린 좌

U.S. 셀룰러 필드의 전경

석들은 과거 코미스키 파크의 영향을 받은 것이라고 한다). 특히 폴 코너코는 프랭크 토머스 이후 화이트삭스를 상징하는 선수였다. 통산 .279-439홈런-1,412타점의 준수한 성적을 남겼다. 팀의 마지막 남은 2005년 월드시리즈 우승멤버였고, 2006년부터 2014년까지는 주장으로 팀을 이끌었다. 그의 등번호 14번은 2015년 영구결번으로 지정될 예정이다.

이 구장에서 절대 빼놓을 수 없는 역사는 바로 2009년 7월 23일 마크 벌리의 퍼펙트게임이다. 당시 9회초 대수비로 들어온 중견수 드웨인 와이즈는 홈런성 타구를 잡아내는 환상적인 수비로 벌리의 대기록 달성을 도왔고 아

시카고 화이트삭스

직 외야 펜스에는 '더 캐치(The Catch)'라는 문구가 남아 있다. 당시 경기를 중계했던 캐스터는 켄 해럴슨인데 그는 선수출신으로 이미 화이트삭스 단장까지 역임했던 인물이다. 화이트삭스 경기 중계를 본 사람들은 화이트삭스 선수들이 홈런을 칠 때마다 'You can put it on the board~ Yes! Yes!'라 외치는 그의 인상적인 멘트를 기억할 것이다.

폴 코너코의
만루홈런 볼이 떨어진 파란 좌석

U.S. 셀룰러 필드의 대표 메뉴
코미스키 버거

절대 놓칠 수 없는 코미스키 버거

시카고를 대표하는 음식은 물론 피자다. 딥디쉬 피자로 유명한 우노, 지오다노는 시카고를 찾는 여행객들의 필수 방문 코스다. 물론 U.S. 셀룰러 필드에도 피자를 비롯해 코미스키 버거와 코미스키 도그, 베이컨 온 어 스틱 등 먹거리가 다양하다. 그 중에서도 두툼한 소고기 패티 위에 다져진 토마토, 양파, 피망 렐리시가 얹힌 코미스키 버거는 가장 군침이 도는 U.S. 셀룰러 필드의 대표메뉴다. 가격은 9달러로 필라델피아의 치즈스테이크, 샌프란시스코의 갈릭 프라이와 어깨를 나란히 할만한 메뉴다. 한편 구장에 입장할 때 직원들은 다양한 쿠폰을 나눠준다. 기념품 가게 40%할인권, 화이트삭스 승리 시 공짜로 제공하는 맥도널드 감자튀김 교환권 등 여러 쿠폰이 있다.

직관 후기

이날은 경기 시작 전 폴 코너코의 은퇴식이 거행되었다. 프랭크 토머스 동상 옆에는 코너코의 동상이 세워졌고, 경기 내내 팬들의 발걸음이 끊이질 않았다. 은퇴식이 끝나고 이날만큼은 코너코 등장음악인 메탈리카의 '하베스터 오브 소로(Harvester of Sorrow)'의 강한 사운드가 경기장을 가득 메우며 경기 시작을 알렸다. 팬들은 이날 코너코가 타석에 들어설 때마다 '폴리! 폴리!'를 계속 외쳤다. 아무래도 데릭 지터의 은퇴에 살짝 가리긴 했지만 코너코의 은퇴식을 보며 한 선수에 대한 구단과 팬들의 진한 애정을 느끼기엔 충분했다. 특히 마지막 경기를 마치고 팬을 위해 운동장을 한 바퀴 도는 코너코의 모습도 감동적이었다.

MUST SEE
레전드 동상들

볼거리
폴 코너코, 포세드닉 홈런 좌석
코미스키 파크가 있던 주차장

추천 메뉴
두툼한 소고기 패티 위에 다져진 토마토, 양파, 피망 렐리시가 얹힌 코미스키 버거

교통 및 숙박
시카고의 CTA를 타고 Sox-35th 역에서 하차하면 구장까지 5분 거리다. 많은 사람들을 따라 구장에 쉽게 갈 수 있다. 지하철이 가까워 다운타운 지역에 숙소를 잡아도 된다.

전체적인 분위기 (별 5개 만점)

시카고 화이트삭스

07
신시내티 레즈
CINCINNATI REDS

세계 최초 프로야구팀의, 그레이트 아메리칸 볼파크

외야에 위치한 굴뚝 2개

신시내티 레즈
Cincinnati Reds

세계 최초 프로야구팀의
그레이트 아메리칸 볼파크

구단 정보

창단: 1882년
연고지: 오하이오주 신시내티
월드시리즈/리그 우승: 5회/9회
영구결번: 프레드 허친슨(#1), 조니 벤치(#5), 조 모건(#8), 스파키 앤더슨(#10), 배리 라킨(#11), 데이브 컨셉시온(#13), 테드 클루즈스키(#18), 프랭크 로빈슨(#20), 토니 페레즈(#24), 재키 로빈슨(#42)

구장 정보

이름: 그레이트 아메리칸 볼파크(Great American Ball Park)
설립: 2003년
잔디: 천연 잔디
수용: 42,319명
규격: 좌 100m / 좌중 116m / 중 123m / 우중 113m / 우 99m
주소: 100 Joe Nuxhall Way Cincinnati, OH 45202

미국 중동부에 자리 잡은 오하이오주는 미국 대선 때마다 이목을 집중시킨다. 미국 대통령이 되기 위해서는 오하이오주 선거인단 투표를 따내야 한다는 말이 있을 정도다. 제 2차 세계대전 이후 오하이오주를 내주고도 대통령에 당선된 사람은 존 F. 케네디가 유일하다. 또 7명의 역대 대통령이 오하이오 출신이라고 하니 정치적으로는 분명 의미가 있는 주다.
아름다운 오하이오강이 흐르는 조용한 도시 신시내티의 닉네임은 '퀸 시티(Queen City)'. 그래서 이곳에 터전을 잡은 야구팀 신시내티 레즈는 '킹스 오브 더 퀸 시티(Kings of the Queen City)'라 불린다. 1882년 창단한 레즈는 유구한 역사를 자랑하는 야구팀으로 전신 격인 신시내티 레드스타킹즈 시절까지 거슬러 올라가면 그 시작은 1869년이다. 레드스타킹즈는 실질적인 최초의 프로야구팀으로 인정받기에 레즈의 역사는 곧 미국 프로야구의 역사로 봐도 무방하다.

15도 경사의 크로슬리 필드를 추억하며

NL 중부지구에 속한 신시내티의 홈구장은 그레이트 아메리칸 볼파크로 오하이오 강둑에 위치한다. 과거 크로슬리 필드(1912~1970)와 리버프론트 스타디움(1970~2002)을 잇는 홈구장으로 신시내티에 기반을 둔 그레이트 아메리칸 보험회사가 2033년까지 총 7,500만 달러의 비용으로 네이밍 권리를 획득해 이름만큼은 가장 미국적인 야구장이 되었다. 실제로 그레이트 아메리칸 보험회사의 본사 역시 레즈의 홈구장 바로 길 건너편에 있다.

2013년 시즌에는 추신수가 짧지만 강렬했던 한 해를 신시내티에서 보냈다. 그해 5월 7일 추신수는 이곳에서 애틀랜타 브레이브스 최강 마무리 크레이그 킴브렐을 상대로 9회말 짜릿한 끝내기 홈런을 때려냈다. 그가 친 공은 가운데 담장을 훌쩍 넘어갔고 이는 그레이트 아메리칸 볼파크를 열광의 도가니로 만들기에 충분했다.

구장 메인 입구에 도착하면 가장 먼저 '크로슬리 테라스(Crosley Terrace)'가 눈에 띈다. 이곳은 레즈의 과거 홈구장이었던 크로슬리 필드를 추억하기 위해 만들어진 곳으로 크로슬리 필드 좌측펜스 앞에는 크로슬리 테라스로 불리는 15도 경사의 언덕이 있어서 좌익수들이 수비하는 데 많은 어려움을 겪곤 했다. 이전 홈구장의 가장 특징적이면서도 악명 높았던 장소를 과거 그 이름 그대로 가져와서 현재의 신시내티 홈구장 앞에 만든 것이다. 그리고 이곳에는 크로슬리 필드 시절 주축선수였던 4명의 동상이 있다. 투수 조 넉스홀이 포수 어니 롬바르디에게 공을 던지고 타석에선 프랭크 로빈슨이 배트를 힘껏 휘두르고 있으며 조금 떨어진 옆쪽에서 테드 클루즈스키가 배트를 어깨에 기댄 채 대기하고 있다. 이는 4명의 선수가 가상으로 경기하는 모습을 형상화한 것이라고 한다. 넉스홀은 16세가 되기도 전에 데뷔해 통산 135승을 거둔 좌투수였고 롬바르디는 8번이나 올스타전에 나선 포수다. 1938년엔 NL MVP를 수상했고 1942년엔 NL 타격왕에도 올랐다. 로빈슨은 586홈런을 때려낸 강타자로 메이저리그 역사상 NL과 AL에서 모두 MVP를 수상한 유일한 선수이며 좌타자인 클루즈스키는 신시내티에서 251홈런을 때렸다. 영화 〈레인맨〉에서 자폐증 환자로 나오는 더스틴 호프먼이 테드 클루즈스키에 대해 '빅 클루(클루즈스키 별명)는 1루수로 1957년 디 폰디와 맞트레이드, 통산타율은 .298'라고 말하며 놀라운 기억력을 보여주는 장면이 나온다. 실제로 이 영화는 신시내티를 배경으로도 펼쳐지며 또 호프먼은 영화에서 신시내티 레즈 티셔츠를 입고 나오기도 한다.

레즈 명예의 전당(Cincinnati Reds Hall Of Fame)

크로슬리 테라스 오른쪽에는 레즈 공식 팀 스토어가 있고 그 옆에는 신시내티 레즈 명예의 전당 박물관이 있다. 명예의 전당 앞에는 신시내티 레즈 출신의 명포수 조니 벤치의 동상이 단연 눈길을 끄는데 이 동상은 그의 역동적인 송구 모습을 잘 표현했지만 동상의 얼굴이 벤치와 많이 닮았다는 느낌은 들지 않는다. 이 동상 밑에는 그를 지도했던 명장 스파키 앤더슨 감독의 명언이 남겨져 있다. "나는 다른 포수들을 조니 벤치와 비교해 곤란하게 하고 싶지 않다(I don't want to embarrass any other catcher by comparing him to Johnny Bench)."

박물관 내부로 들어가면 다양한 전시품들이 방문자들의 호기심을 자극한다. 오랜 역사를 자랑하는 명문구단인 만큼 볼거리도 다양하고 역사의 흐름을 한 눈에 읽을 수 있도록 잘 꾸며놓았다. 입장료는 성인 기준 10달러. 1층에선 과거 20세기 초 홈구장 '팰리스 오브 더 팬즈(Palace of the Fans)'의 좌석부터 최근 조이 보토가 입었던 유니폼까지 모두 볼 수 있다. 특히 명예의 전당 소형 극장이 눈에 띄는데 신시내티 구단 역사와 레전드들의 다양한 영상을 약 20분 주기로 틀어준다. 그 중에서 1988년 탐 브라우닝의 퍼펙트 경기 영상이 유독 기억에 남는다.

2층에서는 과거와 현재 선수들의 유니폼, 카드, 소장품, 월드시리즈 우승 트로피 등 다양한 전시품을 볼 수 있다. 과거부터 현재까지 홈구장들을 길

조니 벤치의 동상

게 연결해 한눈에 알아볼 수 있도록 만든 대형 사진과 스파키 앤더슨 감독의 동상도 인상적이다. 하지만 그 중에서도 단연 팬들의 눈길을 끄는 것은 신시내티 명예의 전당에 헌액된 선수들의 동판이다. 여기에는 조 모건, 배리 라킨, 스파키 앤더슨 감독 등 신시내티 레전드들의 역사가 살아 숨쉰다. 특히 고급스러운 실내 인테리어를 배경으로 레전드들의 동판은 유난히 더 빛난다. 또 1882년부터 현재까지 선수들의 통산 성적을 기록하는 대형 보드인 신시내티 올 타임 리더 보드도 있는데 이 보드에는 역대선수 8명의 최고성적과 현역 선수 2명의 기록이 함께 표기되어 있다. 이 기록들은 레즈

박물관에 전시된
1975년 월드시리즈 우승 트로피

스파키 앤더슨 동상

유니폼을 입고 올린 성적만 고려하며 타율과 평균자책점에는 조건이 있다. 타율은 레즈 소속으로 1500타석 이상, 투수는 50디시즌(decision) 또는 500이닝 이상이 필요하다. 이밖에 팬들이 참여할 수 있는 다양한 공간도 많아서 시간을 내어 두루두루 훑어볼 가치가 충분하다. 신시내티 명예의 전당은 전체적으로 뉴욕의 쿠퍼스타운과 상당히 흡사하다.

빅 레드 머신(Big Red Machine)

레즈의 길고 긴 역사 속에서도 가장 찬란했던 순간은 단연 1970년대다. 특히 1970년부터 1976년까지 7년 동안 4번이나 월드시리즈 무대에 올랐다. 1975년과 1976년엔 각각 보스턴 레드삭스와 뉴욕 양키스를 꺾고 2년 연속 월드시리즈를 제패해 황금기를 구가했다. 당시 레즈는 '빅 레드 머신'이라는 닉네임을 얻었는데 이는 신시내티의 상징인 붉은색과 기관총과도 같은 파괴력을 가진 당시 타선을 합쳐 만든 것이다. 당대 최고의 팀은 물론 현재까지도 역사상 가장 강한 팀 중 하나로 평가 받는다. 타순은 피트 로즈, 조 모건, 조니 벤치, 토니 페레즈, 조지 포스터, 데이브 컨셉시온, 켄 그리피 시니어, 세자르 제로니모 순으로 이들은 '더 그레이트 에이트(The Great Eight)'라 불리기도 했다. 그레이트 아메리칸 볼파크에는 'The Great Eight' 모자이크도 있다.

더 그레이트 에이트(The Great Eight) 동상

4,256안타 기록의 피트 로즈 & 로즈 가든

피트 로즈는 메이저리그에서 4,256안타를 기록해 통산 최다안타 1위에 랭크된 전설적인 선수다. 스위치 타자였던 그는 선수시절 내내 최고의 안타

제조기로 명성을 날렸다. 특히 5개 포지션(1루수, 2루수, 3루수, 좌익수, 우익수)으로 총 17번이나 올스타전에 출전했으며 1978년에는 44경기 연속안타 행진을 이어갔다. 볼넷을 얻고도 1루로 내달리는 등 다소 지나친 파이팅에 '찰리 허슬'이라는 별명도 얻었다. 특히 로즈의 저돌적인 헤드퍼스트 슬라이딩은 그의 트레이드마크였다. 동료였던 조 모건은 '로즈는 매 경기를 월드시리즈 7차전인 것처럼 뛰었다'고 말한 적도 있다. 로즈는 1985년 9월 11일 리버프론트 스타디움에서 열린 샌디에고전에서 좌중간 안타를 기록, 마침내 타이 콥의 기록(4,191안타)을 넘어 새로운 이정표를 세웠다.

로즈 가든의 전경

당시 안타가 떨어진 위치는 현재 야구장의 외부지점으로 그곳을 꽃밭으로 만들고 가꾸어 '로즈 가든(Rose Garden)'이라 부르고 있다. 가운데 하얀 꽃이 핀 지점이 바로 로즈의 안타가 정확히 떨어진 곳이다. 과거의 홈

그레이트 아메리칸 볼파크의 전경

구장이었던 리버프론트 스타디움과 현재 그레이트 아메리칸 볼파크는 구장의 위치가 서로 겹쳐져 있는 셈인데, 이 로즈 가든은 과거 홈구장과 현재 홈구장의 연결고리가 되는 의미 있는 곳이다. 또 레즈 명예의 전당 박물관 내부 벽엔 로즈의 통산안타 수를 의미하는 4,256개의 야구공이 전시되어 있어 눈길을 끈다. 하지만 이렇게 훌륭한 선수시절을 보낸 로즈는 은퇴 후인 1989년 승부를 걸고 도박을 한 혐의로 야구계에서 영구 추방됐고 여전히 그의 복권 여부는 메이저리그 팬들의 주요 논쟁거리 중 하나이다.

다만 구장 앞 길(Pete Rose Way)에 피트 로즈의 이름을 붙여놓은 것을 보면 적어도 신시내티에서 만큼은 그의 복권에 대한 강한 지지를 보내고 있음을 엿볼 수 있다.

그레이트 아메리칸 볼파크 우중간 외야에는 커다란 굴뚝 두 개가 자리잡고 있다. 굴뚝의 꼭대기엔 배트 7개씩, 총 14개가 있는데 이는 바로 로즈의 등번호 14번을 의미한다. 레즈 선수가 홈런을 치면 우중간 외야에 위치한 이 두 개의 굴뚝에서 폭죽이 나오며 볼거리를 선사한다. 특히 레즈 선수가 두 굴뚝 사이 '히트 미 존(Hit Me Zone)'으로 홈런을 치면 구장에 찾아온 팬 중 한 명이 도요타 툰드라 트럭을 받는 것으로 알려져 있다. 그레이트 아메리칸 볼파크는 홈런이 자주 나오는 편이고 홈런 파크 팩터(park factor: 다른 구장과 비교해서 그 구장이 타자에게 유리한지 투수에게 유리한지 알려주는 지표다. 그 중에서 홈런 파크 팩터는 다른 구장과 비교해 타자가 홈런을 치기에 유리한지 혹은 불리한지 알려주는 지표다. 한 구장의 홈런 파크 팩터는 그 구장에서 홈팀과 원정팀이 기록한 총 홈런을 그 팀이 상대팀과 원정경기에서 기록한 홈런을 비교해서 산출한다. 100이 중립이고 100 이상이면 홈런을 치기에 유리하고, 100 이하면 홈런을 치기에 불리한 구장으로 본다. 홈런 파크 팩터가 110이면 중립적인 구장보다 10%의 홈런이 더 나오는 구장이라는 의미다) 순위에서도 거의 매년 상위권을 차지하며 타자에게 유리한 구장이다.

이런 타자 친화적인 구장에서 가장 큰 홈런을 기록한 선수는 바로 아담 던으로 지난 2004년 다저스 투수 호세 리마를 상대로 535피트(163미터)짜리 대형홈런을 쏘아 올렸다. 현재 그레이트 아메리칸 볼파크 구장의 중견수 펜스까지의 거리는 과거 리버프론트 스타디움의 중견수 펜스까지의 거리와 동일한 123미터이고, 그 뒤쪽에는 신시내티 벨 리버보트 덱(Cincinnati Bell Riverboat Deck)이라고 불리는 관람석이 있다. 이곳은 특히 확 트인 야구장과 오하이오강을 모두 내려다 볼 수 있는 아름다운 전망으로 유명하다. 25명부터 최대 150명까지 여러 그룹으로 경기를 관람할 수 있다. 최저 가격은 인당 70달러 수준으로 여기엔 경기 티켓, 뷔페, 맥주 두 잔의 가격이 포함되어 있다.

조이 보토와 아롤디스 채프먼

현재 신시내티를 대표하는 얼굴은 바로 조이 보토와 아롤디스 채프먼이다. 캐나다 출신의 1루수 보토는 39세가 되는 2023년까지 신시내티와 계약이 되어 있어 사실상 평생 계약을 맺은 프랜차이즈 스타다. 또 그는 테드 윌리엄스 식 타격 접근법을 가지고 있는 것으로 유명한데 마이너리그 시절부터 윌리엄스의 저서 《타격의 과학》을 손에서 놓지 않았다. 현역 타자들 중에 통산 출루율(.417)이 가장 높고 4년 연속(2010~2013) NL 출루율 1위에 오르기도 했다. 특히 보토는 2010년에 .324 - 37홈런 - 113타점의 맹활약으로 팀을 15년 만에 포스트시즌으로 이끌어 결국 NL MVP까지 수상했다. 이어 2012년과 2013년에도 팀의 중심타자로 활약하며 신시내티를 포스트시즌 무대에 다시 올렸다. 특히 2013년에는 팀메이트 추신수(.423)와 보토(.435)의 출루경쟁도 관심을 모았고 시즌 내내 주로 이 둘 뒤에서 타격한 브랜든 필립스가 103타점을 쓸어 담았다.

채프먼은 쿠바 출신의 좌완 파이어볼러 마무리 투수다. 100마일이 넘는 무시무시한 그의 패스트볼은 그에게 '쿠바산 미사일'이란 닉네임까지 안겨줬다. 채프먼은 2010년 샌디에이고 펫코 파크에서 105마일(169km)을 던졌고, 이듬해엔 홈구장 그레이트 아메리칸 볼파크에서 106마일(170.6km)을 뿌려 보는 사람들의 입을 떡 벌어지게 만들었다. 2014년 시즌 채프먼의 패스트볼 평균 구속은 100.3마일이었다(출처: fangraph.com). 메이저리그에서 가장 선구안이 좋은 타자와 가장 빠른 공을 던지는 투수인 이 둘에게 신시내티가 거는 기대는 크다.

그레이트 아메리칸 볼파크는 2015년 메이저리그 올스타전을 개최한다. 메이저리그에서 오랜 전통을 자랑하는 신시내티 레즈. 그레이트 아메리칸 볼파크와 신시내티 명예의 전당 박물관을 방문하는 것은 가장 오래된 미국 프로야구 프랜차이즈의 역사를 훑어볼 수 있는 좋은 기회다.

MUST SEE
신시내티 레즈 명예의 전당 박물관

볼거리
크로슬리 테라스
조니 벤치 동상, 조 모건 동상

교통 및 숙박
대도시가 아니라서 차량을 이용하는 것이 좋으며 구장 인근은 물론 강 건너편 커빙턴에도 숙박시설이 있다.

전체적인 분위기 (별 5개 만점)
★★★★

08
클리블랜드 인디언스
CLEVELAND INDIANS

455연속 홈경기 매진의 영광, 프로그레시브 필드

헤리티지 파크

클리블랜드 인디언스
Cleveland Indians

455연속 홈경기 | 매진의 영광,
프로그레시브 필드

구단 정보

창단: 1901년
연고지: 오하이오주 클리블랜드
월드시리즈/리그 우승: 2회/5회
영구결번: 얼 에이브릴(#3), 루 부드로(#5), 래리 도비(#14), 멜 하더(#18), 밥 펠러(#19), 밥 레몬(#21), 재키 로빈슨(#42), The Fans(#455)

구장 정보

이름: 프로그레시브 필드(Progressive Field)
설립: 1994년
잔디: 천연 잔디
수용: 38,000명
규격: 좌 99m / 좌중 113m / 중 123m / 우중 114m / 우 99m
주소: 2401 Ontario Street Cleveland, OH 44115

클리블랜드는 오하이오주 북부 이리호 연안에 위치한 상공업 도시다. 이곳에는 도시의 자랑 로큰롤 명예의 전당 박물관이 있어 음악 팬들이 기꺼이 먼 발걸음을 한다. 또 케빈 코스트너 주연의 풋볼영화 〈드래프트 데이〉에서 클리블랜드는 '가진 것은 스포츠 팀밖에 없는 도시'로 묘사되기도 했다. 그럼에도 클리블랜드를 연고로 한 북미 4대 스포츠 팀 중 마지막 우승은 NFL팀 브라운스의 1964년이다. 야구팀 인디언스는 1948년에 마지막 우승을 했고 NBA팀 캐벌리어스는 아직 한 번도 우승하지 못해 도시 자체가 우승과 큰 인연이 없다. 오죽하면 클리블랜드는 이처럼 저조한 성적의 스포츠 팀들 때문에 '패배자들의 도시(City of Losers)'라는 말까지 들어야 했을까.

메이저리그 첫 인디언 선수를 기리며

클리블랜드 다운타운에 위치한 프로그레시브 필드는 AL 중부지구 클리블랜드 인디언스의 홈구장이다. 팀명은 메이저리그 첫 인디언 선수였던 루이스 소칼렉시스(클리블랜드 스파이더스, 1897~1899)를 기려 1915년에 인디언스로 지었다. 1994년에 개장한 천연 잔디 구장으로 원래 제이콥스 필드(1994~2007)로 불렸으나 2008년부터 프로그레시브 보험회사가 네이밍 권리를 획득해 이름이 변경됐다. 1994년 시즌 개막전에서 클리블랜드는 11회말 터진 웨인 커비의 끝내기안타로 시애틀 매리너스를 꺾고 새로운 홈구장 오픈을 자축했다. 우리에겐 과거 추신수가 뛰어 추의 함성이 울려 퍼진 홈구장으로 더 친숙해졌다. 게이트웨이 스포츠 & 엔터테인먼트 컴플렉스(Gateway Sports & Entertainment Complex)로 불리는 복합시설에 위치해 있고 바로 옆에 NBA 클리블랜드 캐벌리어스의 홈구장 퀵큰 론즈 아레나도 있다. 흰색 구조물로 된 프로그레시브 필드의 외관은 20년이 지났음에도 최근에 지어진 구장처럼 깨끗한 인상을 준다.

밥 '래피드 로버트(Rapid Robert)' 펠러 동상

구장 앞에는 밥 펠러 동상이 있어 가장 많은 사람들이 붐빈다. 동상에서 그는 왼발을 들고 공을 뿌리기 직전의 투구 동작을 취하고 있다. 펠러는 1936년부터 1956년까지 인디언스 유니폼만 입고 활약한 우완투수다. 불과 17세의 나이로 메이저리그에 데뷔한 그는 강속구를 트레이드마크로 한 시대를 풍미하며 266승, 평균자책점 3.25, 탈삼진 2,581개의 통산 성적을 기록했다. 279번을 완투(완봉 44회)했고 노히트 경기도 3번이나 달성했다. '마지막 4할 타자' 테드 윌리엄스는 자신이 본 가장 빠른 공을 던지는 투수로 펠러를 지목했다.

1941년 시즌을 마친 펠러는 진주만 공습 소식을 전해 듣고 미 해군에 자원

입대해 조국을 위해 싸웠다. 이로 인해 펠러는 1942년부터 1945년까지 통째로 세 시즌을 날렸는데 그 공백이 없었더라면 통산 300승과 3,000 탈삼진은 거뜬히 넘기고도 남았을 것이다. 게다가 입대 전 3시즌 동안 총 76승을 거둔 그이기에 통산 성적에서 아쉬움이 남는 것이 사실이다. 구단은 펠러의 19번을 영구결번으로 지정했고 1962년 93.75%의 높은 득표율로 명예의 전당에 헌액되었다. 또 펠러는 누구보다 팬들의 사인 요청에 흔쾌히 응

밥 펠러 동상

하는 선수로도 유명했다. 비록 펠러는 지난 2010년 92세를 일기로 세상을 떠났지만, 그가 남긴 기록과 애국심은 여전히 인디언스의 전설로 살아 숨쉰다. 2014년에는 중견수 뒤쪽에 짐 토미의 동상도 생겼다. 이 동상은 타석에 들어선 토미가 배트를 마운드 쪽으로 치켜드는 그의 특징적인 모습을 잘 형상화했다. 토미는 1999년 이곳에서 중앙 펜스를 훌쩍 넘기는 511피트(약 158미터) 초대형 홈런을 쏘아 올렸고 이 공은 바운드 후 바깥쪽 길가로 튕겨나갔다. 이 홈런은 여전히 프로그레시브 필드 역사상 가장 큰 홈

C 클리블랜드 인디언스

런으로 남아 있고 동상이 들어선 장소가 바로 당시 홈런 볼이 떨어진 곳이라고 한다.

두 번의 준우승과 와후 추장의 저주

클리블랜드는 1990년대 중반 메이저리그에서 최강의 타선을 자랑했다. 특히 1995년에 클리블랜드는 100승 44패(승률 .694)로 메이저리그 최고 성적을 올렸다. 그 중심엔 케니 로프턴-오마 비즈켈-카를로스 바에르가-알버트 벨-에디 머레이-짐 토미-매니 라미레즈로 이어지는 무시무시한 라인업이 있었다. 당시 클리블랜드 6-7-8번 타자의 성적(.296 - 85홈런 - 289타점)은 같은 해 AL 3-4-5번타자들의 평균 성적(.280 - 72홈런 - 280타점)을 능가했다. 결국 클리블랜드는 그 해 41년 만에 처음으로 월드시리즈 무대를 밟았다. 아쉽게도 월드시리즈에선 애틀랜타 브레이브스의 그렉 매덕스와 톰 글래빈을 공략하지 못해 준우승에 머물렀다. 이어 클리블랜드는 1997년 다시 한 번 월드시리즈에 올라갔다. 하지만 플로리다 말린스와의 월드시리즈 마지막 7차전에서 마무리 호세 메사가 9회말 2-1의 리드를 지키지 못하고 블론 세이브를 기록해 동점을 허용했다. 급기야 11회말 2루수 토니 페르난데스의 결정적인 실책이 빌미가 돼 에드가 렌테리아에게 끝내기 안타를 맞고 또 준우승에 그쳤다.

두 번의 우승 기회를 놓친 인디언스는 현재 메이저리그에서 시카고 컵스 다음으로 우승한 지 오래된 팀이다. 컵스에 '염소의 저주'가 있다면 인디언스엔 '와후 추장의 저주'가 있다. 와후 추장은 바로 우리에게도 친숙한 클리블랜드 로고인 빨간색 인디언 캐릭터를 말한다. 와후는 옛 인디언 추장의 이름으로 1947년에 생긴 이 캐릭터는 원래 노란색이었는데 1951년부터 이를 빨간색으로 바꿨다. 하지만 추장의 얼굴을 너무 우습게 그려 미국의 원주민 인디언들을 비하하는 것이란 인종차별 논란이 일었고, 또 캐릭터를

구장 내부에 걸린 95, 97년 AL 우승 현수막 | 455 영구결번 더 팬스(The Fans)

바꾼 이후 우승을 하지 못해 '와후 추장의 저주'란 말까지 나왔다. 현재 인디언스는 이 로고 대신에 C가 새겨진 로고를 모자에 사용하며 와후 추장 로고 사용빈도는 점점 줄어들고 있다.

455 연속 홈경기 매진

비록 우승은 못했지만 이 기간 클리블랜드 시민들의 성원은 뜨거웠다. 당시 제이콥스 필드에서 경기가 있는 날이면 수많은 팬들이 경기장으로 밀물처럼 몰려들어 북새통을 이뤘고, 1995년 6월부터 2001년 4월까지 무려 정규시즌 홈 455경기 연속 매진을 기록했다. 이는 1996년부터 2000년까지 5년 간 이곳에서 펼쳐진 모든 홈경기 티켓이 전부 팔렸다는 의미다. 구단은 2001년 4월 이런 팬의 성원에 대한 보답으로 우측 외야에 455를 영구결번시켰다. 'The Fans'라는 문구와 함께. 훗날 이 기록은 보스턴 레드삭스(정규시즌 794경기, 포스트시즌 포함 820경기)에 의해 깨지긴 했지만 여전히 클리블랜드 야구 역사의 한 페이지를 장식하고 있다.

헤리티지 파크(Heritage Park)

중견수 뒤에 위치한 헤리티지 파크는 2007년 만들어져 프로그레시브 필드의 명소로 떠올랐다. 비슷한 위치와 느낌 때문에 양키스타디움의 모뉴먼트 파크가 떠오르는 공간이다. 이곳은 크게 인디언스 명예의 전당, 구단 역사 38 명장면, Top 100 인디언스 로스터의 세 공간으로 구성돼 있다. 이밖에 유독 눈길을 끄는 것이 있는데 바로 레이 채프먼의 명판이 있는 추모 공간이다. 클리블랜드의 유격수였던 채프먼은 1920년 경기 중 양키스 투수 칼 메이스가 던진 공에 머리를 맞아 결국 죽음에 이르렀다. 이곳에는 '채프먼은 그를 알았던 모든 사람들의 가슴속에 살아 숨쉰다(He lives in the hearts of all who knew him)'는 문구가 적혀 있다. 클리블랜드를 빛낸 선수들의 명판과 함께 구단 역사를 상세히 소개하는 헤리티지 파크는 경기 종료 15분 후까지 관람이 가능하다. 구장 상단에서 전체 필드를 바라보면 좌측의 녹색 담장이 눈에 띈다. 6미터 높이의 좌측 담장은 펜웨이 파크의 그린 몬스터보다 작지만 색깔이 비슷해 '리틀 그린 몬스터'로 불린다.

벌레 떼의 습격, 버그 게임(Bug Game)

프로그레시브 필드는 종종 5대호 중 하나인 이리호(Lake Erie)에서 날아든 벌레 떼로 뒤덮이곤 한다. 주로 습한 가을 이상고온일 때 출몰하는 이 벌레 떼는 경기를 방해하기도 하는데 대표적인 사건이 바로 2007년 이곳에서 열린 뉴욕 양키스와의 디비전시리즈(ALDS) 2차전. 양키스 투수 조바 챔벌레인은 8회말 벌레 떼 공습에 고전했다. 수천 마리의 벌레가 챔벌레인의 얼굴과 목 주변에 날아들었고 결국 그는 볼넷과 2개의 폭투로 동점을 허용했다. 당시 마운드 위에서 벌레퇴치용 스프레이를 뿌리는 진풍경이 연출되기도 했다. 버그 게임(Bug Game)이라 불린 이 경기에서 클리블랜드는 트래비스 해프너의 11회말 끝내기 안타로 양키스를 물리쳤다.

레이 채프먼 추모 명판

프로그레시브 필드의 명물, 드럼 가이

드럼 가이는 뼛속까지 인디언스 열혈팬인 존 아담스로 그는 프로그레시브 필드에선 이미 유명인사다. 그는 언제나 좌측 외야석에 자리잡고 앉아, 인디언스의 득점 기회가 오면 어김없이 드럼을 두드리며 승리의 기운을 불어 넣는다. 에인절 스타디움의 랠리 몽키와 그 역할이 비슷하다. 전 홈구장인 뮤니시플 스타디움 시절인 1973년부터 이 응원을 시작했다는 그의 열정이 놀라울 뿐이다. 한편 구단은 지난 2013년 응원 40주년을 맞아 경기 전 기념 행사에 아담스를 초대했고, 그는 드럼으로 시타하는 보기 드문 장면을 선사하기도 했다. 클리블랜드 홈경기 중계를 보면 종종 그의 얼굴이 카메라에 잡히니 주목해보자.

한편 최근 프로그레시브 필드의 분위기는 과거 455경기 연속 매진이라는

C 클리블랜드 인디언스

대형 방수포가 깔린 프로그레시브 필드의 전경

역사적인 기록의 현장이라고 하기엔 조금 초라하다. 게다가 클리블랜드는 최근 3년 연속 평균 2만 홈 관중 동원에 실패했고 2014년에는 평균 홈 관중은 1만8천 명을 조금 넘어 꼴지 탬파베이 레이스(약 17,800명)와도 큰 차이가 없다(출처: ESPN). 르브론 제임스의 컴백으로 많은 클리블랜드 시민들이 바로 옆 농구장 퀵큰 론즈 아레나를 찾아 프로그레시브 필드의 분위기는 상대적으로 더 초라해지지는 않을까 걱정된다. 클리블랜드 인디언스는 90년대의 영광을 언제쯤 재현할 수 있을까.

직관 후기

이날 경기는 경기 시작 전부터 쏟아진 비로 현지시간 밤 9시 반에 경기가 시작됐고, 9회가 종료됐을 때 시계는 이미 새벽 1시를 가리켰다. 게다가 동점으로 결국 12회까지 계속된 이 경기는 새벽 2시가 돼서야 끝났다. 예정된 경기 시작시간보다 2시간 반 후에 경기를 시작한다는 점도 놀라웠지만 새벽 2시까지 야구를 볼 수 있다는 사실이 마냥 부러웠다. 홈구장을 찾는 팬들의 숫자는 적었지만 구장 체감 분위기만큼은 그래도 뜨거웠다. 특히, 팬들이 한 목소리로 만들어내는 화이트 스트라입스의 노래 '세븐 네이션 아미(Seven Nation Army)' 멜로디는 인상적이었다.

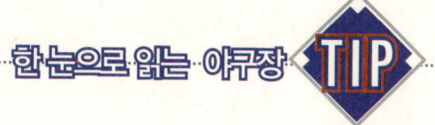

한 눈으로 읽는 야구장 TIP

MUST SEE
헤리티지 파크

볼거리
밥 펠러 동상
짐 토미 동상
드럼 가이

교통 및 숙박
중소도시라 차가 필요하고 구장 바로 옆 블록에 '힐튼 가든 인'이라는 곳이 구장에서 가장 가까운 숙박시설이다.

전체적인 분위기 (별 5개 만점)
★★★☆

C 클리블랜드 인디언스

09
콜로라도 로키스
COILORADO ROCKIES

해발 1600미터 '록키들의 무덤' 쿠어스 필드

록 파일(Rock Pile) 좌석

콜로라도 로키스
Colorado Rockies

해발 1600미터
'투수들의 무덤'
쿠어스 필드

구단 정보

창단: 1993년
연고지: 콜로라도주 덴버
월드시리즈/리그 우승: 0회/1회
영구결번: 토드 헬튼(#17), 재키 로빈슨(#42)

구장 정보

이름: 쿠어스 필드(Coors Field)
설립: 1995년
잔디: 천연 잔디
수용: 50,398명
규격: 좌 106m / 좌중 119m / 중 126m / 우중 114m / 우 107m
주소: 2001 Blake Street Denver CO, 80205

콜로라도는 남북으로 로키산맥이 관통하는 산악지대로 수려한 경관을 자랑한다. 콜로라도주에 위치한 덴버의 닉네임은 '마일 하이 시티(Mile High City)'. 말 그대로 해수면보다 1마일(1,600미터) 높이에 있는 고원 도시라 붙여진 별명이다. 지리적으로는 미국 서부 로키산맥 우측 자락에 있고 미국의 마운틴 타임존(MT)이 적용된다. 덴버의 탄생도 샌프란시스코와 비슷하다. 1850년대 후반 이 지역에서 금광이 발견되자 수많은 사람들이 몰려들었고, 덴버라는 도시는 그렇게 탄생했다.

콜로라도 로키스는 1993년 창단한 NL 서부지구 팀으로 팀명은 역시 로키산맥에서 따왔다. 다목적 구장 마일 하이 스타디움을 홈구장으로 사용하다가 1995년 새로 지은 쿠어스 필드로 옮겼다. 콜로라도 골든에 본사와 공장을 둔 쿠어스 맥주회사가 네이밍 권리를 획득해 쿠어스 필드가 됐다. 원래는 43,800명 규모로 설립될 예정이었지만 1993~1994시즌 평균 5만5천 명이 넘는 덴버 시민들이 마일 하이 스타디움을 찾았고 이런 폭발적인 홈 관중의 성원으로 결국 구단은 새 구장의 좌석을 증설했다.

쿠어스 필드 정면에 위치한 플레이어(The Player) 동상

1993년 시즌 콜로라도는 4,483,350명의 관중동원으로 메이저리그 신기록을 세웠다

공룡 딩거는 왜 로키스의 마스코트가 되었을까?

쿠어스 필드는 비교적 현대식 구장이지만 벽돌과 상단에 있는 시계탑 때문에 상당히 고풍스런 멋이 느껴진다. 외관은 무려 140만 개의 벽돌로 지어졌는데 각각의 벽돌에는 '쿠어스 필드(Coors Field)'란 단어가 새겨져 있다고 한다. 스페인어로 붉은색을 뜻하는 '콜로라도'처럼 벽돌로 쌓은 외관도 불그스름하다. 또 구장 건립 당시에 건설 현장에서 6,600만 년 전으로 추정되는 백악기 시대 공룡의 뼈가 출토돼 화제를 모았는데 이로 인해 보라색의 귀여운 공룡 딩거(Dinger)가 팀의 마스코트로 결정됐다. 구장은 블레이크 가에 위치해 있는데, 래리 워커-안드레스 갈라라가-단테 비세트-비니 카스티야로 이어지던 과거 로키스 강타선은 '블레이크 스트리트 바머스(Blake Street Bombers)'로 불리곤 했다.

구장에 가까이 가면 가장 먼저 눈에 띄는 것이 '플레이어(The Player)' 동상이다. 선수가 오른 어깨에 배트를 메고 왼손엔 공을 쥔 채 서 있고 동상 아래엔 브랜치 리키가 남긴 인상적인 문구가 있다. '당신이 가져갈 명예보다 남겨놓을 유산이 더 중요하다(It is not the honor that you take with you but the heritage you leave behind).' 리키는 메이저리그 최초의 흑인선수 재키 로빈슨을 데뷔시키는 데 결정적인 역할을 했다. 로빈슨이 단지 야구만 잘했던 선수가 아니라 인종차별을 이겨냈고 이후 수많은 흑인선수들에게 길을 터준 선구자라는 점을 생각하면 이 말이 더 가슴속 깊이 와 닿는다. 한편 로빈슨의 이야기를 그린 영화 〈42〉에서는 해리슨 포드가 리키 역으로 나온다. 또 브랜치 리키상은 매년 지역사회에 큰 공헌을 하는 야구인에게 수여하는 상으로 1991년 덴버의 로터리 클럽이 만들었다. 이 상의 수상자에겐 작은 동상도 같이 주는데 쿠어스 필드 앞의 '플레이어' 동상은 바로 이것을 크게 제작한 것이다.

마일 하이 좌석

마일 하이(Mile High) 좌석은 정확히 해수면 높이 1마일 지점에 위치한 관람석을 말한다. 구장의 지정석은 모두 녹색인데 반해 상단 20열의 좌석들은 일렬로 모두 보라색이다. 1마일의 높이를 팬들에게 시각적으로 보여주는 셈이다. 고지대에 위치한 덴버의 날씨는 변화무쌍하다. 특히 4, 5월에도 눈이 오는 경우가 있다. 이런 점 때문에 구장 필드 아래에는 무려 70킬로미터가 넘는 열선이 깔려 있다.

루프탑(The ROOFTOP)

루프탑은 2014년에 새로 생긴 우측외야 상단 스탠딩 관람석으로 바, 라운지, 음식점 등이 있다. 루프탑 티켓을 사지 않더라도 당일 경기 표만 있으

마일 하이 좌석 : 해수면으로부터 정확히 1마일 높이에 위치한 것을 알려주는 보라색 의자

록 파일 좌석

면, 선착순으로 누구나 입장 가능하다. 특히 이 루프탑에서 바라보는 덴버 다운타운과 로키산맥 일부인 프론트 산맥(Front Range)의 전망은 경기 내용과 상관없이 팬들에게 좋은 볼거리를 선사한다.

록 파일(Rock Pile) 석

외야 상단 한가운데 위치해 있고 크기도 거대해 구장 어디에서도 눈에 띄는 좌석이다. 12세 이하 어린이나 55세 이상 성인은 홈 낮 경기에 한해 경기 당일 1달러만 내고 현장에서 구입할 수 있다. 단 1인당 두 장만 살 수 있게 제한을 두었다. 일반인들은 장당 4달러에 최대 4장까지 구매 가능하다. 1달러에 메이저리그 관람을 할 수 있다는 사실이 그저 놀라울 뿐이다.

투수들의 무덤과 휴미더(Humidor)

쿠어스 필드는 메이저리그에서 대표적인 타자 친화적 구장으로 알려져 있고 심지어 '투수들의 무덤'이라고 불리기까지 한다. 그 이유는 바로 해발 1600미터 고지대의 낮은 공기 밀도와 습도 때문이다. 이로 인해 타자들이 친 공은 그만큼 더 멀리 날아가고, 투수들이 던지는 브레이킹볼의 변화 정도는 타구장에 못 미친다. 또 고지대라 바람도 종종 변수가 된다. 실제 쿠어스 필드에선 정확히 해수면 높이에 위치한 양키스타디움보다 타구의 비거리가 9~10% 정도 더 나가는 것으로 알려져 있다. 이런 이유로 수많은 장타와 홈런이 봇물처럼 쏟아져 투수들의 무덤이라 불리게 됐다. 쿠어스 필드는 타구의 긴 비거리를 감안해 좌측 106미터-가운데 126미터-우측 107미터로 타구장보다 크게 설계됐지만, 해수면 높이의 비거리로 환산하면 96미터-115미터-97미터의 아담한 구장에 불과하다.

콜로라도는 1995년부터 2014년까지 20년간 8번의 NL 타격왕을 배출됐다. 1998년에서 2001년까지 래리 워커(1998, 1999, 2001)와 토드 헬튼(2000)이 4년 연속을 합작했다. 쿠어스 필드 효과는 홈런 숫자에서도 잘 나타난다. 1999년 한 해에만 쿠어스 필드에선 무려 303개의 홈런이 양산됐다. 또 투수 데럴 카일과 마이크 햄튼의 콜로라도 시절 성적표도 이를 뒷받침한다. 콜로라도에서 뛴 2년간 카일은 평균자책점 5.84, 햄튼 역시 2년간 평균자책점 5.75를 기록했다. 이렇게 투수들에게 악명 높은 이곳에서 1996년 9월 17일 새로운 역사가 만들어졌다. 바로 LA 다저스 소속 노모 히데오가 엘리스 벅스-안드레스 갈라라가-비니 카스티야가 포진한 로키스 강타선을 잠재우며 역사적인 노히트 경기를 펼친 것이다. 이날만큼은 타자들의 무덤이었다. 이 경기는 현재까지 쿠어스 필드 역사상 처음이자 마지막 노히트 경기로 남아 있다.

이에 쿠어스 필드에선 2002년부터 휴미더(Humidor)에 공을 보관해 사용

쿠어스 필드의 전경

하고 있다. 휴미더란 기온과 습도를 일정하게 유지시키는 가습장치(온도 21도, 습도 50%)가 설비된 방이다. 클럽하우스 앞에 위치해 있고 이곳에서 로키스의 매 홈경기 전 100개 가량의 공이 나온다. 휴미더는 어느 정도 효과를 보고 있다는 평가지만, 쿠어스 필드는 여전히 타자에게 유리하고 많은 홈런이 양산된다.

토드 헬튼과 17번

콜로라도를 대표한 레전드는 바로 토드 헬튼이다. 헬튼은 1995년 아마추어 드래프트 1라운드 8순위로 콜로라도의 지명을 받은 이후 17년간 줄곧 로키스 유니폼만을 입고 선수생활을 마감했다. 통산 .316 - 369홈런 - 1,406타점의 성적을 남겼다. 물론 헬튼 역시 선수생활 내내 쿠어스 필드를 홈구장으로 사용한 이득을 톡톡히 봤다. 통산 홈구장 성적(.345 - 227홈런 - 859타점)은 원정경기 성적(.287 - 142홈런 - 547타점)을 압도한다. 특히 그의 장타율

외야에 위치한 헬튼 버거 샵

우측 외야에 위치한 자연 경관

은 홈에선 .607에 달했지만 원정경기에선 .469에 그쳐 같은 선수의 기록이라고는 믿기가 어려울 정도로 격차가 컸다.

특히, 헬튼은 2000년 시즌 막판인 9월초까지 시즌 타율 .390을 기록해 테드 윌리엄스(1941년 .406) 이후 첫 4할 타자 도전에 나섰지만 아쉽게도 실패했다. 시즌 성적은 .372 - 42홈런 - 147타점으로 끝났고 NL 타격왕에 오른 것으로 만족해야 했다. 2014년 8월 헬튼의 17번은 로키스 선수로는 역사상 처음 영구결번이 되었다. 이전까지는 재키 로빈슨의 42번이 유일했다. 쿠어스 필드의 좌측 외야엔 그의 이름을 딴 '#17 헬튼 버거 샵(#17 Helton Burger

Shack)' 햄버거 가게가 있다. 이곳에서 파는 헬튼 버거는 쿠어스 필드의 대표 메뉴다. 헬튼 버거를 한 입 베어 물고 시원한 쿠어스 맥주 한 잔을 들이켜면 쿠어스 필드에 온 기분을 한껏 낼 수 있다.

우중간 담장 뒤쪽에는 콜로라도 지역의 나바호 사암을 비롯해 화강암 바위와 나무, 폭포 등이 어우러져 콜로라도의 자연을 재현해 놓았다. 로키스 선수들이 홈런을 치면 하늘 위로 분수가 뿜어져 나오는 것이 특징이다. 언뜻 에인절 스타디움 외야에 있는 인공 바위와 폭포를 떠올리게 만든다.

2007년의 추억, 락토버(Rocktober)

콜로라도는 창단 이후 포스트시즌 무대에 총 3번 올라갔다. 1995년엔 와일드카드로 진출했지만 디비전시리즈에서 애틀랜타 브레이브스의 벽에 막혔다. 그리고 2007년 콜로라도는 NL 서부지구 선두 애리조나에 반 게임 뒤진 공동 2위였다. 샌디에이고 파드리스와 89승 73패의 동률을 기록해 163번째 경기를 치러야 했다. 13회 연장 끝에 9-8로 승리한 콜로라도는 무려 12년 만에 다시 와일드카드로 가을무대에 섰다. 기세를 이어 콜로라도는 디비전 시리즈(NLDS)에서 필라델피아에 3연승, 챔피언십 시리즈(NLCS)에선 애리조나에 4연승을 거둬 월드시리즈까지 진출했다. 당시 로키스(Rockies)와 10월(October)를 합친 신조어 '락토버(Rocktober)' 광풍이 불기도 했다. 하지만 아쉽게 보스턴 레드삭스에 4게임을 모두 내줘 창단 첫 우승에는 실패하고 만다. 이어 2009년에도 역시 와일드카드로 포스트시즌에 나섰지만 디비전시리즈에서 필라델피아에 패했다.

직관 후기

악천후로 인한 공항폐쇄 때문에 원래 경기를 보기로 한 날 덴버에 밤늦게

도착했다. 결국 다음날 경기를 관람해야 했고, 그 경기도 천둥번개로 두 차례나 중단된 끝에 결국 서스펜디드 경기가 선언됐다. 관중석에 남아 있는 사람이 없도록 빠르게 대피시키는 구단직원들과 우리나라에선 볼 수 없는 대형 방수포가 상당히 인상적이었다. 쿠어스 필드는 덴버 도착 전부터 계속된 흐린 날씨와 천둥번개가 계속됐고 결국 서스펜디드 경기까지 선언되어서 더 아쉬운 기억으로 남아 있다.

MUST SEE
마일 하이(Mile High) 좌석

볼거리
플레이어(The Player) 동상
루프탑(The ROOFTOP)
록 파일(Rock Pile) 좌석

추천 메뉴
토드 헬튼의 이름을 딴 헬튼 버거
쿠어스 필드의 구장 명칭권을 가지고 있는 쿠어스 맥주

교통 및 숙박
쿠어스 필드는 덴버 국제공항에서 40킬로미터 가까이 떨어져 있고 차로 30분 정도 소요된다. 다운타운에서는 일반 버스를 이용할 수 있다. 구장에서 4블럭 떨어진 16번가를 따라 '16번가 몰(16th Street Mall)'이 약 2킬로미터 정도 쭉 펼쳐져 있다. 이곳에서 운행하는 무료 셔틀버스 몰 라이드(Mall Ride)를 이용해도 야구장에 꽤 가까이 갈 수 있다. 숙박시설은 16번가 몰의 한 블록 옆인 17번가에 많이 몰려 있다.

전체적인 분위기 (별 5개 만점)

코메리카 파크의 정면 입구

몰락한 '자동차 도시'의 **코메리카 파크**

10
디트로이트 **타이거즈**
DETROIT TIGERS

디트로이트 타이거즈
Detroit Tigers

몰락한 '자동차 도시'의
코메리카 파크

구단 정보

창단: 1901년
연고지: 미시간주 디트로이트
월드시리즈/리그 우승: 4회/11회
영구결번: 찰리 게링거(#2), 행크 그린버그(#5), 알 캘라인(#6), 스파키 앤더슨(#11), 할 뉴하우저(#16), 윌리 홀튼(#23) , 재키 로빈슨(#42)

구장 정보

이름: 코메리카 파크(Comerica Park)
설립: 2000년
잔디: 천연 잔디
수용: 41,681명
규격: 좌 105m / 좌중 113m / 중 128m / 우중 111m / 우 101m
주소: 2100 Woodward Avenue Detroit, MI 48201

영화 〈로보캅〉에서는 국가가 아닌 기업이 도시 치안을 책임진다. 그들은 새 도시 건설이라는 야심 찬 목표를 세우지만 가장 큰 걸림돌이 바로 각종 범죄로 인한 치안 부재. 이에 티타늄 하드웨어를 갖추고 컴퓨터 프로그램이 탑재된 사이보그 경찰을 만들고 로보캅은 곳곳을 돌아다니며 범인들을 소탕하고 시민들을 위기에서 구한다. 국내에서도 큰 인기를 끌었던 이 영화의 배경은 바로 디트로이트다.

미국에서 가장 불안한 도시

미국에서 가장 치안이 불안한 미시간주 디트로이트. 높은 범죄율과 실업률, 곳곳에 빈 건물들은 이 도시의 현주소를 적나라하게 보여준다. 디트로이트는 흘러간 과거의 도시다. 미국 5대호 연안 중심부에 위치한 디트로이트는 GM, 포드, 크라이슬러 공장들이 들어섰고, 자동차 산업의 메카로 불리며 한때 미국 4대 도시 중 하나였다. 하지만 미국 자동차 산업이 내리막길을 걸으며 1950년대 190만 명에 육박했던 인구는 현재 70만 명 아래로 떨어졌다. 재정적자만 20조가 넘어 결국 디트로이트는 2013년 파산했다가 이제야 겨우 파산상태를 면했다. 이 과정에서 디트로이트는 주변 슬럼화로 인한 심각한 치안 문제를 안게 되었다. 범죄가 많이 발생해 미국에서 가장 위험한 도시로 전락해버린 것이다. 심지어 디트로이트 시에서도 안전상 방문을 자제해달라고 했을 정도다. 실제 곳곳에 폐허가 된 건물과 깨진 유리창은 음산한 분위기를 조성한다. 디트로이트를 배경으로 한 또 다른 영화 〈8마일〉에서도 도시 분위기를 간접적으로나마 느낄 수 있다.

이곳엔 AL 중부지구 디트로이트 타이거즈의 홈구장 코메리카 파크가 있

좌측 외야에 위치한 레전드 조각상들

다. 2000년부터 기존의 타이거 스타디움을 대체했다. 4만 명 이상을 수용할 수 있는 천연 잔디구장으로 짧게 코파(CoPa)라고 불린다. 야구장에 도착하면 먼저 정문 앞에 있는 대형 호랑이상이 코메리카 파크를 지키고 있는데 포효하는 이 거대한 호랑이의 모습에 위압감이 느껴질 정도다. 호랑이 양 옆으로는 야구배트 모양의 대형 조각상이 정문처럼 중심을 잡는다. 정문 옆 건물 위에도 4마리의 호랑이들이 으르렁대며 어슬렁거리는 듯한 모습이다. 건물 외벽 곳곳엔 야구공을 물고 있는 호랑이 얼굴이 조각돼 있어 눈길을 끈다. 경기장이 주변 도로보다 아래쪽에 위치해 외야 쪽에선 경기장 일부를 볼 수 있다. 또 코메리카 파크 옆에는 NFL 디트로이트 라이온스의 홈구장인 포드 필드가 있다.

역대 통산 타율 1위, 타이 콥

디트로이트 타이거즈 역사를 설명하는 데 있어서 타이 콥의 이름은 절대 빼놓을 수 없다. 콥은 24년의 선수시절 중 대부분인 22년을 타이거즈 유니폼을 입고 뛴 레전드. 통산 성적은 타율 .366 - 4,191안타 - 1,938타점 - 892

타이 콥 동상

야구공 모양으로 만든 관람차

호랑이로 만든 회전목마

도루. 특히 그의 통산 타율은 여전히 메이저리그 역대 1위에 랭크되어 있다. 콥은 베이브 루스 - 호너스 와그너 - 크리스티 매튜슨 - 월터 존슨과 함께 1936년 처음으로 명예의 전당에 입성한 '퍼스트 클래스(The First Class)' 일원이다. 콥은 이중에서도 가장 높은 98.2%의 득표율을 기록했고 쿠퍼스타운에 있는 그의 명판은 이들 5개 중 가운데에 중심을 잡고 있다. 콥은 야구 실력도 실력이지만 공격적인 플레이도 서슴지 않은 선수로 악명도 높았다. 그의 트레이드마크였던 스파이크를 높이 치켜들고 슬라이딩하는 모습은 콥의 조각상에도 잘 반영되어 있다. 이런 거친 플레이 때문에 그만큼 콥을 싫어하는 사람들도 많았다.

회전목마와 코메리카 관람차

코메리카 파크 1루 쪽엔 다양한 먹거리를 자랑하는 푸드코트가 있고 그 중심에는 우리에게도 친숙한 회전목마(Carousel)가 자리잡고 있다. 말이 아

타이거즈 워크 오브 페임 (Walk of Fame)

닌 호랑이를 타기 때문에 회전목호(?)인 셈으로 역시 어린이 팬들에게 인기가 높다. 3루 쪽 뒤에 위치하고 있는 관람차(Ferris Wheel)은 약 15미터 높이의 관람차로 12개의 야구공 모양으로 만들어졌다. 요금은 1인당 2달러로 한 칸에 최대 5명까지 탑승 가능하다. 이 회전목마와 관람차는 야구장이 아니라 마치 놀이공원에 놀러 온 듯한 착각을 불러일으킨다. 또한, 코메리카 파크에는 리틀 시저스 피자 매장이 유독 많은데, 이는 현 구단주인 마이크 일리치가 바로 리틀 시저스의 창업자이기 때문이다. 디트로이트 태생인 일리치는 리틀 시저스 피자를 창업했고, 리틀 시저스 피자는 피자 헛, 도미노 피자에 이어 미국에서 세 번째로 큰 피자 체인이 되었다. 그는 1992년 도미노 피자 창업자인 전 구단주 탐 모너건으로부터 구단을 매입했다. 전현직 구단주들의 직업을 생각해보면, 디트로이트 타이거즈는 피자와 인연이 깊다고도 볼 수 있다. 그는 현재 야구단 타이거즈 외에도 NHL 디트로이트 레드윙즈를 소유하고 있다.

영광의 길을 함께 걷다

구장 내부 메인 중앙 복도에는 구단의 역사를 보기 쉽게 정리한 '워크 오브 페임(Walk of Fame)'이 쭉 이어져 있다. 1900년대 이전부터 현재까지 구단 역사에서 빼놓을 수 없는 중요한 사건과 선수들의 사진이 연도별로 잘 정리되어 있어서 팬들은 걸어가면서 시대별 타이거즈의 역사를 한 눈에 읽을 수 있다. 디트로이트의 네 번째이자 마지막 월드시리즈 우승은 1984년이다. 당시 스파키 앤더슨 감독이 이끈 디트로이트는 샌디에이고 파드리스를 4승 1패로 물리쳤다. .450 -2홈런- 6타점의 활약으로 월드시리즈 MVP가 된 유격수 앨런 트래멀, 1차전과 4차전에서 모두 완투승을 거둔 에이스 잭 모리스, 최종전 5차전에서 홈런 2개를 쏘아 올린 커크 깁슨 등이 우승의 주역이었다. 이미 신시내티(1975, 1976)에서 두 번의 우승을 이끈 앤더슨 감독은 이 우승으로 내셔널리그와 아메리칸리그 양대리그에서 우승하는 최초의 감독이 됐다. 이후 토니 라루사 감독도 뒤를 따랐다. 디트로이트는 이후

중견수 뒤 쉐보레 분수

2006년과 2012년에 다시 대망의 월드시리즈에 진출하지만 각각 세인트루이스 카디널스와 샌프란시스코 자이언츠에 패했다.

쉐보레 분수(Chevrolet Fountain)

가운데 담장 너머에 있는 분수는 코메리카 파크의 많은 볼거리 중 하나다. 개장 당시 제네럴 모터스 분수로 불렸으나 현재는 쉐보레 분수가 되었다. 타이거즈 선수가 홈런을 치거나 득점을 하면 쉐보레 분수에서 위로 물이 치솟아 오른다. 또 쉐보레 분수 양 끝에는 쉐보레 자동차가 한 대씩 있다. 코메리카 파크의 또 다른 특징은 바로 마운드에서 홈플레이트까지 이어진 길이 있다는 점이다. 이는 과거 초창기 야구장이 보인 특징 중 하나로 현재 메이저리그에서 이 길이 존재하는 구장은 코메리카 파크와 애리조나의 체이스 필드밖에 없다. 이 길은 외야의 연갈색 벽돌 담장, 레전드 조각상과 함께 현대적인 코메리카 파크에 현재와 과거가 공존하는 듯한 느낌을 준다. 코메리카 파크는 전체적으로 볼거리가 다양해 만족도가 높다. 야구장의 관람차와 회전목마는 놀이공원에 놀러 온 것 마냥 들뜨게 만들기도 하지만 외야 레전드 조각상을 마주하면 왠지 모르게 숙연해진다.

디트로이트 타이거즈

코메리카 파크의 전경

치안이 좋지 못한 디트로이트는 미국에서도 가장 위험한 도시다. 아무래도 야간경기보다는 낮경기를 추천하고 도시에서의 체류시간을 줄이는 것이 좋다. 코메리카 파크에서 야구를 관람한다는 기쁨도 크지만, 무사히 디트로이트를 떠날 수 있다는 사실이 더 큰 안도감을 줄 정도다. 밤은 물론이고 낮에도 거리를 그냥 돌아다니는 것은 위험한 편이라 도시 지리에 밝지 않은 디트로이트 여행객들에겐 차가 꼭 필요하다. 물론 야구 경기가 있는 날 경기장 주변은 그나마 안전하지만, 평소 야구장 주변에서도 많은 사건사고가 일어난다는 점을 꼭 기억해야 한다. 1987년 영화인 〈로보캅〉은 재정파

탄으로 치안을 민영화시킨 미래의 디트로이트 시를 꼬집었다. 이 영화에서 묘사된 디트로이트는 30년이 지난 지금의 모습과 큰 차이가 없다. 아이러니하게도 코메리카 파크의 천연 잔디는 어두운 도시 분위기와 대비되어 유난히 화사한 초록빛을 띤다.

MUST SEE
외야 타이거즈 레전드 조각상

볼거리
회전목마(Carousel)
코메리카 관람차(Ferris Wheel)

추천 메뉴
현 구단주인 마이크 일리치가 바로 리틀 시저스 피자의 창업자이기 때문에 코메리카 파크엔 리틀 시저스 피자 매장이 유독 많고 맛도 일품이다.

교통 및 숙박
디트로이트는 미국에서 가장 위험한 도시로 차량이 반드시 필요하다. 숙소는 구장 500미터 이내에 '힐튼 가든 인'이 있어 가장 가깝고 1킬로미터 거리에 여러 숙박시설이 있다.

전체적인 분위기 (별 5개 만점)

디트로이트 타이거즈

휴스턴 애스트로스
Houston Astros

세계 8대 불가사의
애스트로 돔을 대체한
미닛 메이드 파크

구단 정보

창단: 1962년
연고지: 텍사스주 휴스턴
월드시리즈/리그 우승: 0회/1회
영구결번: 제프 배그웰(#5), 크레이그 비지오(#7), 지미 원(#24), 호세 크루즈(#25), 짐 엄브리트(#32), 마이크 스캇(#33), 놀란 라이언(#34), 돈 윌슨(#40), 재키 로빈슨(#42), 래리 디어커(#49)

구장 정보

이름: 미닛 메이드 파크(Minute Maid Park)
설립: 2000년
잔디: 천연 잔디
수용: 42,060명
규격: 좌 96m / 좌중 110m / 중 133m / 우중 114m / 우 99m
주소: 501 Crawford Street Houston, TX, 77002

210만 명의 인구가 사는 휴스턴은 미국에서 뉴욕-LA-시카고에 이은 제 4도시다. 휴스턴이 위치한 텍사스주는 미국 최대의 유전지대로 손꼽힌다. 황무지에서 석유를 퍼 올려 지금의 휴스턴이란 대도시가 만들어졌다. 최근엔 셰일가스(Shale Gas) 개발의 중심지로 주목 받고 있다. 무엇보다 미국항공우주국(NASA)의 존슨 우주센터가 있는 곳으로 유명해 우주과학 산업의 메카로 불린다. 또 세계 최대 의료단지이자 심장수술로 권위가 높은 텍사스 의료센터도 역시 휴스턴에 있다.

애스트로 돔에서 미닛 메이드 파크로

미닛 메이드 파크는 휴스턴 애스트로스의 홈구장이다. 휴스턴은 1962년 콜트 포티파이브스(Colt. 45s)란 이름으로 창단했다가 3년 만에 우주비행사를 뜻하는 애스트로스로 팀명을 바꿨다. 야구팀 이름에도 항공우주산업의 중심도시라는 자부심이 고스란히 반영된 셈이다. 원래 줄곧 내셔널리그에 소속됐지만 2013시즌부터 아메리칸리그로 옮겨와 AL 서부지구에 새 둥지를 틀었다. 2000년 개장한 개폐식 돔 미닛 메이드 파크는 원래 휴스턴의 에너지 회사 엔론이 구장 네이밍 권리를 획득해 엔론 필드로 불렸다. 하지만 2001년 미국 전역을 뒤흔든 회계부정 사건 '엔론 사태'로 인해 구장의 명칭 변경이 불가피해졌다. 결국 잠시 애스트로스 필드로 불리다가 2002년 6월부터 미닛 메이드 파크가 됐다. 코카콜라 계열사인 미닛 메이드가 향후 30년간 1억 달러를 지불하기로 했다. 오렌지 주스로 유명한 미닛 메이드이기 때문에 구장도 빨대가 달린 직사각형 모양의 종이팩 주스를 뜻하는 '주스 박스(The Juice Box)'란 닉네임을 얻었다. 역시 오렌지 주스 회사명을 구장 이름으로 쓰는 탬파베이 홈구장 트로피카나 필드와 공통점이 있다.

미닛 메이드 파크는 이전 홈구장인 애스트로 돔을 대체하는 야구장이다. 휴스턴 야구사에서 절대 빼놓을 수 없는 애스트로 돔은 세계 최초의 스포츠 돔구장으로 1965년 지어졌을 당시 '세계 8대 불가사의'라고 불렸을 정도로 경이로운 건축물이었다. 그러나 애스트로 돔은 지붕이 비행기 창문에 쓰이는 투명합성수지로 만들어져 천연잔디를 사용할 수 있었지만 수비수들은 이 패널을 통해 들어오는 햇빛 때문에 눈이 부셔서 플라이볼을 처리하는 데 어려움을 겪곤 했다. 이후 구단은 이 문제를 해결하기 위해 패널을 밝은 색으로 칠했지만 이번에는 햇빛을 보지 못한 잔디가 말라 죽는 문제가 발생했다. 결국 고무판에 인조잔디를 심은 애스트로터프(AstroTurf)가 구장에 깔리게 되었다. 이렇듯 여러 가지 이유로 관심을 모았던 애스트로 돔이지만 시간이 흘러 2000년 개장한 미닛 메이드 파크가

팀 스토어에 있는 과거 애스트로 돔 좌석들   크레이그 비지오 동상

이를 대신해 휴스턴의 새로운 홈구장이 되었다.
휴스턴은 고온 다습하고 비도 잦아 아열대 기후에 가까워 돔구장이 꼭 필요하다. 그래서 미닛 메이드 파크는 개폐식 돔으로 지어졌고 구장엔 에어컨 시설이 완비돼 있다. 돔 지붕을 열고 닫는 데 12~20분 정도 소요되고 허리케인이 불어와도 견딜 수 있도록 튼튼히 설계됐다고 한다.
휴스턴은 과거 철도산업과 함께 발달한 도시로 유니온 스테이션은 당시 휴스턴의 중심이었던 곳이다. 국립사적지로 등록된 이곳은 현재 미닛 메이드 파크의 일부가 되어, 과거와 현재의 연결고리 역할을 한다. 지금 이곳엔 애스트로스의 공식 팀 스토어가 들어와 있다. 스토어 내부 한 편에는 과거 애스트로 돔 좌석들이 전시돼 있어 눈길을 끄는데 낡아빠진 형형색색의 좌석이 격세지감을 느끼게 한다.

휴스턴 애스트로스

비지오 & 배그웰 그리고 '킬러 Bs'

경기장 바깥쪽엔 '플라자 앳 미닛 메이드 파크(The Plaza at Minute Maid Park)'란 곳이 있는데 '휴스턴의 얼굴' 크레이그 비지오와 제프 배그웰 동상이 자리잡고 있다. '킬러 Bs(The Killer Bs)'의 핵심멤버였던 둘을 언급하지 않으면 휴스턴 야구역사를 설명할 수 없다. 킬러 Bs란 간판선수들 이름의 첫 글자가 모두 알파벳 B로 시작해서 붙여진 별명이다. 이 둘 외에도 데릭 벨, 랜스 버크먼, 카를로스 벨트란 등이 있었다. 비지오는 무려 20년간 휴스턴에서만 활약한 간판 2루수였다. 통산 .281-3060안타-291홈런-414도루-285사구의 성적을 남겼다. 비지오 하면 항상 흙투성이가 된 유니폼 그리고 파인 타르(pine tar)가 잔뜩 묻은 헬멧이 먼저 떠오른다. 포수(1회)와 2루수(6회)로 총 7번의 올스타에 선정되기도 했다.

배그웰은 마찬가지로 15년간 휴스턴 유니폼만 입고 통산 .297-449홈런-1,529타점을 기록했다. NL 신인왕(1991년)에 이어 NL MVP(1994년)까지 수상한 강타자였다. 배그웰의 트레이드마크는 역시 기마 자세 타격폼. 배그웰과 비지오가 기록한 WAR(Wins Above Replacement : 대체선수 대비 승리기여도를 뜻함. 말 그대로 한 선수가 대체레벨 선수에 대비해서 얼마나 많은 승리에 기여했는가를 보여주는 지표로 여기서 대체레벨 선수란 선수가 부상을 당하거나 출전하지 못할 경우 어렵지 않게 쓸 수 있는 보통 평균 이하의 선수를 의미함)는 베이스볼 레퍼런스 기준으로 각각 79.6과 65.1로 구단 역대 1, 2위에 해당한다. 두 선수 모두 전성기 시절 대부분을 투수에게 극도로 유리한 애스트로 돔에서 뛰고 남긴 성적이다. 배그웰과 비지오의 등번호 5번과 7번은 당연히 모두 영구결번이 됐다. 비지오는 2015년 명예의 전당에 입성했지만, 배그웰의 도전은 아직 현재진행형이다.

수비하기 까다로운 탈스 힐(Tal's hill)

구장 상단에서 필드를 바라보면 외야의 밝은 색 아치형 벽이 한 눈에 들어와 전체 구장의 분위기도 한결 깔끔한 인상을 준다. 미닛 메이드 파크의 가운데 펜스 앞에는 특이한 언덕이 존재한다. 과거 팀 사장이던 탈 스미스의 이름에서 따온 이곳은 경사가 20도가 넘을 정도로 우뚝 솟아올라 있다. 이곳은 워닝 트랙 역할을 하지만 중견수들에겐 역시 수비하기 까다로운 지역이다. 또 이 언덕 위, 펜스 약 1미터 앞에는 플래그 폴이 있어서 더 위험해 보이기까지 한다. 과거 신시내티의 크로슬리 필드에는 좌측 경사진 언덕이 있었고, 피츠버그의 포브스 필드 펜스 앞에도 플래그 폴이 있었다. 이 두 가지는 과거 구장에 대한 향수를 불러일으키는 이색적인 볼거리다. 구장의 좌측 파울 폴까지 거리는 315피트(96미터)로 아주 짧다. 특히 좌측 담장 쪽 섹션은 크로포드 박스(Crawford Boxes)라고 불린다. 이쪽 펜스에는 수동식 스코어보드가 설치되어 있어 다른 구장에서 펼쳐지는 경기의 점수를 확인할 수 있다. 좌측 펜스 높이는 5.8미터, 좌중간 펜스는 조금 더 높은 7.6미터다. 또 가운데 펜스는 133미터로 메이저리그 구장 중에서 가장

중견수 뒤쪽의 탈스 힐(Tal's Hill)과 플래그 폴

깊숙하다.

오렌지를 싣고 달리는 로코 트레인(Loco Train)

미닛 메이드 파크의 대표 명물은 바로 좌측 아치형 벽 위에 자리잡고 있는 기차다. 과거 기차의 모습을 똑같이 재현했다고 한다. 휴스턴 선수가 홈런을 치거나 팀이 승리하면 기차가 오른쪽에서 왼쪽으로 소리를 내며 움직이며 관중들의 이목을 집중시킨다. 구장의 일부가 된 유니온 스테이션과 이 기차는 휴스턴과 철도의 연관성을 상징적으로 잘 보여줘 야구장을 찾는 젊은 팬들도 야구장에서 도시의 역사를 자연스럽게 눈으로 익힐 수 있다. 기차 뒤에 달린 석탄차에는 석탄 대신 대형 오렌지들로 가득한데 이는 미닛 메이드사가 오렌지 주스로 유명한 회사란 점이 반영되었다.

또 구장의 우중간 펜스 위에는 '필립스 66 홈런 펌프'가 있어 개장일부터 휴스턴 선수들이 홈에서 기록한 홈런 개수를 카운트 하고 있다. 7회초가 끝나

좌측 아치형 벽 위에 있는 로코 트레인

면 관중들은 '테이크 미 아웃 투 더 볼게임(Take Me Out to the Ballgame)'을 부른 이후 '딥 인더 하트 오브 텍사스(Deep in the Heart of Texas)'란 노래를 다 함께 부른다. 텍사스를 상징하는 이 노래는 미닛 메이드 파크와 글로브 라이프 파크, 두 텍사스 구장에서만 들을 수 있다. 또 이닝 중간 전광판에는 거울에 반사된 팬의 우스꽝스러운 모습을 데칼코마니처럼 표현한 '미러 캠(Mirror Cam)'이 볼거리를 제공한다.

푸홀스의 홈런

휴스턴은 2005년 와일드카드로 포스트시즌에 올라 디비전 시리즈(NLDS)에서 애틀랜타를 꺾고 챔피언십 시리즈(NLCS)에서 당시 중부지구 라이벌 세인트루이스를 만났다. 휴스턴은 3승 1패로 앞서 월드시리즈까지 단 1승만을 남겨놓았다. 미닛 메이드 파크에서 펼쳐진 NLCS 5차전에서 휴스턴은 9회까지 리드를 잡았다. 하지만 당시 휴스턴 마무리 브래드 릿지는 4-2로 앞선 9회초 투아웃 상황에서 알버트 푸홀스에게 통한의 역전 3점 홈런을 얻어맞았다. 월드시리즈 진출까지 아웃카운트가 1개 남은 상황에서 허용한 이 홈런으로 들떠있던 미닛 메이드 파크는 순식간에 식어버렸다. 다행히 5차전 패배의 충격을 딛고 결국 6차전에서 승리한 휴스턴은 창단 첫 월드시리즈 무대에 올랐지만, 아쉽게도 시카고 화이트삭스에 4연패로 허무하게 물러났다. 특히 릿지는 푸홀스에게 맞은 이 홈런의 데미지가 상당했는데 이후 릿지는 마무리투수로서 계속 불안한 모습을 노출했다. 2005년 이후 아직까지 휴스턴은 가을야구를 경험하지 못하고 있다.

휴스턴의 제프 루나우 단장은 현재 팀을 재건 중이다. 루나우 단장은 이미 세인트루이스에서 드래프트와 유망주 선발에 대한 탁월한 안목을 보여줬다. 현재 휴스턴에는 젊고 유망한 선수들이 대거 포진해 있어 몇 년 안에 가시적인 성과가 나올 것으로 전망된다. 2014년 메이저리그 팬들은 에릭 호스머, 마이크 무스타커스, 살바도르 페레즈, 로렌조 케인, 요다노 벤츄라 등

휴스턴 애스트로스

미닛 메이드 파크 전경

젊은 선수들이 주축이 된 캔자스시티 로열스의 놀라운 한 해를 지켜봤다. 몇 년 후 휴스턴의 미래도 캔자스시티처럼 될 수도 있지 않을까. '작은 거인' 호세 알투베, '호타준족' 조지 스프링어, 2012년 드래프트 전체 1순위 카를로스 코레아, 2013년 전체 1순위 마크 어펠 등을 주축으로 휴스턴이 다시 한 번 월드시리즈 무대를 밟는다고 해도 그리 놀랄 일은 아니다.

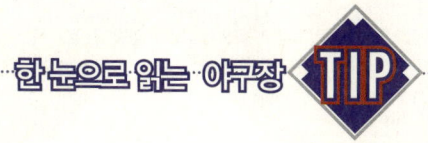

한 눈으로 읽는 야구장 TIP

MUST SEE
로코 트레인

볼거리
탈스 힐(Tal's Hill)
크렉 비지오 동상
제프 배그웰 동상
다 같이 부르는 '딥 인 더 하트 오브 텍사스(Deep in the heart of Texas)'

교통 및 숙박
차량을 이용하는 것이 여러모로 편리하다. 구장 바로 앞에 '웨스턴 휴스턴 다운타운(The Westin Houston Downtown)'이라는 고급 호텔이 있지만 가격이 많이 비싼 편이다. 7블럭 정도 떨어진 휴스턴 로케츠의 홈구장 도요타 센터 주변에는 상대적으로 저렴한 여러 숙박시설이 있다.

전체적인 분위기 (별 5개 만점)
★★★★

휴스턴 애스트로스

12

캔자스시티 **로열스**
KANSAS CITY ROYALS

분수가 아름다운 **코프먼 스타디움**

외야에 위치한 '코프먼 스타디움의 상징' 분수

캔자스시티 로열스
Kansas City Royals

분수가 아름다운
코프먼 스타디움

구단 정보

창단: 1969년
연고지: 미주리주 캔자스시티
월드시리즈/리그 우승: 1회/3회
영구결번: 조지 브렛(#5), 딕 하우저(#10), 프랭크 화이트(#20), 재키 로빈슨(#42)

구장 정보

이름: 코프먼 스타디움(Kauffman Stadium)
설립: 1973년
잔디: 천연 잔디
수용: 37,903명
규격: 좌 101m / 좌중 118m / 중 125m / 우중 118m / 우 101m
주소: One Royal Way Kansas City, MO 64129

캔자스시티의 야구 역사를 간단히 살펴보면, 가장 먼저 과거 니그로리그를 대표하는 캔자스시티 모낙스(Monarchs)라는 팀이 존재했다. 메이저리그 데뷔 전 재키 로빈슨이 몸담기도 했던 이 팀은 메이저리그의 인종장벽이 사라지면서 리그와 함께 자취를 감췄다. 또 필라델피아 어슬레틱스가 1955년부터 캔자스시티로 넘어와 1967년까지 머물다가 오클랜드로 다시 연고지를 옮겼다. 이후 1969년에 새로 생긴 팀이 바로 캔자스시티 로열스다. AL 중부지구에 속한 로열스는 전통적으로 강팀의 이미지와는 거리가 멀다.

캔자스시티 야구의 상징적인 존재, 유잉 코프먼

로열스의 홈구장 코프먼 스타디움은 놀랍게도 캔자스주가 아닌 미주리주에 위치하고 있다. 캔자스시티는 미주리주와 캔자스주의 경계에 걸쳐 있는 도시로 코프먼 스타디움은 미주리주 쪽으로 살짝 넘어와 있다. 로열스는 첫 4년간 뮤니시플 스타디움을 홈구장으로 사용하다가 1973년 새로 지은 코프먼 스타디움으로 옮겼다. 원래 로열스 스타디움이라는 이름으로 개장했다가 이후 명칭을 변경해 현재의 코프먼 스타디움이 됐다. 그 이유는 바로 전 구단주 유잉 코프먼의 업적 때문이다.

코프먼은 캔자스시티에서 자라 제약업에서 성공한 자산가로 로열스를 창단해 구단주까지 역임했다. 코프먼은 로열스 명예의 전당과 쿠퍼스타운 명예의 전당에도 헌액됐을 정도로 캔자스시티 야구의 상징적인 존재다. 결국 구단은 코프먼이 세상을 떠나기 한 달 전인 1993년 7월 2일, 구장 이름을 코프먼 스타디움으로 바꾸는 것으로 그에 대한 존경을 표시했다. 자기 이름을 딴 야구장을 갖는다는 것이 야구인으로서 가장 큰 축복이 아닐까.

코프먼 스타디움의 첫 인상은 도시 분위기처럼 수수하다. 화려함과는 거리가 멀고 오히려 은은한 멋이 느껴진다. 캔자스시티란 도시 자체가 대도시와는 거리가 먼데다 야구장도 다운타운에 위치하고 있지 않아서 주변은 한적하다. 구장 주변의 잔디와 나무들이 조화를 이뤄 이런 분위기에 한 몫을 한다. 또 구장은 달팽이 모양의 나선형 계단이 인상적이다. 바닥 한쪽에는 브렛 세이버하겐의 노히트 경기, 브렛의 3,000안타 등 구단 역사상 주목할 만한 사건을 기록한 '로열스의 위대한 순간들'이 새겨져 있다. 구장 바로 옆엔 가장 시끄러운 구장으로 기네스북에 오른 NFL 캔자스시티 치프스의 홈구장 애로우헤드 스타디움도 있다.

가로보다 세로가 더 긴 대형 스코어보드

코프먼 스타디움이 다른 야구장들과 차별화되는 또 다른 특징은 바로 외야 한가운데 위치한 대형 스코어보드로 외야가 유난히 넓은 구장의 중심을 잡고 있다. 메이저리그에서 시애틀 세이프코 필드의 스코어보드에 이어 가장 큰 크기를 자랑하는데, 가로보다 세로가 더 긴 것이 특징이다. 또 스코어보드 꼭대기에 있는 왕관 장식은 조명과 전광판의 화려함이 어우러져 전체 스코어보드를 더 웅장하게 만든다. 구장 상단에서 전체 야구장을 바라보면 구장 너머로 고속도로와 나무들이 보여 다른 최신식 구장들과는 달리 전체적으로 아늑한 분위기가 난다.

야구장에도 분수가 있는 '분수의 도시'

코프먼 스타디움에서 최대 볼거리는 단연 담장 너머에 위치한 외야 분수와 폭포. 스코어보드 옆으로 길게 조성된 이 분수는 경기 내내 팬들의 눈을 사로잡는다. 이닝이 바뀔 때마다 다양하고 화려한 물빛으로 구장 전체를 아름답게 물들여 마치 한 폭의 수채화를 연상케 한다. 사실 캔자스시티의

외야에 위치한 '코프먼 스타디움의 상징' 분수

닉네임은 바로 '분수의 도시(City of Fountains)'다. 실제 캔자스시티는 이탈리아 로마 다음으로 분수가 많은 도시로 알려져 있다. 즉, 야구장의 이 분수야말로 캔자스시티의 상징을 가장 잘 표현하는 명물인 셈이다. 어쩌면 평범했을지도 모를 코프먼 스타디움이 아름다운 야구장으로 자리매김할 수 있었던 것은 바로 이 분수의 영향이 절대적이지 않을까.

캔자스시티의 레전드 조지 브렛 & 동상

조금 과장하자면 조지 브렛은 캔자스시티 역사의 알파이자 오메가다. 보스턴의 테드 윌리엄스, 세인트루이스의 스탠 뮤지얼처럼 캔자스시티의 얼굴은 브렛이다. 브렛은 1973년부터 1993년까지 오직 로열스 유니폼만을 입고 뛰다가 은퇴한 레전드로 통산 타율 .305 - 3,154안타 - 317홈런 - 1,596타점 -201도루의 대기록을 남겼다. 역사상 3,000안타 - 3할 - 300홈런을 기록한 4명 중 한 명이다. 나머지는 행크 애런, 윌리 메이스, 스탠 뮤지얼. 1999년 명예의 전당에 입성한 브렛의 득표율은 98.19%로 이들 셋을 모두 앞섰다. 13년 연속 올스타에 뽑혔고 메이저리그 역사상 유일하게 30년대에 걸쳐 타격왕을 차지했다(1976, 1980, 1990). 특히, 1980년엔 .390의 타율로 AL MVP를 차지했는데 이는 1941년 마지막 4할타자 테드 윌리엄스가 기록한 .406이후 현재까지 AL 최고타율이자 메이저리그 전체 2위로 남아 있다(1위는 토니 그윈 1994년 .394). 구장에 있는 음식점 '.390 바 & 그릴'은 1980년 브렛의 타율 .390을 기념해 만든 곳으로 다양한 메뉴를 즐길 수 있는 공간이다. 우익수 쪽에 있는 분수 뒤엔 조지 브렛의 동상이 당당하게 서 있다. 그 옆으로는 1985년 월드시리즈 우승을 이끈 감독 딕 하우저, 골드 글러브 8회 수상에 빛나는 2루수 프랭크 화이트의 동상도 있다. 하우저 동상은 덕아웃에 있는 모습을 담았고 화이트 동상은 역동적인 수비 모습을 잘 표현했다. 또 구장 인근에 I-70 고속도로 위로 조지 브렛 브릿지라 불리는 작은 다리도

조지 브렛 동상

있다. 한편 2013년 후반 미국을 강타한 로드(Lorde)의 노래 '로열스(Royals)'는 잡지 커버에 실린 브렛의 사진에서 영감을 얻어 그녀가 만든 노래다. 이 곡은 빌보드 싱글차트 9주 연속 1위에 올라 선풍적인 인기를 끌었고 2014년 그래미 시상식에서 '올해의 노래'로 선정되기도 했다.

1983년 7월 24일 파인 타르 사건

브렛을 언급할 때 절대 빼놓을 수 없는 해프닝이 있다. 바로 지난 1983년 7월 24일 양키스타디움에서 열린 뉴욕 양키스와의 경기에서 나온 일명 '파인 타르(pine tar : 소나무 등에서 얻을 수 있는 흑갈색의 점성물질) 사건'이다. 브렛은 9회초 투아웃 3-4로 뒤진 상황에서 리치 고시지를 상대로 역전 2점 홈런을 때려내 팀에 5-4 리드를 안겼다. 하지만 양키스 빌리 마틴 감독

이 브렛의 배트에 묻은 파인 타르 위치를 문제 삼아 심판에게 항의했다. 당시 규정에 따르면 파인 타르가 배트 맨 아래 노브 부분부터 위로 18인치 이상 넘어갈 수 없었다. 문제는 브렛의 배트에 묻은 파인 타르는 이보다 훨씬 위까지 묻어 있었다는 것. 이에 주심은 홈런 판정을 번복, 브렛을 아웃 처리했고 경기는 그대로 양키스의 승리로 종료됐다. 이에 격분한 브렛은 덕아웃에서 뛰쳐나와 격렬히 항의하다 퇴장까지 당했다.

구단은 메이저리그 사무국에 정식으로 이의를 신청했고 이는 받아들여졌다. 결국 경기는 약 한 달 후인 8월 18일 브렛의 홈런 이후부터 속개돼 결국 캔자스시티의 승리로 끝났다. 2013년에 구단은 코프먼 스타디움을 찾은 팬들에게 조지 브렛 버블헤드가 아닌 '버블 암스(Bobble Arms)'를 팬들에게 나눠주기도 했는데 이는 당시 두 팔을 들고 덕아웃을 뛰쳐나온 브렛의 모습을 특징적으로 표현했다. 또 팀 스토어에서는 30센티미터 정도 크기의 파인 타르 배트를 기념품으로 팔기도 한다.

팀 스토어에서 파는 파인 타르 배트

오심 덕분에 우승한 1985년 월드시리즈

코프먼 스타디움 상단에 앉으면 외야 너머로 I-70 고속도로가 보인다. 바로 그 길을 따라 우측으로 직진하면 세인트루이스가 나온다. 두 미주리주 라이벌이 맞붙는 인터리그 경기를 'I-70시리즈'라 부르는 이유다. 지리적으로 가까워 세인트루이스가 캔자스시티에서 경기할 때도 많은 세인트루이스팬들이 코프먼 스타디움을 찾아 붉은 물결을 이루기도 한다. 두 팀은 1985년 월드시리즈에서 만났다. 당시 캔자스시티는 홈에서 열린 1, 2차전을 모두 내주며 1승 3패의 궁지로 몰렸지만 결국 마지막 3경기를 모두 쓸어 담는 대반격으로 창단 첫 우승의 쾌거를 이뤘다.

당시 6차전에서는 결정적인 오심이 나왔다. 캔자스시티가 0-1로 뒤진 9회 말 마지막 공격에서 선두 대타 조지 오르타는 평범한 1루 땅볼을 쳤다. 이에 1루수 클락이 공을 잡아 1루 커버를 들어간 마무리투수 토드 워렐에게 정확히 송구했지만 돈 덴킨저 1루심은 세이프 판정을 내렸다. 리플레이 화면으로는 확실히 아웃이었지만 판정은 번복되지 않았다. 캔자스시티는 이 오심을 빌미로 극적인 2-1 역전승을 거둬 7차전까지 끌고 갔고, 결국 7차전에서도 세인트루이스를 11-0으로 물리쳐 우승을 차지했다. 월드시리즈에서 나온 이 결정적인 오심은 아직까지 사람들의 입에 오르내린다. 당시 지금의 비디오 판독이 있었다면 1985년 월드시리즈 우승팀은 캔자스시티가 아니었을지도 모른다. 카디널스는 7차전에 구심으로 나온 덴킨저의 스트라이크 존과 볼 판정에 강한 불만을 표시하며 무너졌다. 7차전에서 완봉승으로 팀을 우승으로 이끈 신예 브렛 세이버하겐은 월드시리즈 MVP에 선정되었다.

2014년 캔자스시티는 무려 29년 만에 월드시리즈 진출에 성공했다. 비록 7차전 접전 끝에 샌프란시스코에 패했지만 포스트시즌에서 보여준 캔자스시티의 무서운 활약은 많은 야구팬들의 가슴에 불을 지피기에 충분했다.

캔자스시티 로열스

로열스 명예의 전당

로열스 명예의 전당은 캔자스시티 야구의 과거와 현재가 묻어나는 공간으로 꼭 둘러봐야 하는 곳이다. 좌측 파울 폴 뒤에 위치한 이곳에서 팬들은 로열스를 빛낸 레전드들의 발자취를 돌아보며 과거를 추억할 수 있다. 다양한 볼거리가 있는데 그 중에서도 역시 1985년 월드시리즈 우승 트로피와 3,154개(브렛의 통산 안타)의 야구공으로 만들어진 브렛의 등번호 5번이 가장 이목을 끈다. 또 이곳엔 브렛이 마지막 홈 경기에서 무릎을 꿇고 홈플레이트에 키스하는 장면이 담긴 사진과 그 홈플레이트가 전시돼 있다. 니그로 리그의 상징 벅 오닐의 흉상도 볼거리다. 조금 여유 있게 둘러보려면 약 1시간 정도 필요하다. 또 코프먼 스타디움에서 차로 15분 거리에는 니그로 리그 박물관(Negro Leagues Baseball Museum)이 있어 캔자스시티는 니그로 리그를 얘기할 때 빼놓을 수 없는 곳이다.

로열스 명예의 전당 내부

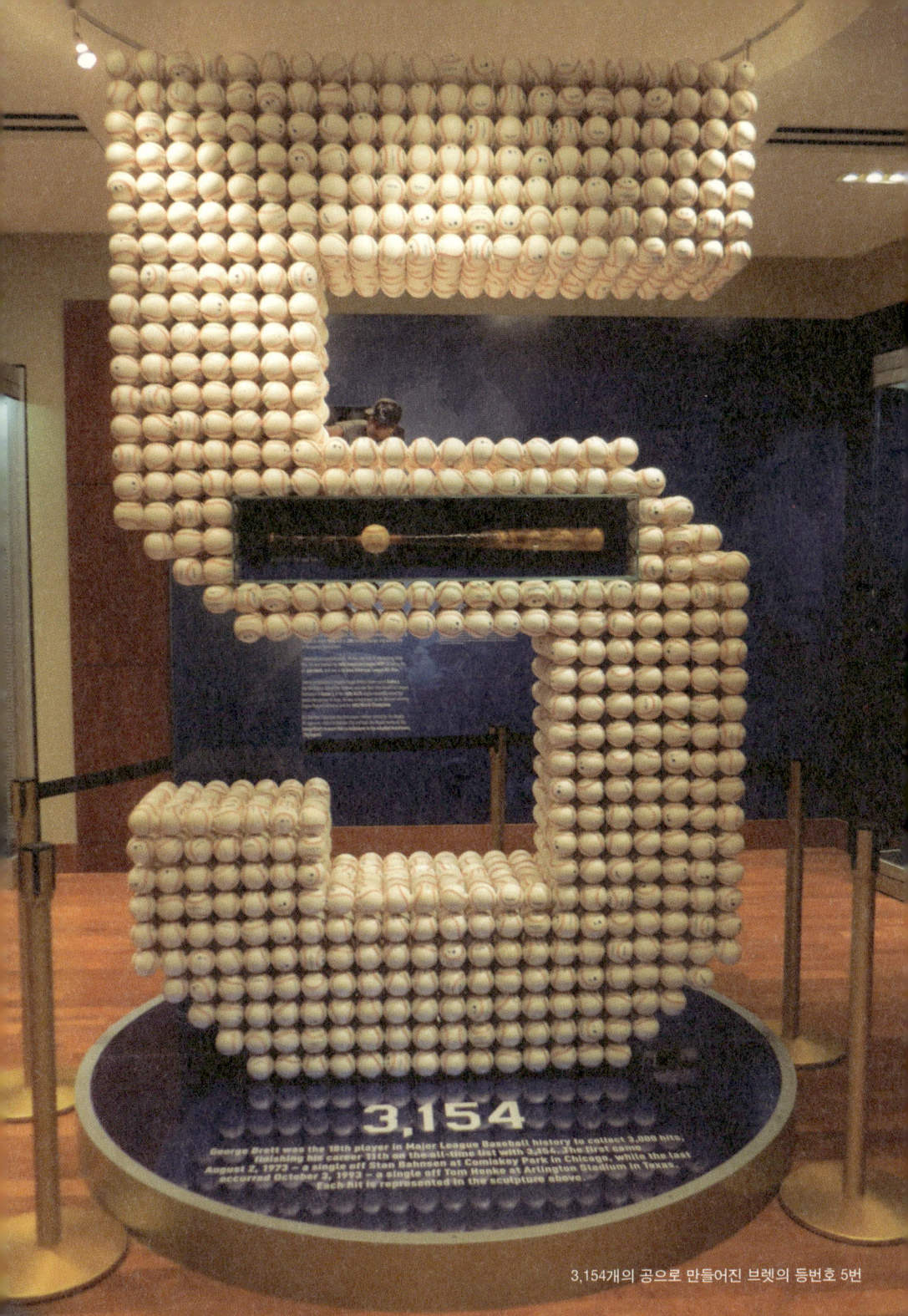

3,154개의 공으로 만들어진 브렛의 등번호 5번

코프먼 스타디움 전경

직관 후기

운 좋게도 코프먼 스타디움에서 열린 오클랜드와의 와일드카드 결정전 경기를 관람했다. 눈부신 연승 행진이 시작된 이날 코프먼 스타디움은 팬들의 우레와 같은 함성으로 뜨겁게 끓었다. 극적인 끝내기 승을 거둔 이 경기는 캔자스시티가 이후 포스트시즌에서 승승장구하게 된 원동력이 됐다. 이날 구장에 울려 퍼진 저니의 노래 '돈 스톱 빌리빙(Don't Stop Believin')'처럼 2014년 로열스와 팬들은 믿음으로 '기적의 가을'을 일궈냈다. 이날 코프먼 스타디움 위로는 'IT WAS WORTH THE WAIT- GO ROYALS!'란 인상적인 문구가 하늘을 수놓았다.

MUST SEE
로열스 명예의 전당 박물관(Royals Hall of Fame & Museum)

볼거리
외야 분수(Water Spectacular)
조지 브렛 동상
니그로 리그 박물관(코프먼 스타디움에서 차로 15분 거리)

교통 및 숙박
대중교통 시설이 좋지 못한 도시 특성상 차량이 필요하다. 야구장은 다운타운에서 남동쪽으로 10킬로미터 이상 떨어져 있다. 코프먼 스타디움에서 걸어서 10분 정도 거리에 숙박시설이 세 군데 정도 있고 이곳에 묵는 많은 사람들이 걸어서 야구장에 간다.

전체적인 분위기 (별 5개 만점)

13
LA 에인절스
LA ANGELS

야구장에 바위와 폭포수가!? 에인절 스타디움

폭포, 인공바위와 간헐온천, 나무의 조화

LA 에인절스
LA Angels

야구장에 바위와 폭포수가?
에인절 스타디움

구단 정보

창단: 1961년
연고지: 캘리포니아주 애너하임
월드시리즈/리그 우승: 1회/1회
영구결번: 짐 프레고시(#11), 진 오트리(#26), 로드 커류(#29), 놀란 라이언(#30), 재키 로빈슨(#42), 지미 리스(#50)

구장 정보

이름: 에인절 스타디움 오브 애너하임(Angel Stadium of Anaheim)
설립: 1966년
잔디: 천연 잔디
수용: 45,483명
규격: 좌 101m / 좌중 119m / 중 122m / 우중 113m / 우 101m
주소: 2000 Gene Autry Way Anaheim, CA 92806

미국 서부의 대표도시 LA에는 우리에게 친숙한 다저스 외에 또 다른 메이저리그 팀이 있다. 바로 AL 서부지구 소속의 LA 에인절스다. 1961년 LA 에인절스(1961~1965)로 창단해 캘리포니아 에인절스(1966~1996)와 애너하임 에인절스(1997~2004)를 거쳐 현재의 LA 에인절스 오브 애너하임에 이른다. 보통은 그냥 줄여서 LA 에인절스라 부른다. LA, 즉 로스엔젤레스는 스페인어로 '천사(Angels)'를 의미해 '천사들의 도시(City of Angels)'라 불리기도 한다. 팀명도 자연스럽게 에인절스가 됐다. 에인절스는 창단 첫해 LA의 리글리 필드(1961, 시카고의 리글리 필드가 아님)를 홈구장으로 사용했다. 이후 4년간(1962~1965) 다저스타디움에서 한 지붕 두 가족 생활을 했다는 사실을 아는 사람은 많지 않다. 당시 에인절스는 다저스타디움이 위치한 지명의 이름을 따와 구장을 '차베스 라빈(Chavez Ravine)'이라 불렀다.

에인절 스타디움의 역사

마침내 1966년 에인절스 팬들이 기다리던 홈구장 애너하임 스타디움이 오픈했다. 한때 에디슨 인터내셔널 필드란 이름을 거쳐 현재는 에인절 스타디움 오브 애너하임이 공식 명칭이다. 보통 에인절 스타디움이라 한다. 과거 미식축구팀 LA 램스의 홈구장으로도 활용됐으나 세인트루이스로 연고를 옮기면서 다시 야구 전용 구장으로 탈바꿈했다. 에인절 스타디움은 펜웨이 파크(1912년) - 리글리 필드(1914년) - 다저스타디움(1962년)에 이어 메이저리그 구장 중 4번째로 오랜 역사를 자랑한다.

LA에서 고속도로를 1시간 가까이 달려 에인절 스타디움 입구에 다다르면 먼저 2개의 대형 모자가 눈길을 사로잡는다. 구장을 중심으로 양쪽 옆에 에인절스의 빨간색 대형 모자가 크기만큼이나 당당한 위용을 뽐낸다. 이 모자는 사이즈 때문에 멀리서도 눈에 띄는 구장의 명물이 됐다. 모자 안쪽엔 실제 뉴에라 모자처럼 상표와 649와 1/2사이즈, 100% 울로 꼭 드라이클리닝을 해야 한다는 세탁방법, 'MADE IN USA'라는 원산지 표시까지 붙어 있다. 물론 모자 뒷부분에는 MLB 로고도 박혀 있다.

구장 외부에는 전광판이 달린 A자 모양의 대형 프레임이 있는데 'The Big A'는 에인절 스타디움의 닉네임이다. 게이트 2 근처에는 전 구단주 진 오트리 동상이 있다. '노래하는 카우보이'로 유명한 진 오트리는 1961년 에인절스의 창단부터 월트 디즈니사에 지분을 넘긴 1997년까지 에인절스의 구단주를 지낸 인물이다. 게이트 3 옆에는 미셸 커류 동상이 있다. 미셸은 로드 커류의 딸로 안타깝게도 17세의 어린 나이에 백혈병으로 세상을 떠났다. 미네소타에서 데뷔한 로드 커류는 에인절스에서 3,000안타의 위업을 달성한 교타자로 은퇴 후 에인절스 코치로 활약하기도 했다.

다저스와 에인절스는 같은 LA를 연고로 하기 때문에 당연히 지역 라이벌팀으로 꼽힌다. 두 팀 홈구장을 연결하는 5번 고속도로 때문에 둘의 맞대결은 '프리웨이 시리즈(Freeway Series)'로 불린다. 두 구장은 약 48킬로미터

주차장에 있는 A자 형태의 프레임

진 오트리 동상

떨어져 있고 차로 1시간 정도 걸린다. 두 팀은 현재까지 정확히 100번 맞대결을 펼쳤는데 57승 43패로 에인절스가 조금 앞서 있다. 다저스가 NL 서부지구, 에인절스가 AL 서부지구 소속이어서 두 팀의 포스트시즌 맞대결은 월드시리즈에서만 가능하다.

에인절 스타디움 명물, 인공바위와 폭포

구장의 좌중간 담장 뒤로 구장에서 가장 아름다운 명물이 자리잡고 있다. 콸콸 흐르는 폭포, 인공바위와 간헐온천, 나무가 한데 어우러져 장관을 연출한다. 구장 관계자는 캘리포니아 암석 해안 모양을 토대로 만들었다고 전했다. 자세히 보면 중계용 카메라도 보인다. 에인절스 선수가 홈런을 치

2002년 월드시리즈 우승 순간의 모습이 담긴 대형사진

면 이곳에서 폭죽이 터져 밤하늘을 수놓는다. 바위 뒤쪽으로 보이는 것은 미국 햄버거 체인 브랜드 '잭 인 더 박스(Jack in the Box)'의 대형 간판이다.

2002년 월드시리즈 우승 팀 LA 에인절스

지난 2002년 에인절스는 와일드카드로 포스트시즌에 진출했다. 디비전시리즈-챔피언십시리즈에서 각각 뉴욕 양키스와 미네소타 트윈스를 연파하고 대망의 월드시리즈에 올랐다. 월드시리즈에서는 배리 본즈가 이끄는 샌프란시스코 자이언츠와 7차전까지 가는 대접전 끝에 승리, 월드시리즈 트로피를 차지했다. 당시 혜성처럼 등장했던 투수 'K-Rod' 프란시스코 로드리게스는 스타로 발돋움했고, 3홈런을 쏘아 올린 거포 트로이 글로스는 '월드시리즈 MVP'에 선정됐다. 구장 내 팀 스토어 앞 한쪽에는 2002년 에인절스의 우승을 기념하는 작은 공간이 있다. 여기에는 우승 트로피를 비롯한 각종 기념품들이 전시되어 있고 바로 맞은편에는 2002년 우승 순간을 담은 대형사진이 벽에 걸려 있다. 팬들은 이곳에서 2002년 가을의 기억을 생생히 되살린다. 50년이 넘는 에인절스 팀 역사에서 아직도 처음이자 마지막 우승으로 남아 있는 2002년. 에인절스 팬들은 그 해 가을 '랠리 몽키'(Rally Monkey: 에인절스의 비공식 마스코트. 랠리 몽키가 처음 등장한 것은 2000년 6월 7일. 당시 애너하임은 샌프란시스코와 인터리그 홈경기에서 9회초까지 4-5로 뒤지고 있었다. 이때 경기장 비디오 운영 담당자가 영화 〈에이스 벤추라〉에서 랠리 몽키가 나오는 장면을 전광판에 틀었는데, 에인절스는 9회말에 2점을 뽑아내며 역전승을 거두었다. 2년 뒤에 애너하임은 월드시리즈에서 샌프란시스코와 만나 시리즈 전적 2승 3패로 밀리고 있었고, 6차전 역시 7회말 시작 전까지 0-5로 뒤져 패색이 짙었으나 7회말 공격에 앞서 전광판에 '랠리 몽키'가 등장했고, 애너하임은 7회와 8회에만 각각 3점씩을 뽑아내며 6-5로 역전승했다)를 앞세워 월드시리즈 반지를 차지한 그날의 영광에 여전히 자부심을 갖고 있다.

에인절스 영구결번

현재 에인절스의 영구결번의 주인공은 짐 프레고시(11), 진 오트리(26), 로드 커류(29), 놀란 라이언(30), 재키 로빈슨(42), 지미 리스(50)까지 총 6명이다. 특히 오트리의 영구결번 26번은 25인 로스터에 이은

팀의 26번째 선수라는 의미로 그가 구단주로서 팀을 위해 어떤 노력을 했는지 엿볼 수 있는 부분이다. 또 영구결번은 아니지만 에인절스 구단의 최다홈런 기록(299개)을 보유한 프랜차이즈 스타 팀 새먼의 15번과 2009년 교통사고로 세상을 떠난 닉 아덴하트의 34번도 사용되지 않는다고 한다.

마이크 트라웃

현재 에인절스 최고의 스타는 단연 마이크 트라웃이다. 1991년생에 불과한 트라웃은 지난 2011년 7월에 데뷔, 2012년부터 본격적으로 리그를 평정하고 있다. 현재 디트로이트의 미겔 카브레라와 함께 메이저리그 최고타자로 손꼽힌다. 에인절 스타디움 좌익수 뒤쪽 101섹션은 '트라웃 팜(TROUT FARM)'이라 불리는데, 사실상 트라웃을 응원하기 위해 마련된 공식적인 응원석인 셈이다. 단, 이 자리는 사전 예약이 필수다. 경기장에서 트라웃을 외치는 홈팬들의 함성은 경기장을 뒤흔들 정도니 에인절 스타디움에선 그의 인기가 어느 정도인지 어렵지 않게 실감할 수 있다.

에인절 스타디움은 우리에겐 또 다른 추억이 서려 있는 장소다. 바로 지난 2006년 대한민국을 하나로 뭉치게 했던 월드베이스볼 클래식(WBC). 야구팬들은 당시 대한민국 WBC 대표팀이 '숙적' 일본을 꺾고 메이저리그 마운드에 태극기를 꽂았던 감격적인 순간을 기억한다. 그 자랑스러운 태극기가 펄럭인 역사적인 장소가 바로 에인절 스타디움이다. 에인절 스타디움은 과거 미국 스포츠 전문지 〈스포츠 일러스트레이티드〉가 선정한 팬들의 만족도가 가장 높은 '1등 구장'으로 뽑힌 적도 있다. LA에서 차로 1시간 걸리고 디즈니랜드 바로 근처에 위치하고 있다.

좌측 외야석에 위치한 트라웃 팜의 모습

직관 후기

이날은 교통 혼잡을 고려해 에인절스가 2-5로 뒤진 8회 경기장을 빠져 나왔다. 8년 만에 찾은 에인절 스타디움은 역시 그대로라는 만족감과 함께. 사실 경기 내용을 떠나 트라웃과 알버트 푸홀스 두 슈퍼스타를 동시에 볼 수 있었다는 사실만으로 행복했다. 그런데 숙소에 와보니 이게 웬걸 트라웃이

 LA 에인절스

에인절 스타디움의 전경

9회말에 끝내기 3점 홈런을 친 게 아닌가. 조금 전까지 느끼던 만족감은 어디 가고 최고의 경기를 놓친 것 같은 우울한 기분이 들었다. 야구는 끝날 때까지 끝난 게 아니라는 명언을 실감한 하루였다.

한 눈으로 읽는 야구장

MUST SEE
인공바위와 폭포
마이크 트라웃

볼거리
2개의 대형 모자
랠리 몽키(Rally Monkey)

교통 및 숙박
차량을 이용하면 고속도로 옆이라 접근이 용이하다. LA 유니온 스테이션에서 오렌지 카운티 라인 메트로 링크를 타고 애너하임 아틱역에서 내리면 45분 정도 걸린다. 주중 경기는 왕복 7달러에 '에인절스 익스프레스 트레인(Angels Express Train)'도 이용 가능하다. 가까운 곳에 디즈니랜드도 있어 숙소는 많은 편이다.

전체적인 분위기 (별 5개 만점)

LA 에인절스

박찬호와 류현진의 아메리칸 드림, 다저스타디움

14
LA 다저스
LA DODGERS

다저스타디움의 LA 로고

LA 다저스
LA Dodgers

박찬호와 류현진의 아메리칸 드림, 다저스타디움

구단 정보

창단: 1884년
연고지: 캘리포니아주 LA
월드시리즈/ 리그 우승: 6회/ 21회
영구결번: 피 위 리스(#1), 토미 라소다(#2), 듀크 스나이더(#4), 짐 길리엄(#19), 돈 서튼(#20), 월터 앨스턴(#24), 샌디 쿠팩스(#32), 로이 캄파넬라(#39), 재키 로빈슨(#42), 돈 드라이스데일(#53)

구장 정보

이름: 다저스타디움(Dodger Stadium)
설립: 1962년
잔디: 천연 잔디
수용: 56,000명
규격: 좌 101m / 좌중 114m / 중 122m / 우중 114m / 우 101m
주소: 1000 Elysian Park Avenue Los Angeles

할리우드와 유니버설 스튜디오, 유명 배우와 스타들이 많이 사는 '호화로운 부촌' 비벌리 힐스, 그룹 이글스의 불후의 명곡 '호텔 캘리포니아'의 배경이 된 비벌리 힐스 호텔, 명품가게들이 즐비한 로데오 거리. LA 하면 보통 먼저 떠오르는 화려한 단어들이다. 하지만 국내 야구팬에겐 자연스럽게 우리의 팀이 된 다저스와 자랑스런 두 한국인 박찬호와 류현진이 먼저 떠오를 것이다.

코리안 메이저리거

우리나라 사람들에게 가장 친숙한 메이저리그 구장이라면 단연 다저스타디움이다. 박찬호부터 류현진까지 LA 다저스 경기를 안방에서 시청해온 우리에게는 당연한 일이다. 그런 면에서 다저스는 '대한민국이 응원하는 팀'이고 다저스타디움은 우리에게 홈구장 같은 곳이다. 박찬호는 한국인 최초의 메이저리거로 우리에게 다저스타디움을 처음 소개한 선수다. 박찬호 덕분에 국내에 메이저리그가 본격적으로 소개됐고 우리도 이제 메이저리거가 있다는 자부심을 가질 수 있게 되었다. 그는 메이저리그에서 통산 124승을 거둬 아시아 최다승의 금자탑을 쌓았다.

박찬호의 뒤를 이어 류현진은 KBO 출신으로 메이저리그로 직행한 최초의 한국인이다. 데뷔 첫 해인 2013년 14승을 올려 신인왕 투표 4위에 올랐고 2014년에도 별다른 2년차 징크스 없이 14승을 거두며 순항했다. 류현진은 한국인 최초로 포스트시즌에서 승리투수가 되며 새로운 역사를 썼다. 류현진은 박찬호 이후 잠시 주춤했던 국내 메이저리그 열기를 다시 뜨겁게 달구고 있다.

다저스는 1958년 시즌을 앞두고 뉴욕 브루클린에서 서부 캘리포니아주 LA로 연고지를 옮겼다. 당연히 새 야구장이 필요했고 마침내 1962년 다저스타디움이 개장했다. 다저스타디움은 어느덧 보스턴의 펜웨이 파크(1912년), 시카고의 리글리 필드(1914년)에 이어 메이저리그에서 세 번째로 오래된 야구장이 되었다. 물론 앞선 두 구장의 100년이 넘는 역사에 비할 바는 아니지만, 다저스타디움도 반세기가 넘는 오랜 전통을 자랑한다. 56,000명을 수용할 수 있어 규모만큼은 메이저리그에서 최고 수준이고 개장 이후 지금까지 총 8번의 월드시리즈를 개최, 메이저리그 역사에서도 빼놓을 수 없는 구장이다.

'차베스 라빈'이라 불린 골짜기 위에 지어진 지리적 특성상 다저스타디움의 경기장 주변을 한 바퀴 돌아보기 위해서는 계단을 오르내려야 하기 때문에

클레이튼 커쇼 대형 사인볼(RIGHT FIELD RESERVE LEVEL 출입구 앞)

다른 구장처럼 전체적인 외관이 한 눈에 쏙 들어오지 않는다. 캘리포니아답게 많은 야자수들이 눈에 띄는 경기장 주변은 넓은 주차장이 경기장을 둘러싸고 있는 구조이다. 다저스타디움을 방문할 때마다 주차장의 규모에 놀라게 되는데, 사실 이는 다저스타디움이 대중교통을 이용해 오기가 쉽지 않은 곳에 있어서 대부분의 관중들이 차를 가지고 야구장에 오기 때문이다. 따라서 경기 시작 전후론 많은 차량이 한꺼번에 몰려 다저스타디움 주변의 교통체증이 심한 편이다. 물론 차가 없는 관중들을 위해 경기시작 90분 전부터 경기종료 45분 후까지 유니온 스테이션에서 '다저스타디움 익스프레스(Dodger Stadium Express)'라는 셔틀버스도 운영된다. 요금은 당일 경기티켓이 있으면 무료, 없으면 1.5달러를 내야 한다.

우익수 쪽 출입구에 도착하면 여러 개의 대형 사인볼이 팬들의 이목을 집중시킨다. 성인 남성이 공 하나를 완전히 감싸 안을 수 없을 정도의 크기인 대형 야구공들은 사이영상을 받은 다저스 투수 오렐 허샤이저, 마이크 마샬, 페르난도 발렌주엘라, 에릭 가니에, 클레이튼 커쇼 등을 기념하기 위해 제작되었고 그들의 사인 또한 찾아볼 수 있다. 발걸음을 조금 옆으로 옮기면 다저스의 영구결번 조각상도 눈길을 끈다. 이 조각상의 색깔은 다저스 홈 유니폼 전면에 있는 빨간색 배번을 생각나게 한다. 전설의 좌완투수 샌디 쿠팩스(32), 명포수 로이 캄파넬라(39), 몸에 푸른 피가 흐른다던 토미 라소다 감독(2), 재키 로빈슨(42)을 비롯해 영구결번된 번호들이 모두 모여 있다. 바로 옆에는 각종 저지와 티셔츠 등 기념품을 살 수 있는 다저스 공식 팀 스토어가 있는데 역시 류현진의 티셔츠와 버블헤드가 가장 눈에 띈다. 다저스 구장투어를 할 경우 이곳에서 10% 할인 받을 수 있다.

메이저리그 전구단 영구결번, 재키 로빈슨의 '42'

재키 로빈슨은 백인의 전유물이던 메이저리그에 최초로 등장한 흑인선수다. 1947년 4월 15일 그는 야구계에 뿌리내린 인종차별이란 단단한 벽을 허물었다. 그만큼 그의 여정은 험난했고 로빈슨이 치른 희생은 말로 다 표현하기 힘들다. 로빈슨은 백인들에게 조롱거리가 되기도 했으며 상대팀 선수가 내뱉는 치욕적인 언행과 모욕도 참아야 했다. 심지어 수차례 살해협박 편지까지 받으면서도 로빈슨은 인고의 시간을 견뎌냈고 이후 수많은 선수들에게 길을 열어주는 선구자로 남았다. 메이저리그는 이러한 로빈슨의 위대한 공로를 인정해 그의 등번호 42번을 전 구단에서 영구결번으로 지정했다. 또 그가 메이저리그에 처음 등장한 날을 기념해 매년 4월 15일은 '재키 로빈슨 데이'로 지정됐고 이날 30개 구단의 모든 선수는 등에 42번을 달고 경기를 뛴다. 물론 로빈슨의 영향력은 야구계에 국한되지 않고 미국 전역으로 퍼져나갔다. 마틴 루터 킹 목사도 로빈슨이 없었다면 자신이 했던 일은 모두 불가능했을 것이라고 말한 것을 보면 미국에서 로빈슨이 어떤 의미를 갖는지 잘 알 수 있다. 영화 〈42〉는 이런 로빈슨의 실화를 바탕

재키 로빈슨 영구 결번 기념비(LEFT FIELD TOP DECK)

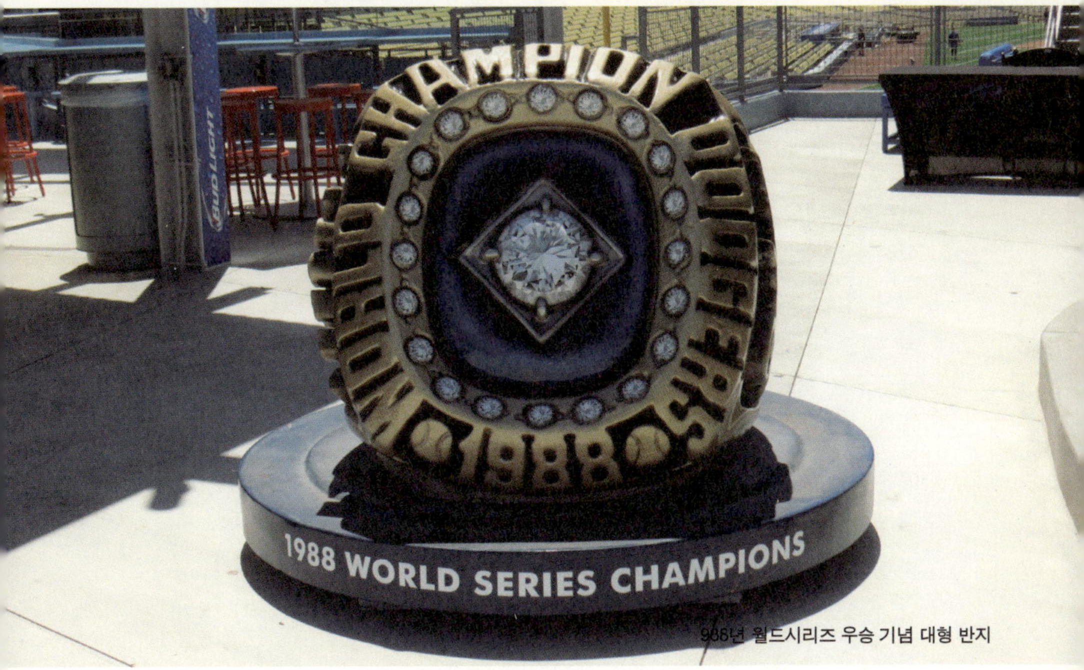

1988년 월드시리즈 우승 기념 대형 반지

LA 다저스

으로 만들어졌다.

경기장 주변 곳곳에는 다저스 우승을 기념하는 월드시리즈 대형 반지가 눈길을 끈다. 그 중에서도 다저스의 마지막 우승으로 남아 있는 1988년 반지는 더 반갑다. 당시 월드시리즈에서 다저스가 만난 상대는 오클랜드 애슬레틱스. 애슬레틱스는 호세 칸세코와 마크 맥과이어라는 '배시 브라더스(Bash Brothers)' 듀오가 버티고 있었고 정규시즌에서 104승을 기록한 막강한 팀이었다. 모두 애슬레틱스의 우세를 점치고 있었지만 다저스는 보란 듯이 최강 전력의 오클랜드를 침몰시켰다. 특히 1차전에서 3-4로 뒤진 9회말 투아웃, 커크 깁슨이 최강 마무리 데니스 에커슬리에게 뽑아낸 극적인 끝내기 2점 홈런은 아직까지도 회자된다. 다리를 절뚝거리며 베이스를 도는 그의 모습은 월드시리즈 명장면의 단골손님이 됐다. 당시 다저스의 에이스 허샤이저는 2차전 완봉승에 이은 5차전 완투승으로 월드시리즈 MVP에 선정됐다.

투수에게 유리한 다저스타디움

다저스타디움은 잘 알려져 있다시피 투수에게 유리한 구장이다. 다저스의 에이스 투수들은 이런 홈구장의 이점을 최대한 누렸다. 다저스 구단 역사에서 최고의 투수는 단연 샌디 쿠팩스로 메이저리그에서 12년간 165승 87패, 평균자책점 2.76, 탈삼진 2,396개의 성적을 남긴 전설적인 좌완투수다. 부상으로 이른 나이에 은퇴했지만, 마지막 6년간(1961~1966) 무려 129승을 쓸어 담았고 당시 양리그를 통틀어 1명에게 주던 사이영상을 3회나 받았다. 월드시리즈 우승도 4회나 경험해 짧고 굵은 선수생활을 보냈다. 특히 1963년에는 사이영상과 NL MVP, 월드시리즈 MVP를 모두 차지했으며 1965년에는 대망의 퍼펙트게임을 달성했고 사이영상과 월드시리즈 MVP까지 모든 상을 휩쓸었다. 다저스타디움에서의 성적은 57승 15패, 평균자책점 1.37로 어느 구장에서보다 뛰어났다.

현재 다저스에는 과거 쿠팩스의 추억을 떠올리게 만드는 좌투수가 있는데 바로 클레이튼 커쇼다. 2014년 시즌을 마친 그의 통산 성적은 98승 49패, 2.48, 탈삼진 1,445개. 26세인 그는 이미 NL 사이영상을 3차례나 수상했다. 2014년에는 투수로 NL MVP까지 수상하며 현역 최고의 투수로 불리기에 전혀 손색이 없다. 단 커쇼에겐 쿠팩스가 보유한 월드시리즈 반지가 아직 없어 앞으로 그의 행보가 주목된다. 커쇼 역시 다저스타디움에서의 성적은 52승 25패, 평균자책점 2.13으로 원정경기 성적을 근소하게 앞선다. 박찬호도 다저스타디움의 성적(45승 25패, 2.97)은 통산 성적(124승 98패, 4.36)보다 더 눈에 띈다.

이곳에서는 구장 역사상 지금까지 총 11번의 노히트 경기가 있었는데, 그 중 두 번은 쿠팩스(1965년)와 데니스 마르티네스(1991년, 몬트리올 엑스포스)의 퍼펙트게임이었다. 쿠팩스는 통산 4번의 노히트 중 3번을 다저스타디움에서 기록했고 가장 최근에는 2014년 클레이튼 커쇼가 노히트 경기를 펼치며 역사를 이어가고 있다.

2000년대 들어 백스톱 뒤와 1, 3루 옆쪽으로 관중석이 추가되어 다저스타디움은 과거에 비해 파울 지역이 많이 줄어들었다. 다저스타디움에서는 지금까지 4개의 장외홈런이 나왔는데 1969년과 1973년에 피츠버그의 윌리 스타젤이 2번이나 구장 밖으로 공을 날려버렸다. 이어 1997년 다저스의 마이크 피아자와 1999년 세인트루이스의 마크 맥과이어도 역사적인 홈런을 쏘아 올렸다.

빈 스컬리 프레스 박스(Vin Scully Press Box)

'다저스의 목소리' 빈 스컬리는 지난 1950년 브루클린 시절부터 현재까지 경기 중계를 맡는 캐스터다. 1927년생인 그는 2015년 시즌까지 다저스와 무려 66년째 동행하고 있다. 그의 중계는 항상 '잇츠 타임 포 다저 베이스볼(It's time for Dodger baseball)'이라는 말과 함께 시작된다. 다저스타디움

다저스타디움의 다채로운 좌석 색깔

의 기자석은 빈 스컬리의 변함없는 열정을 기리기 위해 2001년부터 '빈 스컬리 프레스박스'로 불리게 됐다. 구장 투어에 참가하면 이곳은 물론 홈 덕아웃에 직접 들어갈 수 있다. 다저스 구장 좌석은 층별로 색이 다르다. 1층은 캘리포니아의 따뜻한 태양을 상징하는 노란색으로 특히 라소다 감독이 이 색을 좋아했다고 한다. 2층은 해변의 진흙을 나타내는 옅은 황토색, 3층은 나무와 산을 의미하는 블루그린, 4층은 해변의 푸른색이라고 한다. 다저스 덕아웃 옆에는 라소다와 과거 NBA 스타이자 현 공동 구단주인 매직 존슨의 좌석도 있다.

빈 스컬리 프레스 박스

다저스타디움은 주변은 넓은 주차장과 대비돼 약간 황량한 느낌을 준다. 무엇보다 50년이 넘는 역사에도 불구하고 다저 도그(Dodger Dog)를 제외하면 아직까지 딱히 떠오르는 구장 명물이 없는 것은 조금 아쉽다. 과거 좌측 스코어보드 뒤 구장 외부 언덕 중턱에 'THINK BLUE'라는 문구가 파란색 대형 알파벳으로 새겨져 있었는데 LA의 상징인 '할리우드(HOLLYWOOD)' 사인과 비슷해 멀리서도 눈에 띄어 구장의 볼거리로 손색이 없었다. 그러나 2011년 불어 닥친 강풍으로 손상을 입은 후 아직까지 복구되지 않은 게 아쉽다.

LA 다저스

56,000석이 빼곡히 들어찬 다저스타디움

메이저리그에서 관중석이 가장 큰 구장

다저스는 2013~2014시즌 2년 연속으로 홈 관중동원에서 메이저리그 최고를 기록했다. 이 기간 동안 매 경기 평균 46,000명 이상이 야구장을 찾았다. 물론 가장 수용능력이 큰 다저스타디움을 홈구장으로 사용하는 점도 무시할 수 없지만, 팬들이 지속적으로 경기장을 찾는 것은 지속적인 투자와 유망주 발굴, 스타플레이어 영입 등 구단의 노력 없이는 불가능하다. 다저스 타디움은 평일에도 많은 관중이 몰리는 편이다. 류현진이 등판하는 날에는 한인타운에서 많은 사람들이 다저스타디움을 찾는 편이고 심지어 한국에서 류현진 경기를 보러 오는 사람도 종종 있다고 한다.

다저스타디움은 과거 박찬호가 전성기를 보냈고 이후 다시 돌아와 부활에 성공한 약속의 땅이다. 현재는 류현진이 바통을 이어받아 한국인 포스트시즌 첫 승을 거둔 장소다. 또 2005년엔 당시 다저스 소속의 최희섭이 미네소타를 상대로 이곳에서 3연타석 홈런을 쏘아 올리기도 했다. 다저스타디움은 그들뿐 아니라 우리에게도 추억이 깃든 야구장이다.

한 눈으로 읽는 야구장 TIP

MUST SEE
류현진

볼거리
대형 사인볼
월드시리즈 대형 반지 조형물
빈 스컬리 프레스 박스

추천 메뉴
다저스 하면 떠오르는 유명한 다저 도그(Dodger Dog)

교통 및 숙박
차량을 이용하는 것을 추천하지만, 유니온 스테이션에서 '다저스타디움 익스프레스(Dodger Stadium Express)'라는 셔틀버스를 이용할 수 있다. 또 코리아타운에서 약 10km 거리로 한인 택시를 이용할 수도 있다. 아무래도 코리아타운에 있는 숙박시설을 이용하면 주변에 한국 식당도 많아 여러모로 편리하다.

전체적인 분위기 (별 5개 만점)
★★★☆

 LA 다저스

말린스 파크의 상징인 홈런 조형물

마이애미 말린스
Miami Marlins
비와 더위로부터의 해방,
말린스 파크

구단 정보

창단: 1993년
연고지: 플로리다주 마이애미
월드시리즈/리그 우승: 2회/2회
영구결번: 재키 로빈슨(#42)

구장 정보

이름: 말린스 파크(Marlins Park)
설립: 2012년
잔디: 천연 잔디
수용: 36,742명
규격: 좌 104m / 좌중 118m / 중 127m / 우중 119m / 우 102m
주소: 501 Marlins Way Miami, FL 33125

아름다운 사우스 비치와 따뜻한 겨울로 대표되는 플로리다의 관광도시 마이애미는 미국 지도에서 남부 동쪽 끝에 있다. 마이애미의 첫 인상은 라틴 풍의 이국적인 정취가 물씬 풍겨 이곳이 과연 미국이 맞나 싶을 정도로 낯설다. 이곳에 위치한 말린스 파크는 NL 동부지구 마이애미 말린스의 홈구장이다. 말린스는 리그 확장 시기인 1993년 콜로라도 로키스와 함께 메이저리그에 합류했다. 창단 당시에는 플로리다 말린스였고 2012년부터 새 구장 말린스 파크의 개장과 함께 마이애미 말린스로 새롭게 태어났다.

오렌지 볼(ORANGE BOWL) 알파벳 조각상

낚시광이던 구단주의 선택은 '청새치'

창단 당시 구단주이던 웨인 후이젠가는 낚시광이어서 청새치를 뜻하는 말 린스로 팀명을 정했다. 주둥이 위쪽이 창같이 뾰족하고 긴 것이 특징인 청 새치는 헤밍웨이의 《노인과 바다》에 나오는 바로 그 물고기다. 헤밍웨이 도 낚시광이었다고 하니 낚시꾼들에겐 청새치는 특별한 존재인가 보다. 2011년까지 홈구장이던 선 라이프 스타디움은 사실 풋볼구장에 가까워 야 구를 하기엔 열악했다. 특히 뜨거운 여름과 열대성 스콜이 자주 내리는 마 이애미의 날씨 특성상 더위와 비에 취약했다. 애석하게도 말린스 홈경기에

개폐식 돔구장 말린스 파크 전경

숱한 우천 연기(rain delay)는 언제나 반갑지 않은 단골손님이었다. 오죽하면 일부 말린스 선수들조차 원정경기를 더 기다렸다고 했을까.
새로 생긴 개폐식 돔구장 말린스 파크 덕분에 구단은 마침내 그 동안 골머리를 앓았던 우천 연기에서 완전히 해방됐다. 구장 위치도 다운타운 인근이어서 선 라이프 스타디움보다 팬들의 접근도 용이해졌다. 말린스 파크는 과거 슈퍼볼이 5번이나 열린 역사의 현장 '마이애미 오렌지 볼(Miami Orange Bowl)'이 있던 장소에 세워졌다. 구장 앞 플라자엔 이를 기념해 '오렌지 볼(Orange Bowl)'을 구성하는 각각의 오렌지색 대형 알파벳 조각상

마이애미 말린스

들이 입체적으로 흩어져 있다. 구장 주변의 코코야자 나무들로 인해 플로리다 분위기를 고스란히 느낄 수 있는 말린스 파크는 세련된 외관과 디자인을 자랑하는 최신식 건물로 겉모습만 봐선 이곳이 야구장이란 느낌이 들지 않을 정도다.

8,000톤짜리 지붕이 열리고 닫히는 돔

8,000톤에 달하는 돔 지붕을 열고 닫는 데 15분도 걸리지 않는다. 시즌 초 일부 야간 경기를 제외하고 대부분 지붕을 닫고 경기한다. 그러다 보니 햇빛이 부족해 잔디에 문제가 생기기도 해 구단은 그늘에서도 잘 자라는 잔디를 심고 각별히 구장을 관리하고 있다. 지붕이 닫히면 에어컨이 풀 가동되어 실내온도를 섭씨 24도로 유지해 선수와 팬들에게 쾌적한 환경을 제공한다. 또 움직이는 건 지붕만이 아니다. 좌측 담장 너머엔 구장 일부에 해당하는 큰 벽이 있는데 놀랍게도 유리 패널로 만들어진 이 벽이 열리고 닫힌다.

홈런 조형물

말린스 파크의 명물은 좌중간 담장 너머에 있는 대형 조형물이다. 구장에 들어서면 이 조형물의 화려함에 가장 먼저 눈길이 간다. 20미터가 넘는 이 조형물은 다채로운 색상으로 청새치, 홍학, 야자수, 태양, 구름 등이 어우러져 이국적인 분위기를 연출한다. 말린스 선수가 홈런을 치면 청새치가 회전하며 조형물에 화려한 불빛이 들어오고 주변에서는 물이 뿜어져 나온다. 특히 이 조형물 우측 아래로 둥근 펜스와 418피트라고 적힌 가운데 펜스가 만나는 곳이 있는데, 외야 좌중간에서 가장 깊은 이곳은 '버뮤다 삼각지대'로 불린다.

야구장에 아쿠아리움?

말린스 파크 홈플레이트 뒤 백네트와 각 덕아웃 사이에는 2개의 아쿠아리움이 있다. 당연히 파울볼이나 다른 충격에 견딜 수 있도록 두꺼운 특수 유리가 사용됐다고 한다. 트로피카나 필드에 가오리 수족관이 있는 것처럼 말린스 파크에도 아쿠아리움이 있다. 단, 트로피카나 필드의 아쿠아리움은 누구나 접근이 가능한 반면에 말린스 파크는 주변 좌석에 앉는 사람들만 접근이 가능한 구조다.

클리블랜드 바(Cleveland Bar)

말린스 파크에 '클리블랜드 바'라는 야구장 최초의 나이트클럽이 있다. 사우스 비치의 클리블랜드 호텔 측이 운영하며 약 250명을 수용할 수 있다. 분위기를 달구는 전문 DJ와 알록달록 바디페인팅으로 몸을 치장한 댄서들, 다양한 먹거리와 수영장까지 있다. 바로 옆에 원정팀 불펜이 있어서 선수들이 몸푸는 모습도 바로 눈앞에서 볼 수 있다. 마이애미의 화려한 밤 문화(?)를 그대로 옮겨놓아 많은 사람들로부터 뜨거운 관심을 받는 곳이다. 이곳의 분위기를 제대로 느끼려면 아무래도 야간경기를 관람해야 한다.

해산물 레이스

메이저리그 야구장에선 이닝이 바뀔 때 펼쳐지는 각종 레이스가 펼쳐진다. 워싱턴의 대통령 레이스, 밀워키의 소시지 레이스, 애리조나의 레전드 레이스가 대표적이다. 마이애미는 해산물 요리가 유명한데 말린스 파크에선 바로 해산물 레이스(The Great Sea Race)를 볼 수 있다. 6회초가 끝나면 상어, 해룡, 문어, 스톤 크랩(stone crab, 게의 일종)이 나와서 달리기

 마이애미 말린스

해산물 레이스

버블헤드 뮤지엄

시합을 한다. 독특한 캐릭터들인 만큼 관중석 곳곳에선 카메라 플래시가 펑펑 터진다.

버블헤드 뮤지엄

버블헤드 뮤지엄은 어느 구장에서도 찾아볼 수 없는 말린스 파크만의 자랑거리다. 뮤지엄이란 이름이 거창하게 붙었지만 그냥 큰 진열장에 약 700개의 버블헤드들이 전시된 작은 공간이다. 홈플레이트 뒤쪽 14, 15섹션 사이에 위치해 있다. 진열장 아래 부분이 계속 흔들리도록 세팅되어 있어서 버블헤드의 머리가 끊임없이 흔들린다. 이곳에 오면 사람들은 모두 각자 좋아하는 선수를 찾느라 정신이 없다. 버블헤드가 워낙 많다 보니 바로 앞에는 검색 단말기까지 있다. 선수 이름을 치면 해당 버블헤드의 유무를 알 수 있다.

1997 & 2003 월드시리즈 우승

마이애미는 플로리다 시절인 1997년과 2003년 두 차례 월드시리즈 정상에 올랐다. 먼저 창단 5년만인 1997년에 와일드카드로 포스트시즌에 진출해 팀 최초의 월드시리즈 우승까지 차지했다. 짐 릴랜드 감독 아래 대형선수들을 대거 영입해 승부수를 띄운 결과였다. 당시 시리즈 MVP는 2승을 거둔 루키 리반 헤르난데스였다. 7차전 11회말 끝내기 안타를 때린 에드가 렌테리아의 모습은 아직도 눈에 선하다. 이 우승 이후 플로리다는 주축 선수들을 대거 팔아 치우는 파이어 세일(fire sale: 주축 선수들을 모두 팔아버리는 것을 의미함)에 돌입했다. 이후 2003년 말린스는 또 다시 와일드카드로 월드시리즈 정상에 오른다. 강속구 투수 조시 베켓이 시리즈 MVP를 차지했다. 베켓은 적지 양키스타디움에서 열린 6차전에서 양키스 타선을 완봉승으로 잠재우고 우승의 일등공신이 됐다. 이 우승 이후에도 데릭 리의 트레이드를 시작으로 몇 년 안에 베켓, 미겔 카브레라, 돈트렐 윌리스 등이 팀을 모두 떠났다.

재정상황이 좋지 않은 구단 특성 때문에 유망주를 키우고 이때다 싶으면 FA영입 등 투자를 해서 우승을 노리는 전략이 효과를 본 건 사실이다. 또 우승 이후에는 긴축재정으로 다시 선수들을 하나 둘씩 팔아버린다. 아무리 프로 스포츠의 세계가 냉정하다고 해도 말린스에는 오랜 기간 활약한 프랜차이즈 스타가 없다는 점이 항상 아쉽다. 그런 면에서 지안카를로 스탠튼과 장기계약을 체결한 것은 유독 반가운 소식이다.

마이애미의 먹거리, 쿠바 샌드위치

마이애미는 쿠바와 지리적으로 가깝다. 많은 쿠바인들이 넘어와 거주하고 히스패닉계가 유독 많이 살기에 이곳은 미국 속의 라틴 아메리카로 불린다. 도시 곳곳에서 라틴 풍의 독특한 분위기를 어렵지 않게 느낄 수 있

다. 이런 배경 때문에 구장 내 주요시설이나 메뉴판도 영어와 스페인어 두 가지로 표기돼 있다. 마이애미에서는 쿠바와 지리적으로 가까워 쿠바 샌드위치란 메뉴가 인기가 많다. 쿠바 빵에 햄, 스위스 치즈, 피클, 겨자소스가 들어가 있는데 말린스 파크에서도 독특한 맛의 쿠바 샌드위치를 맛볼 수 있다.

역시 휴양도시라 그런지 야구 열기 자체가 그다지 높지 않고 구장 분위기

우천 연기(RAIN DELAY)가 없어진 말린스 파크

는 조금 썰렁한 편이다. 과거 선 라이프 스타디움을 생각할 때면 마이애미의 무더위와 수많은 우천 연기 그리고 텅 빈 오렌지 외야석이 가장 먼저 떠올랐다. 하지만 이제는 말린스 파크의 등장으로 무더위와 우천 연기 문제는 해결됐다. 또 2017년에는 말린스 파크에서 메이저리그 올스타전도 열리며 말린스에는 지안카를로 스탠튼과 호세 페르난데스라는 두 젊은 스타 플

레이어가 있다. 이제 말린스가 이들을 주축으로 좋은 성적을 올려 텅 빈 좌석들을 점점 채워나갈 차례다.

MUST SEE
외야 홈런 조형물

볼거리
대해산물 레이스
버블헤드 뮤지엄

추천 메뉴
마이애미는 쿠바와 지리적으로 가까워 쿠바 샌드위치란 메뉴가 인기가 많다. 쿠바 빵에 햄, 스위스 치즈, 피클, 겨자소스가 들어가 있다.

교통 및 숙박
마이애미에서는 메트로 레일을 이용하면 편리하다. 메트로 레일을 타고 컬머 스테이션에서 내리면 구단의 무료 셔틀버스를 이용할 수 있다. 구장 바로 근처에는 숙박시설이 없고 보통 3킬로미터 이상 떨어진 곳에 있다.

전체적인 분위기 (별 5개 만점)

마이애미 말린스

독특한 돔 지붕이 인상적인 밀러 파크의 외관

밀워키 브루어스
Milwaukee Brewers
유니크한 돔을 자랑하는
밀러 파크

구단 정보

창단: 1969년
연고지: 위스콘신주 밀워키
월드시리즈/리그우승: 0회/1회
영구결번: 폴 몰리터(#4), 로빈 욘트(#19), 롤리 핑거스(#34), 재키 로빈슨(#42), 행크 애런(#44)

구장 정보

이름: 밀러 파크(Miller Park)
설립: 2001년
잔디: 천연 잔디
수용: 41,900명
규격: 좌 105m / 좌중 113m / 중 122m / 우중 114m / 우 105m
주소: One Brewers Way Milwaukee, WI 53214

위스콘신은 미국을 대표하는 낙농의 땅으로 우유, 버터, 치즈로 유명하다. 이 지역을 대표하는 야구팀은 NL 중부지구 소속의 밀워키 브루어스다. '브루 시티(Brew City)'로 알려진 밀워키답게 팀명 역시 양조업자를 뜻하는 브루어스(Brewers)다. 밀워키는 과거 1830년 경 독일계와 폴란드계 이민자들이 대거 몰려들어와 발달한 도시로 맥주로 유명한 독일 사람들 덕분에 자연스럽게 밀워키는 맥주의 도시가 될 수 있었다.

밀워키 홈구장의 이름은 밀러 파크다. 밀러는 1855년에 탄생한 미국의 대표적인 맥주 양조회사 브랜드다. 참고로 메이저리그 맥주라이벌 팀은 버드와이저로 유명한 앤호이저 부시의 세인트루이스, 쿠어스의 콜로라도, 그리고 밀러의 밀워키가 꼽힌다. 구단은 원래 1969년 AL 소속의 시애틀 파일러츠로 창단했다가 1년 후인 1970년부터 연고지를 이동해 현재의 밀워키 브루어스로 재탄생했다. 줄곧 아메리칸리그에 있다가 1998년에 내셔널리그로 건너왔다. 밀러 파크는 2001년 개장한 개폐식 돔구장으로 타자에게 유리한 대표적인 구장이다.

크루아상을 연상시키는 구장 지붕

구장에 도착하면 화려한 돔 지붕을 자랑하는 밀러 파크가 우뚝 솟아 탄성을 자아낸다. 8개의 녹색빛깔 곡선이 파란 하늘에 접점을 이룬 지붕은 마치 크루아상을 연상시킨다. 가까이서는 거대한 돔 지붕이 한 눈에 잘 들어오지 않기 때문에 어느 정도 거리를 두고 보아야 한다. 구장 정면 아치형 창문 위엔 노란색 밀러 파크 간판이 있다. 구장 건립에는 슬픈 뒷이야기가 있다. 공사 도중 크레인 사고로 인부 3명이 사망해 개장이 18개월 정도 지연됐다고 한다. 구장 맞은편에는 '팀워크(TEAM WORK)'란 이름이 붙은 이 3명의 동상이 세워져 있다. 구장 외벽에는 선수들의 명판으로 가득한 '월 오브 아너(Wall of Honor)'가 있고 그 옆으로는 버드 셀릭, 행크 애런, 로빈 욘트, 밥 유커의 동상들이 간격을 두고 차례대로 서 있다. 구장 인근에 있는 헬페어 필드(Helfaer Field)는 옛 밀워키 카운티 스타디움(1970~2000)의 자리에 지어진 유소년 전용구장이다.

와일드카드와 인터리그를 도입한 버드 셀릭 커미셔너

셀릭은 메이저리그 9대 커미셔너로 현재는 랍 맨프레드가 그의 자리를 이어받았다. 셀릭은 밀워키에서 태어나 한때 브루어스 구단주까지 지낸 인물이다. 특히 그는 밀워키 브레이브스가 1965년을 끝으로 애틀랜타로 연고지를 옮긴 후 1970년 밀워키에 프로야구팀이 다시 생기게 한 장본인이다. 커미셔너로서 대표적인 업적은 와일드카드(1994)와 인터리그(1997)의 도입, 올스타전 승리팀의 월드시리즈 홈 어드밴티지 적용, 비디오 판독 확장(2014) 등이 있다. 특히 2002년 밀러 파크에서 열린 올스타전에서 무승부가 나왔고 이 경기를 계기로 2003년부터 올스타전 승리 팀이 월드시리즈에서 홈필드 어드밴티지를 가져가도록 룰이 변경됐다. 양복차림에 안경을 낀 채 오른손에 야구공을 들고 있는 그의 동상은 누가 봐도 셀릭일 정도로 특징

밀러 파크 정면에 있는 로빈 욘트 동상

을 잘 잡아냈다. 옆에 있는 애런 동상은 그의 젊은 시절 모습을 담아 애틀랜타의 홈구장 터너 필드에 있는 동상과는 사뭇 다르다.

로빈 욘트

밀러 파크 정중앙에는 배트를 휘두르는 모습의 로빈 욘트 동상이 있다. 욘트는 20년 동안 밀워키 유니폼만 입고 선수생활을 한 밀워키의 레전드 선수다. 그의 베이스볼 레퍼런스 기준 WAR(대체선수 대비 승리 기여도)는 77로 당당히 프랜차이즈 역대 1위에 올라 있다. 메이저리그에서 17번째로 3,000안타 클럽에 들어간 그는 .285 - 251홈런 - 3,142안타 - 271도루의 뛰어난 통산 성적을 남겼다. 1982년에는 유격수, 1988년에는 중견수로 두 차례 AL MVP를 수상하기도 했다. 또 1982년 월드시리즈에서는 4안타 경기를 2번이나 기록하기도 했다. 당시 시리즈에서 욘트와 폴 몰리터는 23안타를 합작하며 맹활약했지만 밀워키는 7차전 끝에 세인트루이스에 패했다.

30층 높이의 독특한 돔 지붕

돔구장은 변화무쌍한 밀워키 날씨를 고려한 결과다. 구단 관계자에 따르면 특히 봄에 햇빛이 적고 8월에도 날씨가 좋지 못한 편이라고 한다. 밀러 파크에서는 잔디에 충분한 햇빛을 공급하기 위해 경기가 없을 때는 특수 장치를 활용하기도 한다. 돔 지붕의 무게는 무려 12,000톤으로 지붕을 열고 닫는 데 10분 정도 소요된다. 지붕이 닫혔을 때 최고점의 높이는 건물 30층 높이라고 한다. 낮 경기에서 지붕이 열리면 타자와 수비수 모두 햇빛 때문에 애를 먹기 때문에 거의 지붕을 닫고 경기하는 추세다. 지붕을 열었을 때 햇빛 노출시간이 타구장에 비해 많이 긴 편이다.

밀러 파크의 상징, 버니 브루어

좌측 외야에 있는 공식 마스코트 버니 브루어는 구장의 명물로 꼽힌다. 버니 브루어는 좌측 외야 상단에 위치한 버니 클럽하우스에 있다가 밀워키 선수가 홈런을 치면 노란 미끄럼틀을 타고 내려온다. 홈런과 동시에 구장 내에는 폭죽이 터지지만 이에 정신이 팔려 버니 브루어의 하강 장면을 놓쳐서는 안 된다. 이 미끄럼틀을 직접 타고 버니 브루어와 함께 기념사진도 찍을 수 있는데 100달러의 비용을 내야 한다. 단, 특정 경기에 한정되고 경기당 최대 8명으로 인원 제한도 있다. 직접 타본 사람에 따르면 미끄럼틀이 많이 휘어져 있어서 내려갈 때 앞이 보이지 않아 꽤 무섭다고 한다. 구단 홈페이지에 소개되어 있는 버니 브루어의 기원은 이렇다. 구단은 1970년 새롭게 개장한 카운티 스타디움으로 팬들을 끌어 모아야 했는데, 69세

버니 클럽하우스와 미끄럼틀, 홈런이 나오면 버니 브루어가 미끄럼틀을 타고 내려온다

의 한 노년 신사가 이 스코어보드 위에 올라가 4만 관중이 몰릴 때까지 내려오지 않겠다고 선언했다. 결국 그는 무려 40일이 지나서야 밑으로 내려올 수 있었다고 한다.

밀워키 브루어스

구장 상단에 위치한 밥 유커의 조각상

밀러 파크의 볼거리 '소시지 레이스'

밥 유커

밀워키 태생의 유커는 고향팀 밀워키 브레이브스에서 데뷔해 포수로 활약했다. 이후 세인트루이스와 필라델피아를 거친 후 다시 애틀랜타로 연고지를 옮긴 브레이브스로 돌아온 후 유니폼을 벗었다. 이후 유커는 1971년부터 밀워키 브루어스 경기를 담당하는 라디오 아나운서로 고향 팀과 여전히 함께하고 있다. 밀워키 선수가 홈런을 칠 때면 외치는 'Get up Get up Get outta here Gone!'은 그의 트레이드마크다. 버니 클럽하우스 위쪽에 이 문구가 써 있는데 버니 브루어가 미끄럼틀을 타고 내려올 때 이곳에 불이 들어온다. 유커는 WWF 시절엔 링 아나운서를 맡기도 했는데 안드레 더 자이언트가 그의 목을 조르는 장면은 꽤 유명하다. 관중석 422섹션에는 화려한 색상이 인상적인 유커 조각상도 있는데 옆자리가 비어 있어서 나란히 앉아 사진을 찍기 위해 팬들이 많이 몰린다. 구단은 유커의 야구계 입문 50주년을 기념해 50번을 밀러 파크 상단에 걸었고 구장 내 몰리터의 4번과 욘트의 19번 사이에 50번이 위치해 있다. 밀러 파크 주변 바닥에 있는 '워크 오브 페임(Walk of fame)'에서도 그의 이름을 찾아볼 수 있다.

소시지 레이스

밀러 파크의 또 다른 볼거리는 소시지 레이스다. 1993년부터 시작된 이 레이스는 워싱턴의 대통령 레이스 등 여러 메이저리그 레이스 중에서도 원조격이다. 브랫, 폴리시, 이탈리안, 핫도그, 초리조 5개의 소시지들이 나와 달리기 시합을 한다. 밀워키는 앞서 말한 맥주 외에도 소시지가 대표음식이다. 이 역시 과거 독일과 폴란드계 이민자들의 유입과 무관하지 않다. 야구장에 오면 음식 메뉴로 고민하기 마련이지만 밀러 파크에서는 크게 고민할 필요 없이 그냥 맥주와 소시지를 고르면 된다.
6회 초가 끝나면 다같이 일어나 '롤 아웃 더 배럴(Roll Out the Barrel)'이

밀러 파크의 전경

란 노래를 부른다. 1970년대부터 계속되는 위스콘신 주 전통의 노래와도 같다. 열성적인 홈팬들의 응원으로 유명한 NFL 그린베이 패커스의 홈구장 램보 필드에서도 이 노래가 자주 흘러나온다. 밀워키 구단은 '세이프 라이드 홈(Safe Ride Home)' 프로그램을 실시하고 있어 주목을 끈다. 이는 술 취한 팬들을 무료 택시로 집에 보내주는 서비스다. 비용은 무료지만 구단은 도움이 꼭 필요하다고 판단되는 사람들에게만 이 서비스의 혜택을 제공한다. 과음하고 인사불성이 되어도 집에 보내준다고 하니 괜히 맥주의 도시가 아닌가 보다.

밀러 파크 구장 투어에서는 외야의 워닝 트랙을 직접 밟아볼 수 있다는 점도 흥미롭다. 필드 안으로 들어가서 홈플레이트 쪽을 바라보면 잠시나마 메이저리거가 된 듯한 기분까지 느낄 수 있다. 그래도 밀러 파크를 생각할 때 가장 먼저 떠오르는 것은 역시 하늘을 향해 솟은 팬 모양의 돔 지붕이다. 전체적인 외관은 양키스타디움과 함께 메이저리그에서 최고를 자랑한다.

MUST SEE
버니 브루어 & 미끄럼틀

볼거리
레전드 동상들
소시지 레이스
밥 유커 조각상

추천 메뉴
맥주와 소시지로 유명한 밀워키이기에 밀러 파크에서는 다양한 소시지와 밀러 맥주를 즐기면 된다.

교통 및 숙박
다운타운에서 버스를 이용하면 밀러 파크에 갈 수 있고, 구단이 운영하는 셔틀버스도 이용 가능하다. 숙소는 1킬로미터 이상 떨어진 곳에 '베스트 웨스턴 우즈 뷰 인'이 그나마 가장 가깝고 저렴한 편이다. 밀러 파크까지 걸어서 20분 정도 걸린다.

전체적인 분위기 (별 5개 만점)
★★★★☆

쌍둥이 도시'의 홈 구장, 타깃 필드

17
미네소타 트윈스
MINNESOTA TWINS

타깃 플라자의 모습

미네소타 트윈스
Minnesota Twins

'쌍둥이 도시'의 홈구장,
타깃 필드

구단 정보

창단: 1901년
연고지: 미네소타주 미니애폴리스
월드시리즈/리그 우승: 3회/6회
영구결번: 하먼 킬브루(#3), 토니 올리바(#6), 탐 켈리(#10), 켄트 허벡(#14), 버트 블라일레븐(#28), 로드 커류(#29), 커비 퍼켓(#34), 재키 로빈슨(#42)

구장 정보

이름: 타깃 필드(Target Field)
설립: 2010년
잔디: 천연 잔디
수용: 39,021명
규격: 좌 103m / 좌중 115m / 중 125m / 우중 111m / 우 100m
주소: 1 Twins Way Minneapolis, MN 55403

메이저리그에서 연고지로 도시명이 아닌 주 이름을 사용하는 팀은 네 팀인데, 이들은 애리조나 다이아몬드백스, 콜로라도 로키스, 텍사스 레인저스, 그리고 미네소타 트윈스다. 미네소타는 '1만 호수의 땅'으로 불릴 만큼 호수가 많고 겨울철 매서운 추위와 폭설로 유명하다.

타깃 필드는 바로 미니애폴리스에 위치해 있다. 미시시피강을 사이에 두고 미네소타 주의 주도인 세인트 폴과 마주보고 있는 미니애폴리스는 미네소타에서 가장 큰 도시이다. 이 두 지역은 흔히 '쌍둥이 도시'로 불린다. 이 쌍둥이 도시라는 특성이 트윈스라는 팀명의 유래가 되었고 트윈스 모자의 TC 로고 역시 트윈 시티(Twin Cities)의 약자다. 사실 두 도시는 지리적으로는 인접해 있지만 과거 서머타임제 적용, 스포츠 구단 유치 등에서 첨예한 대립을 보인 라이벌이었다. 미네소타 연고 북미 4대 스포츠 팀 중 NHL팀을 제외한 다른 팀들의 홈구장은 전부 미니애폴리스에 있다.

돔 구장이 아니어도 악천후를 이겨낸다

미네소타의 전신은 바로 워싱턴 세네터스(1901~1960)였고 1961년부터 연고지를 옮겨 미네소타 트윈스가 됐다. 타깃 필드는 메트로폴리탄 스타디움 (1961~1981), 메트로 돔(1982~2009)에 이은 세 번째 홈구장이다. 이전 홈구장인 메트로 돔은 공기부양식 돔구장으로 지붕과 관련된 문제가 많았다. 야구공 색과 같았던 흰색 천장 때문에 야수들이 타구 판단에 많은 어려움을 호소할 정도였다. 재질 또한 천으로 되어 있어서 소리가 실내에서 맴돌아 비행기 소리에 버금가는 소음이 발생하기도 했다. 또 미네소타 주의 기후 특성상 폭설이 잦았는데, 눈의 무게를 감당하지 못하고 지붕이 내려앉는 일이 빈번했다. 결국 미네소타는 2010년 새 구장인 타깃 필드로 옮겼다. 앞서 얘기한 것처럼 미니애폴리스는 혹독한 추위와 눈이 먼저 떠오르는 미네소타에서도 가장 추운 곳으로 손꼽힌다. 종종 5월에도 눈이 내릴 정도다. 여름엔 반대로 무덥고 많은 비가 내린다. 이런 점 때문에 일부 팬들은 타깃 필드가 돔구장으로 지어졌어야 한다고 지적하기도 한다. 하지만 미네소타는 타깃 필드가 전천후 야구장이기보다는 아름다운 야구장이 되는 쪽을 택했다. 또 비록 돔구장은 아니지만 이런 미네소타의 날씨와 기후를 충분히 고려해 건립됐다. 구장의 잔디 아래 열선이 깔려 있어 춥고 많은 눈이 내리는 초봄, 늦가을에도 큰 문제가 되지 않는다. 또 최신식 배수시설이 갖춰져 있어 아무리 많은 비가 와도 물이 쉽게 잘 빠진다. 미네소타에 돔구장이 아닌 확 트인 아웃도어 야구장이 생길 수 있었던 이유다. 실제 폭우가 쏟아져 경기가 중단되더라도 비가 그치기만 하면 머지않아 경기를 속개할 정도로 훌륭한 배수시설을 뽐낸다.

타깃 필드는 타자들이 홈런 치기가 까다로워 투수에게 조금 더 유리한 구장으로 알려져 있다. 저스틴 모노는 과거 타깃 필드에서 홈런 치기가 어렵다고 불만을 토로한 적이 있다. 조 마우어의 성적도 메트로 돔에서 기록 (.326 - .405 - .477)과 타깃 필드에서의 기록(.313 - .394 - .414)을 비교해 보면 타율과 출루율은 큰 차이가 없으나 장타율은 무려 6푼 3리나 떨어졌다. 물론 마우어가 전형적인 홈런타자는 아니지만 지난 5년간 타깃 필드 담장을 넘어간 그의 타구는 13번뿐이었다.

타깃 필드에선 구단 영구결번으로 만든 게이트가 눈에 띈다. 하먼 킬브루(3)부터 토니 올리바(6), 켄트 허벡(14), 로드 커류(29), 커비 퍼켓(34)까지 레전드들의 등번호는 현재 구장의 각 게이트 번호가 됐다. 통산 287승 투수 버트 블라일레븐(28)의 등번호도 2011년 영구결번으로 됐으나 구장이 지어진 후여서 그런지 아직 그의 게이트는 없다. 구장 외부엔 트윈스 명예의 전당에 들어간 스타플레이어들을 사진으로 만나볼 수 있다. 영구결번된 레전드들을 비롯해 프랭크 바이올라, 브래드 래드키, 짐 캇, 게리 가에티 등 반가운 얼굴들을 볼 수 있다.

1987년 월드시리즈 우승

1987년 미네소타는 워싱턴 시절이던 1924년 이후 첫 월드시리즈 챔피언에 올랐다. 당시 불과 85승으로 월드시리즈에 오른 미네소타는 7차전까지 가는 접전 끝에 세인트루이스 카디널스를 꺾고 우승을 차지했다. 2승을 거둔 좌완 에이스 프랭크 바이올라가 MVP에 선정됐다. 홈플레이트 쪽 게이트 14 앞에는 켄트 허벡의 동상이 있다. 허벡은 미네소타 출신으로 빼어난 1루 수비를 자랑했던 선수다. 이 동상은 1987년 월드시리즈 우승 직후 점프하는 그의 모습을 표현한 것이라고 한다. 허벡은 당시 월드시리즈 6차전에서 만루홈런을 때려냈다.

한창 잘 맞을 땐 야구공이 수박만 하게 보이지

타깃 플라자(Target Plaza)는 우익수 쪽 34 게이트 앞에 위치한 공간으로 타깃 필드와 NBA 미네소타 팀버울브스의 홈구장 타깃 센터 사이에 있다. 경

구장 주변에 걸린 프랭크 바이올라의 사진

기 전후로 가장 많은 사람들이 붐비는 곳이다. 게이트에서 가장 멀리 떨어진 곳엔 로드 커류 동상이 있다. 파나마 출신의 커류는 역사상 가장 위대한 교타자 중 한 명으로 꼽히며 통산타율 .328과 3,053안타를 남겼다. 그의 기록이 보여주듯 정확한 방망이를 뽐냈던 커류는 AL 타격왕 타이틀을 무려 7번이나 휩쓸었다. 특히 1977년에는 테드 윌리엄스(1941년) 이후 대망의 첫 4할에 도전해 많은 주목을 받았다. 시즌 중반인 7월 10일까지 타율 .401을 기록해 대기록 달성에 대한 기대감이 고조되었다. 그 무렵 〈타임(TIME)〉지는 그를 커버스토리로 게재하기도 했는데 당시 표지엔 '최고의 타자'라는 수식어와 함께 웅크리고 앉아 해맑게 웃고 있는 커류가 있었다.
하지만 아쉽게도 그는 타율 .388로 시즌을 마감해 마의 벽을 넘어서진 못했다. 이 동상은 그의 독특한 타격 자세를 잘 묘사했다. 동상 아래 동판에는

로드 커류의 동상

커비 퍼켓의 동상

총 13회 타격왕에 올랐던 타격의 고수 커류와 윌리엄스가 나눈 대화가 새겨져 있다. "이봐 테드, 요즘 타석에서 공이 수박만하게 보여." 이에 윌리엄스가 대답했다. "응, 한창 잘 맞을 땐 모든 공이 다 그렇게 보이는 법이지." 구장에 점점 다가오면 573홈런을 때린 강타자 하면 킬브루와 미네소타의 상징 커비 퍼켓의 동상, 전 구단주 칼 폴라드와 그의 부인 동상도 볼 수 있다. 칼 폴라드의 동상 밑에는 이렇게 적혀 있다. "야구의 위대한 점은 가족과 지역사회를 하나로 연결시켜준다는 것이다." 또 게이트 앞에 있는 대형 골든 글러브도 팬들의 발걸음을 멈추게 한다. 미네소타 소속으로 골드 글러브를 수상한 선수들을 기념하기 위해 만들어놓은 곳이다. 특히, 투수 짐 캇은 16년 연속 골드 글러브를 수상했는데 이 중 11번을 미네소타 소속으로 차지했다. 또 토리 헌터와 커비 퍼켓도 각각 6번을 수상했다.

미네소타 트윈스

커비 퍼켓 그리고 1991년 월드시리즈 우승

퍼켓은 미네소타에서 가장 큰 사랑을 받은 선수였다. 안타(2,304), 2루타(414), 득점(1,071)에서 미네소타 프랜차이즈 기록을 가지고 있다. 또 올스타전에 10회 출전했고 골드 글러브를 6회나 수상했다. 특히, 1991년 월드시리즈 6차전에서 결정적인 호수비와 11회말 끝내기 홈런으로 팀을 구했다. 퍼켓의 동상은 바로 이 끝내기 홈런을 친 후 주먹을 쥐고 베이스를 도는 그의 모습을 형상화했다. 결국 미네소타는 7차전에서도 10회말에 터진 진 라킨의 끝내기 안타로 애틀랜타를 꺾고 극적으로 월드시리즈 우승을 차지했다. 특히, 1991년 월드시리즈는 ESPN 선정 역대 최고의 월드시리즈로 선정된 바 있고, 그 중에서도 존 스몰츠와 잭 모리스가 선발 맞대결을 벌인 7차전은 월드시리즈 역사상 최고의 투수전으로 아직까지 회자된다.

본 투 비 어 트윈(Born to be a Twin)

커비 퍼켓이 미네소타의 얼굴이었다면 현재 그의 뒤를 잇는 선수는 바로 조 마우어다. 마우어는 세인트 폴 출신으로 2001년 아마추어 드래프트에서 전체 1픽으로 고향팀 미네소타의 지명을 받았다. 현재 홈팬들로부터 가장 뜨거운 사랑을 받고 있는 프랜차이즈 스타인 마우어는 메이저리그 역사상 세 번의 타격왕을 차지한 유일한 포수다. 2009시즌에는 .365 - 28홈런 - 96타점의 성적으로 AL MVP까지 수상했다. 또 세 번의 골드 글러브를 수상하는 등 공수를 겸비한 포수였지만, 뇌진탕 후유증 등 건강상의 이유로 2014년 시즌부터는 포수 마스크를 벗고 1루 미트를 끼고 있다. 특히 마우어의 두 딸은 실제 쌍둥이로 그는 뼛속까지 '트윈스 맨'인 셈이다.

미네소타의 새 감독으로 부임한 몰리터 감독 역시 세인트 폴 출신이다. 게다가 몰리터와 마우어는 고등학교 선후배라는 인연까지 있다. 몰리터는 21년 통산 .306의 타율과 3,319안타의 훌륭한 성적으로 명예의 전당에 입성

좍 트윈 타깃 필드의 전경

했다. 선수생활은 밀워키에서 시작해 미네소타에서 마무리했지만, 감독으로서의 출발은 미네소타에서 시작했다. 타깃 필드에서 고향팀 유니폼을 입고 만나게 된 세인트 폴 출신의 감독과 프랜차이즈 스타의 향후 행보가 기대된다.

미네소타 트윈스

미니 & 폴 로고 전광판

타깃 필드의 외야 중앙에는 미니 & 폴 로고 전광판이 있다. 미네소타 주 지도를 배경으로 두 남자가 미시시피 강 위로 서로 악수를 나누는 모습이다. 두 남자는 각각 마이너리그 팀 미니애폴리스 밀러스와 세인트 폴 세인츠의 유니폼을 입고 있다. 미네소타 선수가 홈런 포함 득점을 올리거나, 팀이 승리하면 이곳에 불빛이 들어온다. 과거 강 하나를 두고 앙숙의 라이벌이었던 두 도시는 현재 미네소타 트윈스라는 한 이름 아래 타깃 필드에서 화해의 제스처를 취하고 있다.

미니 & 폴 로고 전광판

직관 후기

시즌 막바지라 경기장 주변은 다소 한적한 분위기였다. 이날 2014년 시즌 마지막 등판을 한 미네소타 선발투수 필 휴즈는 결국 8이닝 1실점으로 호투하고도 비로 경기가 1시간 넘게 중단돼 9회 마운드에 오르지 못했다. 당시 투구수는 96개로 한 이닝은 충분히 소화할 수 있었다. 그가 다시 마운드에 오르지 못한 것이 아쉬운 이유는 완투승을 놓쳐서만은 아니었다. 시즌 210이닝을 채우면 50만 달러를 받기로 한 구단과의 옵션계약이 있었기 때문이다. 결국 휴즈의 기록은 아쉽게도 209와 2/3이닝으로 종료됐고 아웃카운트 단 한 개를 남겨두고 비 때문에 거금의 보너스를 날린 셈이 되었다. 재미있는 사실은 이후 구단이 휴즈에게 불펜 등판을 제안했지만, 놀랍게도 휴즈가 이를 고사했다는 점이다. 이 훈훈한 스토리 때문에 타깃 필드의 기억은 더 선명하게 뇌리에 남아 있다.

 한 눈으로 읽는 야구장 TIP

MUST SEE
레전드 동상들

볼거리
대형 골드 글러브
타깃 플라자

교통 및 숙박
구장에 가장 빠르고 편리하게 가는 방법은 라이트 레일(Light Rail)을 타는 것이다. 블루라인이나 그린라인을 타고 타깃 필드 역에서 내리면 구장이 바로 눈 앞에 보인다. 이 라이트 레일은 미니애폴리스–세인트폴 국제공항이나 근교 블루밍턴에 위치한 유명 쇼핑몰 '몰 오브 아메리카(Mall of America)'에서 타깃 필드까지 바로 연결되어 있다. 라이트 레일 역 근처에 숙소를 잡으면 편하다.

전체적인 분위기 (별 5개 만점)

미네소타 트윈스

18

뉴욕 메츠

NEW YORK METS

외야에 위치한 쉐이 브릿지의 모습

뉴욕 메츠
New York Mets
에베츠 필드의 재림,
시티 필드

구단 정보

창단: 1962년
연고지: 뉴욕주 뉴욕시 플러싱
월드시리즈/리그 우승: 2회/4회
영구결번: 길 호지스(#14), 케이시 스텡겔(#37), 톰 시버(#41), 재키 로빈슨(#42)

구장 정보

이름: 시티 필드(Citi Field)
설립: 2009년
잔디: 천연 잔디
수용: 41,922명
규격: 좌 102m / 좌중 113m / 중 124m / 우중 114m / 우 101m
주소: 12301 Roosevelt Ave. Flushing, Queens, New York City, NY 11368

미국 내셔널리그 동부지구 뉴욕 메츠의 홈구장 시티 필드는 2009년 개장한 최신식 구장으로 기존의 홈구장 쉐이 스타디움(Shea stadium, 1964~2008년)을 대체했다. 시티 필드는 쉐이 스타디움이 자리했던 바로 옆에 지어졌다. 미국의 금융회사 시티그룹이 20년 동안 매년 2,000만 달러씩 총 4억 달러의 거액을 지불하는 대가로 구장의 네이밍 권리를 획득, 결국 시티 필드로 불리게 됐다. 이곳은 뉴욕 퀸즈의 플러싱에 위치하고 있다.

홈런 애플

구장에 도착하면 먼저 시티 필드 앞에 '홈런 애플'이 가장 먼저 자리잡고 있어 많은 팬들의 발걸음을 끌어당긴다. 잘 알려진 대로 '빅 애플(Big Apple)'은 뉴욕 시를 의미하는 닉네임이다. 이 홈런 애플은 바로 예전 쉐이 스타디움에서 메츠 선수들이 홈런을 치면 중견수 담장 너머에서 솟아오르던 바로 그 '오리지널' 홈런 애플이다. 이곳은 사진을 찍기에 안성맞춤이라 많은 사람들로 붐빈다. 또 시티 필드의 정면 앞쪽을 걷다 보면 바닥에 '팬 워크(FAN WALK)'로 불리는 곳이 있다. 이곳은 뉴욕 메츠의 역사 그리고 주요 경기와 선수들에 대해 간략한 설명을 시각적으로 표현했다. 유심히 보면 메츠의 1969년 월드시리즈 우승과 톰 시버, 마이크 피아자, 로빈 벤추라 등 스타플레이어들의 과거 흔적을 고스란히 느낄 수 있다. 무심코 지나칠 수도 있는 이곳에 메츠 팬들의 이름과 메츠의 승리를 염원하는 그들의 메시지가 벽돌에 적혀 있는 것이 인상적이다. 구단 홈페이지를 통해 이 벽돌 구입 신청을 하면 시티 필드 앞에 자신의 이름을 새겨 넣는 영광을 얻을 수도 있다.

재키 로빈슨 로툰다(Jackie Robinson Rotunda)

시티 필드에서는 과거 브루클린 다저스(현 LA 다저스)의 추억도 되새길 수 있다. 먼저 시티 필드의 외관이 그렇다. 지금은 사라진 과거 브루클린 다저스의 홈구장 에베츠 필드(1913~1957)와 현재 시티 필드의 외관은 전문가가 아니라도 어렵지 않게 그 유사함을 발견할 수 있다. 시티 필드를 보면서 에베츠 필드의 역사를 추억 내지 상상할 수 있다는 것만으로도 의미가 있다. 가수 프랭크 시나트라는 '거기에 야구장이 있었지(There used to be a ballpark)'라는 노래로 에베츠 필드가 없어진 슬픔을 표현하기도 했다(이 노래는 뉴욕 자이언츠의 폴로 그라운드에 관한 내용이라는 설도 있다). 한편 브루클린의 옛 다저스의 홈구장 에베츠 필드가 있던 장소에는 지금 아파트

재키 로빈슨 로툰다의 모습

가 들어섰지만, 아직 담벼락에 남아 있는 '에베츠 필드(EBBETS FIELD)'란 문구만이 이곳이 과거 야구장이었다는 것을 알려준다.

시티 필드의 중앙 게이트로 입장하면 '재키 로빈슨 로툰다(바닥이 원형인 건물 공간)'로 불리는 넓은 원형 홀이 있는데 이곳엔 구장으로 연결되는 에스컬레이터와 계단이 있다. 원형 홀 바닥엔 '재키 로빈슨 로툰다'라 크게 적혀 있고, 입구 상단 안쪽에는 다음과 같은 로빈슨의 명언이 시선을 끈다. '의미 있는 인생이란 타인의 삶에 영향을 줄 수 있어야 한다(A life is not important except in the impact it has on other lives).' 야구계에 큰 영향을 미친 그가 한 말이기에 정말 뼛속 깊이 와 닿는다. 에스컬레이터 아래쪽엔 파란색의 42번 대형 조각상이 환하게 빛나고 그 앞쪽엔 '선구자(trailblazer)' '인도주의(humanitarian)' '미국인(American)' 이란 세 단어가 그의 인생을 상징적으로 보여준다.

재키 로빈슨의 42번

박물관에 전시된
1969년 월드시리즈 우승 트로피

다저스가 아닌 메츠의 홈구장에 재키 로빈슨 원형 홀이 있다는 사실에 의아해할 수도 있지만, 로빈슨은 브루클린, 즉 뉴욕을 대표하는 선수이기도 했고 로빈슨이 메이저리그에서 갖는 상징성을 고려하면 충분히 이해할 수 있다. 또 버나드 메이도프의 다단계 금융 사기극에 휘말리며 구설수에 오른 적 있는 메츠의 프레드 윌폰 구단주가 브루클린 출신이라는 점도 어느 정도 영향을 미쳤을 것으로 추측된다. 재키 로빈슨 로툰다에 들어서서 정면을 바라보면 우측에는 메츠 명예의 전당 & 박물관이 있다. 여기에선 다양한 전시물을 통해 메츠 구단의 역사를 한 눈에 훑어볼 수 있다. 입장료는 따로 없고 당일 경기 티켓만 있으면 누구나 들어갈 수 있다. 여기선 1969년 월드시리즈 우승 트로피와 공식 팀 마스코트 '미스터 메트(Mr. Met)' 동상이 가장 눈에 띈다. 메츠의 팀명은 대도시를 뜻하는 단어 메트로폴리탄(metropolitan)의 줄인 말이다.

1969년 어메이징 메츠

메츠는 1962년 창단 이후 단 한번도 5할 승률을 넘지 못했다. 당연히 1969년에도 우승 전력으로 평가받지 못했다. 하지만 1969년 시즌 마지막 49경기에서 38승을 올리는 막판 질주로 시카고 컵스를 제치고 1위에 올라 모두를 놀라게 했고, NLCS에서도 3연승으로 애틀랜타 브레이브스를 제쳤다. 월드시리즈에서 '시즌 109승'의 최강 전력 볼티모어 오리올스를 만났을 때도 메츠는 언더독이었다. 볼티모어는 마이크 쿠에야(23승) - 데이브 맥널리(20승) - 짐 팔머(16승)라는 선발진이 막강했고 '30홈런 - 100타점 듀오' 프랭크 로빈슨과 부그 파웰이 버티는 타선도 메츠보다 더 위협적이었다. 하지만 메츠는 1차전을 내준 뒤 내리 4연승을 거둬 예상을 뒤엎고 월드시리즈 챔피언이 됐다. 3개의 홈런을 치며 월드시리즈 MVP가 된 돈 클렌데논, 3차전에서 두 번의 결정적인 호수비를 보인 중견수 토미 에이지, 2승을 거둔 좌완 제리 쿠스먼, 4차전에서 10이닝 완투승을 거둔 시버까지 모두 제 역할을 했다. 결국 1969년의 예상치 못한 선전과 월드시리즈에서 볼티모어를 물리치는 이변으로 '어메이징 메츠'라는 닉네임을 얻게 된다(메츠는 1986년 보스턴을 꺾고 두 번째 우승을 차지한다). 시티 필드에선 종종 브라이언 아담스의 히트곡 '1969년의 여름(Summer of 69)'이 흘러나온다. 물론 메츠와는 전혀 상관없는 곡이지만, 올드 팬들이 1969년에 대한 추억을 떠올리기에는 충분하다.

우여곡절 끝에 메츠에 입단한 톰 시버

톰 시버는 메이저리그 20년 동안 통산 311승(역대 18위)과 2.86의 평균 자책점을 거두며 3,640 탈삼진, 61번의 완봉승(공동 7위)을 거둔 전설적인 투수다. 사이영상도 3회나 수상했다(1969, 1973, 1975). 시버는 1992년 역사상 최고인 98.84%의 압도적인 득표율로 명예의 전당에 입성한다. 만장일치 입성 여부로 관심을 모았던 그렉 매덕스의 득표율이 97.2%인 것을 감안하면 얼마나 시버의 득표율이 대단한지 실감할 수 있다. 특히 1969년엔 25승을 거두며 팀의 역사상 첫 월드시리즈 우승에 큰 기여를 했다. 닉네임은 '톰 테러픽(Tom Terrific)'. 많은 사람들이 시버 하면 가장 먼저 메츠를 떠올리지만, 그의 메츠 입단 일화는 다소 특이하다. 시버는 1966년 1라운드 전체 20위로 자신을 지명한 애틀랜타 브레이브스와 계약을 맺었는데 계약 당시 시버의 USC(서던캘리포니아 대학교) 팀이 이미 두 경기를 치른 상황이었다. 이에 MLB 사무국은 이를 대학리그 기간으로 간주, 리그 중에는 계약할 수 없다는 조항을 들어 애틀랜타와 그의 계약을 무효화, 애틀랜타는 시버와 향후 3년간 계약할 수 없게 됐다.

대학으로 돌아가 시즌을 마치려고 한 시버는 엎친 데 덮친 격으로 프로와 계약했던 선수는 아마추어 자격을 상실한다는 이유로 대학교에서도 뛸 수 없게 됐다. 당시 커미셔너는 시버를 일정액 이상 지불하고 데려갈 의사가 있는 다른 팀들(인디언스, 필리스, 메츠) 중 제비 뽑기를 했고 결국 메츠가 시버를 데려가는 행운의 주인공으로 결정됐다. 이때 메츠가 시버를 데려오지 못했다면 1969년의 우승도 없었을지 모른다. 한편 지난 2009년 4월 13일 뉴욕 메츠는 샌디에고 파드리스를 상대로 시티 필드 개막전을 치렀는데, 당시 시구자가 시버였다. 은퇴하기 전 메츠에서 포수로 활약한 마이크 피아자가 공을 받았다. 시버의 등번호 41번은 현재까지 메츠 선수로는 유일한 영구결번이다. 14번 길 호지스는 메츠에서 선수생활도 했지만 69년 어메이징 메츠를 이끈 감독으로서 영구결번되었고 37번의 케이시 스텡겔 역시 마찬가지다. 잘 알려진 대로 42번은 전 구단에서 영구결번된 재키 로빈슨의 등번호다.

시티 필드의 전경

쉐이 브리지(Shea Bridge)

시티 필드 우익수 펜스 뒤쪽에는 쉐이 브리지가 있다. 물론 떨어져 있는 두 곳을 연결하는 사전적 의미의 다리가 아니고 그냥 통로에 다리의 구조물을 세운 것이다. 쉐이 스타디움의 향수를 떠올릴만한 장소다. 오히려 과거 쉐이 스타디움과 현재 시티 필드를 연결한다는 의미로 볼 수도 있다. 지금은 사라진 쉐이 스타디움의 선명한 로고를 바닥에서 볼 수 있다. 쉐이 스타

뉴욕 메츠

가려진 영구결번?

디움은 윌리엄 쉐이의 이름에서 따온 것으로 변호사 출신인 윌리엄 쉐이는 1957년 브루클린 다저스와 뉴욕 자이언츠가 각각 LA와 샌프란시스코로 떠나자 다시 뉴욕을 대표하는 야구팀을 만들기 위해 노력했고, 결국 뉴욕 메츠의 창단(1962년)까지 이끌어낸 인물이다. 이런 업적을 인정받아 그는 1983년 메츠 명예의 전당에 입성했고 현재 그의 이름은 좌익수 뒤쪽 영구결번들 옆에 자리하고 있다.

뉴 홈런 애플

시티 필드는 양키스타디움처럼 형형색색의 화려한 광고판이 필드 뒤로 펼쳐져 역시 뉴욕이란 생각이 절로 들게 만든다. 현재 시티 필드 중견수 뒤쪽 전광판 아래엔 새로운 홈런 애플이 있다. 이것은 시티 필드 외부에 있는 오리지널 홈런 애플보다 4배 정도 더 크다고 한다. 메츠 선수들이 홈런을 쏘아 올릴 때마다 아래에 모습을 감추고 있던 이 홈런 애플은 위로 솟아올라

팬들에게 볼거리를 제공하며 분위기를 고조시킨다.

시티 필드에서는 몇 가지 아쉬운 점도 있다. 좌익수 뒤 영구결번 앞에 관람 좌석을 배치해 경기 중 관중들로 인해 영광스런 번호들이 가린다. 물론 영구결번 앞의 자리에서 경기를 볼 수 있다는 점이 장점일 수도 있지만 다른 구장들은 대부분 팀을 상징하는 영구결번만큼은 언제 어디서든 잘 보이게 해놓는다. 또 1루측 좌석에서는 전광판 앞에 있는 깃대로 인해 라인업이 시야에서 가리기도 한다. 시티 필드는 독특한 외관과 최신 시설을 갖춘 훌륭한 구장임에는 분명하지만 양키스타디움처럼 유서 깊은 야구장이란 생각까진 들진 않는다. 무엇보다 홈팬들의 열기가 많이 떨어지는 점이 아쉽다.

MUST SEE
홈런 애플
재키 로빈슨 로툰다

볼거리
쉐이 브리지(Shea Bridge)
메츠 명예의 전당 & 박물관

교통 및 숙박
지하철 또는 롱아일랜드를 가로지르는 철도 LIRR(Long Island Rail Road)을 타고 메츠 – 윌렛 포인트(Mets – Willets Point) 역에서 내리면 시티 필드에 쉽게 찾아갈 수 있다. 걸어서 10분 이내 거리. 뉴욕은 지하철이 편리해 숙소는 아무데나 잡아도 된다.

전체적인 분위기 (별 5개 만점)
★★★☆

갓 블레스 아메리카! (God Bless America!)

뉴욕 양키스
New York Yankees
전통과 역사를 품다, 양키스타디움

구단 정보

창단: 1903년
연고지: 뉴욕주 뉴욕시 브롱스
월드시리즈/리그 우승: 27회/40회
영구결번: 빌리 마틴(#1), 베이브 루스(#3), 루 게릭(#4), 조 디마지오(#5), 조 토레(#6), 미키 맨틀(#7), 요기 베라(#8), 빌 디키(#8), 로저 매리스(#9), 필 리주토(#10), 서먼 먼슨(#15), 화이티 포드(#16), 돈 매팅리(#23), 엘스턴 하워드(#32), 케이시 스텡겔(#37), 재키 로빈슨(#42), 마리아노 리베라(#42), 레지 잭슨(#44), 론 기드리(#49)

구장 정보

이름: 양키스타디움(Yankee Stadium)
설립: 2009년
잔디: 천연 잔디
수용: 49,642명
규격: 좌 97m / 좌중 122m / 중 124m / 우중 117m / 우 96m
주소: One East 161st Street Bronx New York, NY 10451

뉴욕은 떠올리기만 해도 가슴 설렌 도시다. 잠들지 않는 세계 경제와 문화의 중심지, 세계각지에서 몰려든 사람들로 다양한 인종과 문화, 개성이 뒤섞인 '용광로(Melting Pot)'이다. 과거 애틀랜타 투수 존 락커는 이런 뉴욕을 가리켜 '외국인들과 특이한 사람들로 가득한 험오스런 곳'이라고 비난을 퍼붓기도 했지만, 이곳을 찾는 대다수에겐 누구라도 잠시 꿈을 품게 하는 도시다. 뉴욕의 찬가 '엠파이어 스테이트 오브 마인드(Empire State of Mind)'의 멜로디는 뉴욕의 상징인 자유의 여신상, 엠파이어 스테이트 빌딩, 타임스퀘어를 눈앞에 아른거리게 한다.

이런 화려한 도시의 명성에 걸맞은 메이저리그 팀이 있으니 바로 뉴욕 양키스다. 잘 알려져 있다시피 양키스는 무려 27번이나 월드시리즈 정상을 차지한 최다 우승팀으로 양키스를 빼고 미국 야구와 월드시리즈를 얘기하는 것은 불가능하다. 또 양키스는 전 세계에서 가장 많은 수익을 올리는 명실상부한 최고의 빅마켓 야구단이다. 2003년 이후 매년 사치세를 내는 유일한 구단으로 '악의 제국(Evil Empire)'이란 닉네임까지 얻었다. 보스턴 레드삭스, LA다저스 등도 아직 뉴욕의 아성을 무너뜨리기에는 역부족이다.

루스가 지은 집 & 조지가 지은 집

양키스는 그 어느 팀보다 많은 레전드를 배출했다. 베이브 루스, 루 게릭, 조 디마지오, 요기 베라, 미키 맨틀, 레지 잭슨, 마리아노 리베라, 데릭 지터 등 잠깐 생각해도 수많은 선수들이 머릿속에 떠오른다. 양키스의 브랜드 가치에는 바로 이 레전드들이 땀으로 일군 최다우승팀의 이미지가 고스란히 반영돼 있다. 이렇듯 양키스가 메이저리그 역사상 최고 명문구단이라는 점은 누구도 부인하기 힘들다. 선수들도 한번쯤 입고 싶어 한다는 핀스트라이프 유니폼이 아닌가. 또 본인이 어느 선수보다 양키스 모자를 더 유명하게 만들었다는 제이 지(Jay-Z)의 랩 가사처럼 양키스 로고가 새겨진 모자는 하나의 패션 아이템에 가깝다.

양키스타디움은 지하철을 타면 쉽고 빠르게 갈 수 있는데, 양키스와 뉴욕 메츠가 맞붙었던 2000년 월드시리즈는 두 홈구장이 지하철로 연결된다고 해서 '서브웨이 시리즈'로 불렸다. 161 스트릿(161 Street) 양키스타디움 역 밖으로 나오면 신화 속에서나 나올 것 같은 '야구의 대성당' 양키스타디움이 웅장한 위용을 뽐낸다. 밝은 석회암 외관 위에 금빛으로 새겨진 'YAN-KEE STADIUM' 문구는 그들의 역사처럼 찬란하게 빛난다.

2009년 개장한 양키스타디움은 기존 양키스타디움(1923~2008)을 대체하는 야구장으로 바로 그 건너편에 지어졌고 옛날 양키스타디움의 특징을 그대로 살려 최대한 비슷하게 만들었다. 옛날 양키스타디움은 현재 철거돼 역사 속으로 사라졌다.

구장 바로 앞에는 베이브 루스 플라자가 있다. 눈에 확 띄지는 않아서 무심코 지나칠 수도 있지만 루스에 대한 추억을 떠올릴 만한 장소다. 루스는 홈런 하나로 당시 메이저리그의 흐름을 바꾼 선수로 1920년 보스턴 레드삭스에서 뉴욕 양키스로 팔리며 '밤비노의 저주'를 탄생시킨 장본인이기도 하다. 당시 양키스는 라이벌 뉴욕 자이언츠의 홈구장 폴로 그라운드를 같이 썼는데, 루스가 연일 홈런포로 많은 사람들을 끌어 모으자 새구장 건립을

베이브 루스 플라자  더 그레이트 홀(The Great Hall)의 대형 배너

뉴욕 양키스

계획한다. 마침내 1923년 4월 18일 개장한 양키스타디움. 이날 루스는 보스턴을 상대로 홈런포를 쏘아 올렸고 이를 본 한 기자가 양키스타디움을 '루스가 지은 집(The House that Ruth built)'이라 언급해 이후 구장의 닉네임으로 자리잡았다. 현재 양키스타디움의 닉네임은 '조지가 지은 집'이다. 바로 보스로 불린 전 구단주 조지 스타인브레너.

루스 외에도 양키스는 수많은 레전드들을 배출했다. 2,130경기 연속출장과 '러키스트 맨(luckiest man)' 은퇴식 명연설로 감동을 준 '양키스의 자랑' 루 게릭, 사이먼 앤 가펑클의 노래 '미세스 로빈슨(Mrs. Robinson)'에도 등장한 '56경기 연속안타'의 주인공 조 디마지오, 열 손가락에 모두 월드시리즈 반지를 낄 수 있는 '끝날 때까지 끝난 게 아니다'의 주인공 요기 베라, 월드시리즈 최다승(10승)과 최다삼진(94개), 최다이닝 무실점 기록(33이닝)을 보유한 좌완 역대 최고 승률(.690) 투수 화이티 포드, 역사상 최고의 스위치타자로 손꼽히는 미키 맨틀, 1977년 월드시리즈에서 다저스를 상대로 3연타석 홈런을 때린 '10월의 사나이(Mr. October)' 레지 잭슨, 팀의 암흑기에 고군분투한 돈 매팅리, 커터로 역사상 최고 마무리에 오른 마리아노 리베라, 3,000안타 클럽에 가입한 주장 데릭 지터까지 이들의 활약상을 더 자세하게 나열하기엔 지면이 부족할 따름이다. 지터의 2번이 영구결번되면 양키스 선수들은 한 자리로 된 등번호는 이제 달 수 없다.

그레이트 홀(The Great Hall)

구장 내부 메인 통로인 이곳에 들어서면 쭉 늘어선 역대 양키스 레전드들의 대형 배너에 압도당하는 느낌을 받는다. 또 양키스 선수들의 명언이 담긴 대형사진도 걸려 있는데 조 디마지오의 '양키스 선수로 만들어준 신에게 감사 드린다(I want to thank the Good Lord for making me a Yankee)'와 베이브 루스의 '내게 야구는 과거에도 현재도 미래에도 항상 세계 최고의 스포츠다(Baseball was, is and always will be to me the best game in the world)'
란 글귀가 인상적이다. 또 에스컬레이터 옆엔 검은색 바탕에 'REG-GIE'라
쓰인 누런 문구가 눈에 띄는데, 이는 바로 1977년 월드시리즈에서 레지 잭
슨이 타석에 들어설 때 양키스타디움 흑백 전광판에 들어온 사인으로 당시
홈팬들은 이에 맞춰 모두 '레지! 레지!'를 연호했다. 당시 잭슨은 .450 - 5홈
런 - 8타점의 맹활약으로 양키스를 월드시리즈 우승으로 이끌고 MVP에 선
정됐다. 당시 상대팀 LA 다저스 토미 라소다 감독마저도 '월드시리즈 역사
상 개인 최고의 활약'이라며 잭슨을 극찬하기도 했다.

베이브 루스 기념비　　모뉴먼트 파크

22명의 영구결번, 모뉴먼트 파크(Monument Park)

양키스타디움의 최고 명물은 바로 중견수 펜스 뒤에 위치한 모뉴먼트 파크
다. 이곳은 양키스 레전드들의 기념비와 명판, 영구결번을 한데 모아놓은
역사적인 장소로 옛날 양키스타디움에 있던 것들을 그대로 옮겨왔다. 모뉴

먼트 파크를 방문하지 않고 양키스타디움을 제대로 구경했다고 보기 어려울 정도로 구장의 상징과도 같은 곳이다. 게이트 오픈과 동시에 문을 열고 경기 시작 45분 전에 문을 닫기 때문에 일찌감치 와서 둘러봐야 한다. 만약 모뉴먼트 파크 구경을 뒷전으로 미룬다면 자칫 이곳을 둘러보지도 못한 채 야구장을 떠나야 하는 허탈함을 맛볼 수도 있다.

이곳엔 총 7개의 기념비가 있는데 바로 밀러 허긴스, 루 게릭, 베이브 루스, 미키 맨틀, 조 디마지오, 조지 스타인브레너가 그 주인공이다. 나머지 하나는 2002년에 생긴 9.11 테러 추모비다. 과거 양키스의 로저 클레멘스는 선발등판 전 베이브 루스 기념비에 있는 그의 얼굴을 만지고 마운드에 오른 것으로 유명하다. 옆쪽 벽에는 재키 로빈슨과 넬슨 만델라의 명판이 나란히 있어 눈에 띈다. 로빈슨은 미국 야구역사에서 가장 중요한 인물 중 한 명이며, 만델라는 노벨 평화상을 수상하고 남아프리카공화국 최초의 흑인 대통령이 된 인권운동가다. 만델라는 과거 옛 양키스타디움을 방문했었다고 한다. 모뉴먼트 파크에서 기념비들과 명판, 17개의 영구결번을 바라보면 이 작은 공간이 내뿜는 기운에 누구라도 숙연해진다. 2015년 영구결번 예정인 호르헤 포사다의 20번, 앤디 페티트의 46번, 버니 윌리엄스의 51번도 합류하면 무려 20개의 등번호가 영구결번이 되는 셈이다. 8번(빌 디키, 요기 베라)과 42번(재키 로빈슨, 마리아노 리베라)은 한 영구결번에 2명이 있다.

양키스 박물관

2009년에 문을 연 양키스 박물관은 역시 최고 명문팀의 공간다운 풍모를 갖추고 있다. 그 중에서도 단연 눈길을 끄는 건 돈 라슨과 요기 베라 동상. 이는 1956년 월드시리즈 5차전에서 이 둘이 합작한 퍼펙트게임을 기념해 라슨이 포수 베라에게 투구하는 모습으로 제작됐다. 라슨과 베라의 동

요기 베라 동상

서먼 먼슨의 라커

상 사이에는 과거와 현재 양키스 선수들의 사인볼로 만들어진 '볼 월(Ball Wall)'이 있다. 또 빼놓을 수 없는 볼거리는 바로 '캡틴' 서먼 먼슨의 라커다. 1979년 시즌 중 갑작스런 비행기 사고로 세상을 떠난 그의 라커는 옛날 양키스타디움의 클럽하우스에 계속 남아 있다가 이곳으로 옮겨왔다. 이밖에 수많은 월드시리즈 우승반지와 트로피도 전시돼 있다. 모뉴먼트 파크와 양키스 박물관을 여유 있게 둘러보려면 구장 투어에 참가하는 게 좋다. 구장 투어는 인기가 높아 팬들이 구름처럼 몰려 다른 구장과 달리 서너 명의 가이드가 동행한다.

좌석에서 필드를 바라보면 중계 화면으로만 보던 구장이 꿈처럼 눈앞에 펼쳐진다. 구장을 가득 메운 휘황찬란한 광고판들과 구장 상단에 위치한 흰 장식 프리즈는 또 다른 양키스타디움의 상징이다. 프라이팬과 숟가락을 들

양키스타디움의 모습

고 20년 넘게 응원해온 양키스타디움의 명물 프레디 슈먼 할아버지가 세상을 떠난 것은 못내 아쉽다. 양키스타디움에선 6회말이 끝나면 YMCA 노래가 흘러나온다. 그라운드 크루들의 인상적인 댄스에 맞춰 많은 팬들이 같이 춤추며 경기장 분위기를 뜨겁게 달군다. 이어 7회초 후엔 '갓 블레스 아메리카(God Bless America)'와 '테이크 미 아웃 투 더 볼 게임(Take Me Out to the Ball Game)'을 연이어 부른다. '갓 블레스 아메리카'는 9.11 테러 이후 야구장에서 불러지게 됐고, 양키스타디움에서는 매 홈경기마다 이 노래가 울려 퍼진다.

갓 블래스 아메리카!(God Bless America!)

뉴욕, 뉴욕(NEW YORK, NEW YORK)

경기가 끝나면 프랭크 시나트라의 명곡 '뉴욕, 뉴욕(New York, New York)'이 흘러나온다. 원래 1977년 개봉한 마틴 스콜세지의 영화 〈뉴욕, 뉴욕(New York, New York)〉에 삽입됐던 이 노래는 후에 시나트라가 부르면서 큰 인기를 끌었다. 1980년부터 양키스타디움에서 항상 들을 수 있는 노래

 뉴욕 양키스

가 됐다. 경기 결과에 상관없이 시나트라의 목소리는 언제나 양키스타디움을 가득 메워 집으로 돌아가는 팬들의 발걸음을 한결 가볍게 만든다. 한편 양키스타디움에서는 2013년 4월 16일 라이벌 보스턴 레드삭스의 음악인 닐 다이아몬드의 '스윗 캐롤라인(Sweet Caroline)'이 흘러나오기도 했는데, 이는 전날 발생한 보스턴 마라톤 테러사건을 추모하는 것이었다. 이에 대한 답례로 이후 펜웨이 파크에서는 보스턴 팬들이 '뉴욕, 뉴욕'을 다같이 부르며 인상적인 장면을 연출하기도 했다.

양키스의 주축이었던 리베라와 지터는 각각 2013년과 2014년 시즌을 끝으로 은퇴했다. 더 이상 '엔터 샌드맨(Enter Sandman)'의 박진감 넘치는 사운드를 들을 수도, 지터의 전매특허인 점핑 송구 동작을 볼 수 없다는 것은 아쉽다. 옛날 양키스타디움은 비록 역사 속으로 사라졌지만, 새 구장도 내외관이 과거 구장과 상당히 흡사한 느낌을 준다. 그래서 양키스타디움은 새롭다기보다는 오히려 과거의 오랜 전통과 역사를 그대로 품은 야구장이란 생각이 든다. 적어도 모뉴먼트 파크에 들어선 순간에는 '양키스타디움엔 뭔가 특별한 느낌이 있다(There's a certain feel you get in Yankee Stadium)'는 지터의 말을 몸소 느낄 수 있다. 레전드들의 영혼이 여전히 살아 숨쉬어 이곳을 지배하고 있는 것은 아닐까.

한눈으로 읽는 야구장 TIP

MUST SEE
모뉴먼트 파크

볼거리
양키스 박물관
베이브 루스 플라자

추천 메뉴
세계 여러 곳에 체인이 있는 로큰롤 콘셉트의 음식점 '하드록 카페'

교통 및 숙박
B, D, 4라인 지하철을 타고 161 Street 양키스타디움 역에서 내리면 된다. 뉴욕 지하철엔 로컬과 익스프레스 두 가지가 있다. 4라인은 항상 양키스타디움에 정차하는데 B, D라인은 미리 운행시간과 구간을 확인해야 한다. 특히, 야간 경기 때는 돌아가는 지하철 티켓을 꼭 미리 사두는 게 좋다. 경기가 끝나고 엄청난 인파가 몰리면 지하철 표를 사는 데만 30분 이상이 걸릴 때도 있다. 역시 지하철이 편리해 숙소의 위치는 크게 중요하지 않다.

전체적인 분위기 (별 5개 만점)
★★★★★

 뉴욕 양키스

20
오클랜드 애슬레틱스
OAKLAND ATHLETICS

오클랜드의 홈 구장, 오코 콜리세움

콜리세움 좌석 모습

오클랜드 애슬레틱스
Oakland Athletics

오클랜드의 돌무덤,
오코 콜리세움

구단 정보

창단: 1901년
연고지: 캘리포니아주 오클랜드
월드시리즈/리그 우승: 9회/15회
영구결번: 레지 잭슨(#9), 리키 헨더슨(#24), 캣피시 헌터(#27), 롤리 핑거스(#34), 재키 로빈슨(#42) 데니스 에커슬리(#43)

구장 정보

이름: 오코 콜리세움(O.co Coliseum)
설립: 1966년
잔디: 천연 잔디
수용: 35,067명
규격: 좌 101m / 좌중 112m / 중 122m / 우중 112m / 우 101m
주소: 7000 Coliseum Way Oakland, CA 94621

오클랜드는 캘리포니아주 샌프란시스코만 동쪽 해안에 위치한 도시다. 샌프란시스코에 인접해 있지만 두 도시의 분위기는 사뭇 다르다. 샌프란시스코는 많은 관광객이 몰리는 인기 도시인데 반해 오클랜드는 상대적으로 인적도 드물고 치안이 좋지 못해 대표적인 위험 도시로 꼽는다. AL 서부지구에 속한 오클랜드는 1901년 필라델피아 애슬레틱스로 창단했고, 이후 캔자스시티(1955~1967)를 거쳐 1968년에 오클랜드에 새 둥지를 틀었다. 오클랜드의 홈구장은 오코 콜리세움(O.co Coliseum)이다. 콜리세움 앞의 스폰서 이름이 여러 차례 변경돼서 그냥 오클랜드 콜리세움으로 더 잘 알려져 있다. 현재는 미국 온라인 종합 쇼핑몰 오버스톡(Overstock.com)이 구장 명칭권을 소유하고 있고 오코(O.co) 콜리세움은 이를 줄인 말이다. 근처에 NBA 골든 스테이트 워리어스의 홈구장 오라클 아레나(Oracle Arena)도 있다.

오클랜드의 '대무덤(Mausoleum)'

콜리세움의 외관은 야구장이 아니라 그냥 커다란 돌덩이 같은 느낌이다. 최신 메이저리그 구장과는 달리 회색 콘크리트가 그대로 드러나 있고, '멋없는' 단순한 외형으로 오클랜드 '대무덤(Mausoleum)'으로 불리기도 한다. 콜리세움에서 주의할 점은 대다수 야구장과 달리 경기장에 들어갔다 나오면 재입장이 불가능하다는 것이다.

야구, 풋볼 겸용 구장

오클랜드 콜리세움은 1966년 개장한 다목적 구장이다. 원래 육상과 미식축구를 위한 구장으로 건립되었고 1968년부터는 야구장으로도 활용되고 있다. 메이저리그에서는 5번째로 오랜 역사를 자랑한다. 현재 NFL 오클랜드 레이더스 역시 콜리세움을 홈구장으로 두고 있다. 따라서 구장에서 MLB의 오클랜드 애슬레틱스, NFL의 오클랜드 레이더스의 팀 로고를 모두 볼 수 있다. 콜리세움은 야구장으론 약 37,000명을 수용할 수 있는데 풋볼경기장으로 사용할 때는 5만 명 이상이 들어갈 수 있다. 다목적 구장답게 과거 롤링 스톤즈, 그레이트풀 데드, 이글스, U2 등 전설적인 아티스트들의 공연장으로 활용되기도 했다.

야구장과 미식축구 경기장으로 동시에 활용되기 때문에, MLB 시즌과 NFL 시즌이 겹치는 9~10월엔 같은 구장에서 야구와 미식축구 경기가 모두 펼쳐진다. 특히 메이저리그 플레이오프 기간에는 애슬레틱스와 레이더스의 홈구장 일정이 종종 겹치기도 해 풋볼 경기시간이 조정되는 경우가 더러 있다. 야구장이 미식축구장으로 바뀌는 콜리세움의 모습이 담긴 동영상을 보면 구장 전환이 생각만큼 단순한 일이 아니란 것을 알 수 있다. 마운드와 두 개의 불펜 모두 역시 사라져야 하고 일부 관중석의 위치를 바꾸기 위해 중장비가 동원되어 퍼즐을 맞추듯 관중석을 옮기는 모습에 혀를 내두르게 된다. 투수 마운드와 중견수 위치가 풋볼구장의 가운데 지점이 되고 양쪽 외야 파울지역에 풋볼 골대가 설치된다. 콜리세움의 파울 지역이 넓은 이유는 바로 이 때문이다. 야구장에서 미식축구 경기장으로 전환하는 데 걸리는 시간은 보통 20시간, 드는 비용만 25만 달러라고 한다.

투수에게 유리한 구장

콜리세움은 메이저리그 구장 중에서 파울 지역이 가장 넓어 상대적으로 투수에게 유리하다. 다른 구장에선 관중석으로 들어갈 파울볼이 이곳에선 수비수들의 글러브 속으로 빨려 들어가곤 한다. 타자들로선 정말 답답한 구장이 아닐 수 없는데 실제 콜리세움의 파울아웃 비중은 유난히 높은 편이다. 역사상 콜리세움을 홈으로 사용하면서 타격왕에 오른 선수는 아무도 없을 정도다. 과거에는 샌프란시스코만에서 불어오는 맞바람으로 타

파울 지역이 넓은 콜리세움

오클랜드 애슬레틱스

구장 앞에 있는 캣피시 헌터의 명판

자들이 손해를 봤지만 1995년 외야 꼭대기에 위치한 관중석, 마운트 데이비스가 생기면서 바람의 영향을 덜 받게 되었고 홈런 수도 이전보다는 증가했다.

무려 10,000석이 넘는 이곳은 풋볼 관람을 위한 좌석으로 만들어져 야구경기장 수용인원에서는 제외되는데 포스트시즌 경기에선 이곳에서도 야구를 관전할 수 있다. 풋볼구장으로 사용될 때도 2013~2014시즌부터 이곳을 막아 수용인원을 10,000명 가까이 줄였다. 구장 상단 좌석은 전체가 타프로 뒤덮여 있다. 구장의 좌측 펜스와 우측 펜스는 똑같이 101미터로, 외야는 완벽한 대칭을 이룬 부채꼴 모양이다. 한편 캣피시 헌터는 1968년 5월 8일 이 구장에서 미네소타 트윈스를 상대로 대망의 '퍼펙트게임'을 달성했다. 당시 메이저리그에서 9번째로 나온 대기록. 그로부터 42년 뒤인 2010년 5월 9일, 오클랜드 좌완투수 댈러스 브레이든은 같은 장소에서 탬파베이를 제물로 메이저리그 역사상 19번째 퍼펙트게임을 다시 재현했다.

1972~1974 월드시리즈 3연패

오클랜드는 1972년부터 1974년까지 월드시리즈 3연패를 달성하며 황금기를 구가했다. 먼저 1972년 월드시리즈에서는 신시내티 레즈를 7차전 끝에 제압했다. 간판 레지 잭슨이 ALCS 5차전에서 홈스틸 도중 햄스트링 부상을 당해 월드시리즈에 뛰지 못하게 됐지만, 포수 진 테너스의 깜짝 활약이 잭슨의 빈자리를 메웠다. 시즌 5홈런에 불과했던 테너스는 월드시리즈에서만 4홈런을 쏘아 올려 팀을 우승으로 이끌었는데 이는 1930년 필라델피아 시절 이후 첫 월드시리즈 우승이었다. 7경기 중 6차전을 제외한 6경기 모두 한 점차 승부가 펼쳐졌을 정도로 피를 말리는 시리즈였다.

그 다음 해에도 오클랜드는 월드시리즈에서 뉴욕 메츠를 역시 7차전 끝에 제압하며 2연패에 성공했다. AL MVP를 수상한 레지 잭슨은 막판 6, 7차전에서 맹활약하며 월드시리즈 MVP까지 수상했다. 이어 1974년 월드시리즈에서 다저스를 만난 오클랜드는 4승 1패로 다시 우승을 차지해 월드시리즈 3연패의 위업을 달성하게 되는데 이는 뉴욕 양키스(1949~1953) 이후 처음 있는 일이었다. 마무리 롤리 핑거스는 1승 2세이브를 거둬 월드시리즈 MVP를 차지했다. 오클랜드는 1972년부터 1974년까지 월드시리즈 3연패 이후 1989년에 마지막 우승을 차지했다. 당시 월드시리즈에서 라이벌 샌프란시스코를 만난 오클랜드는 내리 4연승으로 월드시리즈 트로피를 들어올렸다. 지금은 애리조나 단장이 된 데이브 스튜어트가 1차전 완봉승과 3차전 호투로 시리즈 MVP에 선정됐다.

지역 라이벌 샌프란시스코

오클랜드는 내셔널리그의 샌프란시스코 자이언츠와 지역 라이벌이다. AT&T 파크와 콜리세움은 베이 브리지(Bay Bridge)를 사이에 두고 근접해 있다. 그래서 두 팀이 격돌하는 인터리그 경기는 '베이 브리지 시리즈'로 불

지역 라이벌 두 팀의 모자를 하나로 합친 모자

린다. AT&T 파크의 우측 파울라인을 따라 맥코비 코브를 건너 계속 가로지르면 콜리세움이 나온다. 한때 연고지 이동 얘기가 심심찮게 나온 오클랜드지만 2014년 시즌 중 구장 임대계약을 10년 연장했다. 오클랜드는 그 동안 산타 클라라에 위치한 산호세로 연고지 이전을 추진해왔는데, 지역 라이벌 샌프란시스코가 이를 반대했다. 이에 산호세 시가 소송을 했지만 법원마저 산호세가 샌프란시스코 연고권임을 인정해 오클랜드의 연고지 이전은 일단 물 건너갔다. 구단은 현재 콜리세움 부지에 새로운 야구장 건립을 논의 중이라 하니 조금 더 기다려봐야 할 것 같다.

'머니볼'의 성공

오클랜드 하면 대다수의 메이저리그 팬들은 놀라운 혜안을 바탕으로 치밀한 전략을 짜는 '머니볼(money ball)'의 창시자 빌리 빈 단장을 떠올린다. 메이저리그의 대표적인 스몰마켓 팀으로 꼽히는 오클랜드는 그 동안 뉴욕 양키스나 보스턴 레드삭스의 팀 연봉에 절반도 안 되는 수준으로 그들에 필적할만한 정규시즌 성적을 올렸다. 이 놀라운 성적은 머니볼이라고 불리는 빌리 빈 단장의 스몰마켓 구단 경영법 덕분인데, 머니볼은 대졸 선수의 드래프트, 출루율, 저평가된 선수의 재평가 등을 강조하는 식의 저비용 고효율을 추구한다. 따라서 다른 팀에 비해 화려함은 덜하지만, 적재적소에 활용가치가 높은 선수들로 똘똘 뭉쳐 있다. 다만 머니볼 이론은 플레이오프 같은 단기전에서는 통하지 않는다는 의견도 존재한다. 일례로 명예의 전당에 입성한 2루수 조 모건은 단기전에서는 출루율보다 타점이 더 중요하다고 언급하기도 했다. 그리고 실제로 지금까지 오클랜드의 플레이오프 성적은 시즌 성적에 비해 뭔가 초라해 보이는 것이 사실이다. 〈머니볼〉은 책과 영화로 국내에도 소개되어 인기를 끌었다. 이 영화에서는 20연승 가도를 달렸던 뜨거웠던 2002년 여름의 오클랜드를 만나볼 수 있다.

콜리세움 좌석 모습

메이저리그 최악의 구장

전반적으로 콜리세움은 메이저리그에서 최악의 구장으로 손꼽힌다. 시설이 낙후됐을 뿐 아니라 미식축구 겸용 구장이라 잔디 상태도 썩 좋지 못하다는 평이다. 또 다른 메이저리그 구장처럼 화려함이나 많은 볼거리를 찾아볼 수 없어 팬들에게도 아쉬움이 많이 남는 구장이다. 특히 눈살이 찌푸려지는 콘크리트 외관은 흉물스러울 정도다. 무엇보다 베이 브리지 건너편에 있는 아름다운 야구장 AT&T 파크는 이런 콜리세움을 더욱 더 초라하게 만든다.

한 눈으로 읽는 야구장

MUST SEE
마운트 데이비스

볼거리
넓은 파울 지역

교통 및 숙박
샌프란시스코에서 베이 지역을 연결하는 교통수단 바트(BART, 고속 통근철도)를 타면 쉽게 콜리세움에 도달할 수 있는데 콜리세움/오클랜드 에어포트(Coliseum/Oakland Airport)역에서 경기장까지 이어지는 통로가 있다. 숙소는 더 안전한 샌프란시스코에 잡는 게 좋다.

전체적인 분위기 (별 5개 만점)

역동적인 스티브 칼튼 동상의 모습

21
필라델피아 **필리스**
PHILADELPHIA PHILLIES

해질 무렵 필라델피아에 반하다, 시티즌스 뱅크 파크

필라델피아 필리스
Philadelphia Phillies

해질 무렵
필라델피아에 반하다,
시티즌스 뱅크 파크

구단 정보

창단: 1883년
연고지: 펜실베이니아주 필라델피아
월드시리즈/리그 우승: 2회/7회
영구결번: 리치 애쉬번(#1), 짐 버닝(#14), 마이크 슈미트(#20), 스티브 칼튼(#32), 로빈 로버츠(#36)재키 로빈슨(#42)

구장 정보

이름: 시티즌스 뱅크 파크(Citizens Bank Park)
설립: 2004년
잔디: 천연 잔디
수용: 43,651명
규격: 좌 100m / 좌중 114m / 중 122m / 우중 113m / 우 101m
주소: One Citizens Bank Way Philadelphia, PA 19148

펜실베이니아주 필라델피아 남쪽에 위치한 시티즌스 뱅크 파크는 지난 2004년에 개장했다. 기존의 악명 높은 '인조 잔디' 베테랑 스타디움 구장을 대체하기 위해 지어진 천연 잔디 구장으로 수용인원은 약 43,651명. 베테랑 스타디움은 2004년 폭파공법으로 철거되며 역사 속으로 사라졌다. 사우스 필라델피아 스포츠 컴플렉스(South Philadelphia Sports Complex)라는 곳에 필라델피아 프로 스포츠 구단의 홈구장이 한 자리에 모여 있다. 이곳에는 NBA 필라델피아 세븐티식서스와 NHL 필라델피아 플라이어스 홈구장 웰스파고 센터, NFL 필라델피아 이글스의 홈구장 링컨 파이낼션 필드 등이 위치해 있다. 과거 베테랑 스타디움과 영화 〈록키〉에서 록키 발보아와 아폴로 크리드가 시합을 펼친 스펙트럼 등도 모두 이곳에 있었다.

1980년, 창단 97년만의 첫 월드시리즈 우승

구장에 도착하면 가장 먼저 레프트필드 게이트 앞에 있는 스티브 칼튼 동상이 눈에 띈다. 이 동상은 칼튼의 멋진 투구폼을 역동적으로 형상화했지만, 얼굴은 좀 밋밋해 보여서 칼튼과 그다지 닮았다는 느낌은 들지 않는다. 좌완 칼튼은 메이저리그에서 329승을 거두며 역대 다승 11위에 랭크되어 있는 선수다. 세인트루이스 카디널스에서 데뷔했지만, 필리스에서만 15년 동안 241승을 거두며 전성기를 보냈고 이 기간에 무려 NL 사이영상을 4회나 수상하며 한 시대를 풍미했다. 또 4,136개의 탈삼진으로 놀란 라이언(5,714개) - 랜디 존슨(4,875개) - 로저 클레멘스(4,672개)에 이어 역대 4위에 올라 있다. 1994년 95.61%의 득표율로 명예의 전당에 입성했다.

3루 게이트 앞에 있는 마이크 슈미트 동상 또한 팬들의 발걸음이 끊이지 않는다. 슈미트는 1972년 데뷔해서 1989년 은퇴할 때까지 줄곧 필리스 유니폼을 입고 뛴 전설적인 3루수다. NL MVP를 3회(1980, 1981, 1986)나 수상했으며 통산 성적도 .267 - 548홈런 - 1,595타점으로 화려하다. 무려 8번의 NL 홈런왕 타이틀을 차지한 강타자로 그의 548홈런은 역대 통산 15위에 해당한다. 특히 슈미트의 홈런 기록은 '스테로이드 시대'가 양산한 최근의 500홈런 타자들과는 분명 다른 평가를 받아야 마땅하다. 1995년 96.52%의 득표율로 역시 명예의 전당에 입성했다.

칼튼과 슈미트는 1980년 필라델피아 필리스를 월드시리즈 우승으로 이끈 선수들이다. 칼튼은 선발 등판한 월드시리즈 2차전과 6차전에서 모두 승리투수가 되며 2승을 거두었다. 슈미트는 .381 - 2홈런 - 7타점으로 월드시리즈 MVP에도 선정됐다. 필리스는 지난 2008년 탬파베이 레이스를 꺾고 다시 한 번 우승 트로피를 들어 올렸다. 필리스는 1883년 창단해 유구한 역사를 자랑하지만, 월드시리즈 우승은 1980년, 2008년 단 두 번에 불과하다. 특히 1980년 우승은 필리스 팬들에게 오랜 기다림과 갈증을 풀어준 의미 있는 쾌거였다. 그래서 1980년 월드시리즈 우승 주역의 동상은 홈팬들에게

역동적인 스티브 칼튼 동상의 모습 / 마이크 슈미트의 동상

더 특별하게 다가온다. 이밖에 1루 출입구에서는 메이저리그에서 1948년부터 1966년까지 필라델피아, 볼티모어, 휴스턴 등을 거치며 286승을 올린 우완투수 로빈 로버츠 동상도 볼 수 있다.

배터스 아이(Batter's Eye)

배터스 아이는 말 그대로 타자의 눈, 즉 시야를 돕기 위해 만든 것이다. 타석에 있는 타자들이 마운드에서 날아오는 공을 잘 볼 수 있게 다른 배경으로부터 방해받지 않도록 배려한 것. 즉 투수가 공을 던지는 릴리스 포인트 지점과 접점을 이루는 외야 배경을 단일 색으로 통일시킨다. 보통 담쟁이 덩굴로도 많이 덮는다. 좌중간 펜스 너머 배터스 아이 뒤쪽엔 메모리 레인

(Memory Lane)이 있다. 이곳은 필리스 구단의 연도별 역사를 사진으로 한 눈에 읽을 수 있도록 잘 정리해 놓았다. 과거 필리스 소속 선수들의 동판들을 볼 수 있는 월 워브 페임(Wall of Fame)도 많은 팬들의 발걸음이 끊이지 않는다.

필라델피아의 자랑 '치즈 스테이크'

또 필라델피아 하면 떠오르는 음식이 있다. 보통 필라델피아 크림 치즈를 많이 떠올리겠지만 메이저리그 팬들에겐 당연히 치즈 스테이크가 1순위다. 원래 필라델피아는 치즈 스테이크로 유명한 곳으로 치즈 스테이크가 곧 필라델피아 치즈 스테이크와 동의어다. 일반적인 의미의 스테이크가 아니라 소고기와 녹인 치즈, 양파 등을 얹어 빵 사이에 끼워 샌드위치처럼 먹는 음식이다. 물론 시티즌스 뱅크 파크에서도 이 치즈 스테이크는 당연히 꼭 먹어봐야 할 음식으로 꼽힌다. 가격은 약 10달러.

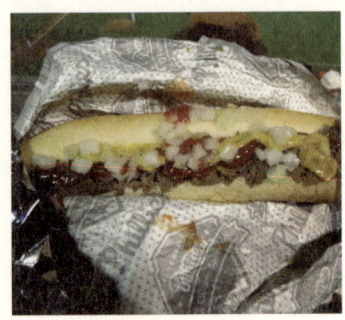

필라델피아의 최고 먹거리 치즈 스테이크

필리 파나틱(Phillie Phanatic)

필리 파나틱은 필리스의 공식 팀 마스코트로 메이저리그에서 가장 널리 알려진 마스코트 중 하나다. 1978년에 처음 등장한 이 마스코트는 이미 30년 넘게 필라델피아 시민들의 사랑을 꾸준히 받고 있다. 경기 전부터 팬들을 찾아다니며 분위기 메이커 역할을 톡톡히 한다. 필리 파나틱은 과거 아동

쿠퍼스타운에 전시된 필리 파나틱

용 〈스포츠 일러스트레이티드〉 투표에서 최고의 스포츠 마스코트로 선정되었을 정도로 특히 어린이 팬들에게 인기가 높다. 필리 파나틱은 뉴욕 쿠퍼스타운의 명예의 전당에도 전시되어 있다.

자유의 종(Liberty Bell)

필라델피아는 과거 미국의 독립선언이 공포된 도시였고 한때 미국의 수도이기도 했다. 당시 미국 독립선언문이 공포되었을 때 울린 종이 바로 자유의 종이다. 말 그대로 자유를 상징하는 이 종은 세계에서 가장 유명한 종

자유의 종

이기도 하다. 시티즌스 뱅크 파크 우중간 펜스 너머에서도 이를 상징하는 대형 자유의 종을 볼 수 있다. 이 종은 필리스 선수들이 홈런을 치거나 경기에서 승리하면 네온 불빛이 들어온 채로 좌우로 움직이면서 울린다. 뉴욕 메츠 홈구장 시티 필드에서 사과가 솟아오르듯, 시티즌스 뱅크 파크에 서는 이 종이 울리면 홈런과 승리의 기분을 고조시킨다. 과거 베테랑 스타디움에선 중견수 뒤 구장 꼭대기에도 또 다른 자유의 종이 있었다고 한다. 시티즌스 뱅크 파크 역사에 남을 경기를 꼽으라면 단연 2010년 10월 6일 NLDS 1차전이다. 당시 필리스 선발 로이 할라데이는 포스트시즌 첫 경기에서 노히트 경기를 펼쳤다. 신시내티 레즈를 상대로 9이닝 동안 볼넷 1개만 내주는 거의 완벽한 피칭을 선보이며 팀의 4-0 승리를 이끌었다. 할라데이가 이날 던진 공은 단 104개에 불과했다. 1956년 월드시리즈 5차전에서 뉴욕 양키스의 돈 라슨이 브루클린 다저스를 상대로 퍼펙트게임을 달성한 이후 포스트시즌 두 번째 노히트 경기였다. 구장 내 공식 팀 스토어에는 당시 할라데이와 포수 카를로스 루이즈가 포옹하는 대형사진이 걸려 있다. 할라데이는 그해 5월 29일 선 라이프 스타디움에서 열린 플로리다 말린스전에서 이미 메이저리그 역대 20번째 퍼펙트게임을 달성한 바 있다. 할라데이는 은퇴하기까지 메이저리그 16년 동안 통산 203승 105패의 성적을 남겼다. 2003년엔 토론토 블루제이스에서, 2010년엔 필리스 소속으로, AL과 NL에서 모두 사이영상을 수상한 5번째 투수가 됐다(나머지 4명은 게일로드 페리, 페드로 마르티네즈, 랜디 존슨, 로저 클레멘스).

구장에서 바라본 필라델피아의 저녁노을

메이저리그에는 보스턴의 펜웨이 파크나 시카고의 리글리 필드처럼 오랜 역사를 지녀 방문 그 자체로 숙연해지는 구장이 있는가 하면 샌프란시스코 AT&T 파크나 뉴욕의 양키스타디움처럼 다양한 볼거리로 기대치를 충족시키는 구장도 있다. 시티즌스 뱅크 파크는 방문 전 기대치는 그다지 높지 않지만 방문 후 체감 만족도는 기대 이상이다. 무엇보다 오픈 구조로 건립된 시티즌스 뱅크 파크에서 해질 무렵 확 트인 외야 너머로 보이는 필라

시티즌스 뱅크 파크의 모습

델피아 도심의 모습은 가히 환상적이다. 태양이 필라델피아 다운타운 끝에 걸리면 구장은 노을 빛으로 물든다. 또 앞서 말한 것처럼 사우스 필라델피아 스포츠 컴플렉스에는 여러 필라델피아 프로 스포츠 구단들의 홈구장이 모두 한 자리에 모여 있다. 이 컴플렉스에서는 메이저리그뿐 아니라 북미 4대 스포츠를 모두 즐길 수 있다는 것이 가장 큰 장점이다. 다양한 스포츠를 좋아하는 팬이라면 필라델피아가 최적의 장소일 것이다.

한 눈으로 읽는 야구장 TIP

MUST SEE
마이크 슈미트 동상
스티브 칼튼 동상

볼거리
외야에 위치한 자유의 종
월 오브 페임(Wall of Fame)

추천 메뉴
소고기와 녹인 치즈, 양파 등을 얹어 빵 사이에 끼워 샌드위치처럼 먹는 필라델피아 치즈 스테이크

교통 및 숙박
시티즌스 뱅크 파크는 고속도로 근처에 있어서 차량을 이용하는 것이 좋다. 특히 숙소는 야구장 500미터 거리에 있는 '홀리데이 인'이 야구장에서 가장 가까운데 걸어서 3분 거리다.

전체적인 분위기 (별 5개 만점)
★★★★☆

필라델피아 필리스

피츠버그 파이어리츠
Pittsburgh Pirates
가장 아름다운 스카이라인, PNC 파크

구단 정보

창단: 1882년
연고지: 펜실베이니아주 피츠버그
월드시리즈/리그 우승: 5회/9회
영구결번: 빌리 메이어 (#1), 랄프 카이너(#4), 윌리 스타젤(#8) 빌 마제로스키(#9), 폴 워너(#11), 파이 트레이너(#20), 로베르토 클레멘테(#21), 호너스 와그너 (#33), 대니 머타우(#40), 재키 로빈슨(#42)

구장 정보

이름: PNC 파크(PNC Park)
설립: 2001년
잔디: 천연 잔디
수용: 38,362명
규격: 좌 99m / 좌중 125m / 중 122m / 우중 114m / 우 98m
주소: 115 Federal Street Pittsburgh, PA 15212

메이저리그에서 가장 아름다운 야구장 중 하나로 손꼽히는 PNC 파크는 NL 중부지구 소속 피츠버그 파이어리츠의 홈구장으로 2001년에 개장했다. 역시 우리에겐 이제 강정호가 활약할 홈구장으로 많은 관심을 모으는 구장이다. PNC 파크는 과거 포브스 필드(1909~1970) - 쓰리 리버스 스타디움(1970~2000)을 잇는 홈구장이다. 과거 포브스 필드는 현재 피츠버그 대학교 캠퍼스에 아직 벽돌펜스 일부가 남아 있다. 이전 홈구장 쓰리 리버스 스타디움은 머넌거힐라 강, 앨러게니 강, 오하이오 강이 만나는 곳에 위치해 붙여진 이름이다. 해적을 뜻하는 파이어리츠가 팀 이름이 된 이유는 과거 루 비어바우어란 선수를 영입하는 과정에서 원 소속팀과 마찰이 있었고 그 팀이 피츠버그를 해적 같다고 비난한 것에서 유래됐다. 해적을 뜻하는 또 다른 단어 '버커니어(Buccaneer)'를 짧게 줄여 '벅스(Bucs)'라고도 부른다.

철의 도시 그리고 하인즈 케첩

펜실베이니아주에서 필라델피아에 이어 제 2의 도시인 피츠버그는 '철의 도시(Steel City)'로 유명하다. 철강왕 앤드류 카네기가 철강산업을 발전시키며 도시도 덩달아 번성했지만 1980년대를 기점으로 내리막길을 걸었다. 피츠버그는 토마토케첩으로 유명한 하인즈 본사가 위치한 곳이기도 하다. PNC 파크의 가운데 펜스엔 하인즈 케첩 병이 페인팅 되어 있다. 피츠버그는 스포츠 열기가 뜨겁기로 유명하다. NFL 스틸러스와 NHL 펭귄스는 전통의 명문팀이고 파이어리츠도 최근 긴 암흑기를 지나 다시 과거의 영광을 재현하기 위해 노력하고 있다.

현재 피츠버그 대학교 캠퍼스에 그대로 남아있는 과거 포브스 필드의 벽돌 펜스

PNC 파크에 도착하면 가장 먼저 정면에 호너스 와그너 동상이 보인다. 와그너 동상 뒤론 밝은 색상의 외관에 파란색으로 적힌 'PNC PARK' 문구가 깔끔한 인상을 준다. 와그너는 NL 최다인 8회 타격왕을 수상한(토니 그윈과 동률) '데드볼 시대'의 대표 유격수였다. '플라잉 더치맨'이라 불린 그는 1909년 월드시리즈 우승의 주역이었다. 또 베이브 루스, 타이 콥, 월터 존슨, 크리스티 매튜슨과 함께 1936년 첫 명예의 전당에 입성한 '퍼스트 클래스(The First Class)' 5인 중 한 명이다.

구장 정면에 있는 호너스 와그너 동상

로베르토 클레멘테 동상

라틴계 선수들의 우상, 로베르토 클레멘테

클레멘테는 푸에르토리코 출신의 우익수로 1955년부터 1972년까지 선수 생활 내내 피츠버그 유니폼만 입었다. 우투우타였던 그는 통산 타율 .317 - 240홈런 - 3,000안타의 뛰어난 기록을 남겼고, 1971년엔 월드시리즈 MVP로 팀의 우승을 이끌기도 했다. 하지만 그는 1972년 12월 31일 지진 구호활동을 위해 비행기를 타고 니카라과로 가다가 추락사고로 사망했다. 바로 이듬해인 1973년 92.69%의 높은 득표율로 명예의 전당에 헌액됐다. 원래 5년이 지나야 자격이 생기지만 루 게릭처럼 클레멘테도 예외였다.

당시 클레멘테를 도와 구호물품을 같이 실은 신인 탐 워커는 비행기에 동승하려 했으나 클레멘테의 만류로 타지 않았다. 기적으로 죽음을 면한 워커는 이후 결혼해 자식들을 낳았는데, 그의 막내아들이 바로 현재 피츠버그의 2루수가 된 '홈타운 키드' 닐 워커다. 메이저리그는 매년 사회에 가장 큰 공헌을 한 선수에게 그의 이름을 딴 '로베르토 클레멘테 상'을 수여한다. 재키 로빈슨이 흑인의 우상이었다면 클레멘테는 라틴계를 상징하는 존재였다. PNC 파크에 있는 그의 동상 아래에는 '위대한 사람(The Great One)'이라는 문구가 적혀 있어 많은 팬들의 가슴을 적신다. PNC 파크의 우측 담장은 그의 등번호를 기려 높이가 정확히 21피트다.

로베르토 클레멘테 브리지

앞서 말했듯이 피츠버그는 철의 도시(Steel City)로 가장 잘 알려졌지만 다른 닉네임도 있다. 세계에서 가장 많은 446개의 다리가 있어 '다리의 도시(City of bridges)', '다리의 천국(Bridge Heaven)'으로도 불린다. 피츠버그 구장 뒤쪽으로 보이는 노란색 다리가 바로 로베르토 클레멘테 브리지다. 피츠버그 사람들은 새 야구장의 명칭이 PNC 파크가 아닌 클레멘테의 이름을 딴 구장이 되길 바랐다고 한다. 결국 PNC 파크로 구장이름이 최종 확정되

로베르토 클레멘테 브리지

자, 근처 6번가 다리(6th Street Bridge) 이름을 로베르토 클레멘테 브리지로 바꾸는 것으로 대신했다.

이 다리는 길이 269미터로 앨러게니 강을 가로 지른다. 파이어리츠의 경기가 있는 날이면 다리의 모든 차량출입이 통제돼 많은 팬들은 건너편 다운타운에 주차하고 다리를 직접 건너온다. 로베르토 클레멘테 다리 옆으로 색깔과 모양이 거의 동일한 다리가 2개 더 있다. 바로 앤디 워홀(7번가 다리)와 레이첼 카슨 다리(9번가 다리)로 이 세 다리를 합쳐 '쓰리 시스터즈(The Three Sisters)'라고 부른다. 셋 모두 피츠버그를 대표하는 인물이다. 뉴욕에 가면 브루클린 브리지를 건너는 것이 여행객들의 필수 여행코스이듯 PNC 파크를 찾는 야구팬들이라면 로베르토 클레멘테 브리지를 건너보기 바란다.

통산 월드시리즈 5회 우승

피츠버그는 1909년, 1925년 1960년, 1971년, 1979년 총 5번의 월드시리즈 우승을 차지했다. 그 중에서도 1960년 우승이 가장 드라마틱했다. 포브스 필드에서 열린 뉴욕 양키스와의 1960년 월드시리즈 마지막 7차전. 9-9 동점인 9회말 선두 빌 마제로스키는 양키스 투수 랄프 테리를 상대로 끝내기 홈런을 터뜨렸다. 이 공은 당시 좌익수 요기 베라 머리 위로 날아가다 사라졌다. 메이저리그 역사상 월드시리즈 7차전을 끝낸 유일한 홈런으로 아직까지 회자된다. 하지만 월드시리즈 역사상 가장 극적인 홈런을 쏘아 올린 그가 월드시리즈 MVP가 되지 못한 것은 아이러니하다. 당시 MVP는 패배팀 양키스에서 나왔는데 바로 단일 월드시리즈 최다타점 기록(12타점)을 갈아치운 바비 리처드슨이었다. 구단은 2010년 '1960 월드시리즈 우승' 50주년을 기념해 PNC 파크 우측외야 출입구 쪽 외부에 마제로스키 동상을 세웠는데 이 동상은 역사적인 끝내기 홈런을 친 후, 오른손에 벗은 헬멧을

1960년 월드시리즈 7차전에서 끝내기 홈런을 친 빌 마제로스키 동상

레거시 스퀘어(Legacy Square)의 모습

집어든 채 베이스를 도는 그의 모습을 형상화했다.

또 다른 동상의 주인공 윌리 스타젤은 1960~70년대 피츠버그의 슬러거였다. 그의 트레이드마크는 엄청난 홈런 비거리로 다저스타디움에서 장외홈런을 두 번이나 날렸을 정도다. 통산 성적 .282 - 475홈런 - 1,540타점을 남겼다. 스타젤은 1979년 팀의 우승을 이끌고 월드시리즈 MVP로 선정됐다. 하지만 아쉽게도 그는 2001년 4월 9일 PNC 파크 개장일에 지병으로 세상을 떠났다. 그가 죽기 이틀 전, 스타젤 동상은 구장 좌측 외야 입구 쪽에 세워졌다.

2013년, 마침내 1992년 이후 처음으로 피츠버그 팬들은 가을야구의 오랜 갈증을 풀었다. 또 2014년에도 와일드카드 결정전에 나서며 짧은 포스트시즌을 경험했다. 앤드류 맥커친을 필두로 젊은 선수들이 중심이 된 피츠버그의 미래가 더욱 기대된다. 또 이 구장에서 2012년 신시내티의 호머 베일리는 역사적인 노히트 경기를 달성했다. 2006년 샌디에이고 소속의 박찬호는 PNC 파크에서 6회까지 무실점을 기록하던 중 7회 강우콜드게임이 선언, 메이저리그 통산 세 번째이자 마지막 완봉승을 거두기도 했다.

니그로 리그의 흔적, 레거시 스퀘어(Legacy Square)

피츠버그에는 니그로 리그의 흔적이 남아 있는데 PNC 파크의 레거시 스퀘어가 바로 그 장소다. 2006년에 생긴 이곳은 니그로 리그 레전드들을 만날 수 있는 공간이다. 레프트 필드 입구 쪽으로 입장하면 된다. 사첼 페이지, 쿨 파파 벨, 조시 깁슨, 스모키 조 윌리엄스 등 7개의 실물 크기 동상이 있고 각 동상 옆 키오스크(터치스크린 방식의 정보전달 시스템)로 선수별 세세한 정보와 기록, 동영상까지 확인할 수 있다.

가장 아름다운 야구장

해질녘 경기장 너머로 유유히 흐르는 앨러게니 강, 노란색의 로베르토 클레멘테 브리지, 골든 트라이앵글(Golden Triangle)로 불리는 다운타운의 환상적인 경치는 그저 아름답다는 말로 표현하기에는 부족하다. 그 자체로 훌륭한 한 폭의 그림이다. 경기 중에도 수차례 넋을 놓고 바라보게 되고 차가운 맥주 한 잔을 들이켜고 바라보면 다른 안주가 필요 없다. 이 경치 때문에 많은 팬들이 포수 뒤쪽 상단 좌석을 찾는다. 구장에서 가장 전망이 좋은 곳인데 멀다는 이유로 가격도 싸서 1석2조의 최고 명당이다. 각양각색의 메이저리그 구장에서도 아름다운 전망으로만 따지면 PNC 파크는 샌프란시스코 AT&T 파크와 우열을 가리기 힘들 것이다.
로베르토 클레멘테 브리지 건너편 다운타운에서 바라보는 PNC 파크의 야

가장 아름다운 야구장

경도 인상적이다. 참고로 구장에서 바라보는 스카이라인은 어두워지기 전이 더 아름답고 다운타운에서 바라보는 구장의 경치는 밤에 더 화려하다. 특히 늦은 밤 앨러게니 강에 비친 PNC 파크의 조명 불빛은 한 폭의 풍경화처럼 보인다.

로베르토 클레멘테 브리지 건너편에서 바라본 PNC 파크

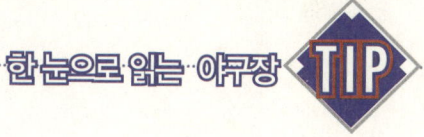

한 눈으로 읽는 야구장 TIP

MUST SEE
구장 너머로 보이는 스카이라인 뷰

볼거리
로베르토 클레멘테 동상
호너스 와그너 동상
빌 마제로스키 동상
윌리 스타젤 동상
레거시 스퀘어(Legacy Square)

교통 및 숙박
'T'로 알려진 피츠버그 라잇 레일을 타고 다운타운에 있는 우드 스트리트 역이나 게이트웨이 역에서 내려서 로베르토 클레멘테 브리지를 건너오면 된다. 숙소는 구장 근처나 다리를 건너 다운타운 근처에도 많이 있다.

전체적인 분위기 (별 5개 만점)
★★★★

 피츠버그 파이어리츠

23
샌디에이고 파드리스
SAN DIEGO PADRES

잔디밭에 앉아서 야구를 즐기다, 펫코 파크

샌디에이고 파드리스
San Diego Padres

잔디밭에 앉아서
야구를 즐기다,
펫코 파크

구단 정보

창단: 1969년
연고지: 캘리포니아주 샌디에이고
월드시리즈/리그 우승: 0회/2회
영구결번: 스티브 가비(#6), 토니 그윈(#19), 데이브 윈필드(#31), 랜디 존스(#35), 재키 로빈슨(#42), 트레버 호프먼(#51)

구장 정보

이름: 펫코 파크(Petco Park)
설립: 2004년
잔디: 천연 잔디
수용: 42,302명
규격: 좌 102m / 좌중 119m / 중 121m / 우중 119m / 우 98m
주소: 100 Park Blvd San Diego, CA 92101

샌디에이고는 캘리포니아주 남서쪽에 위치한 휴양도시다. 비가 잘 내리지 않고 겨울에도 햇살이 따뜻한 편이다. 해변은 언제나 서핑을 즐기는 사람들로 넘쳐난다. LA에선 차로 두 시간 정도 걸리며 남쪽으로는 멕시코와 국경이 맞닿아 있다. 이곳을 포함한 캘리포니아 지역은 과거 멕시코 땅이었고 지금도 많은 히스패닉계가 거주한다. 샌디에이고 파드리스의 팀명인 파드리스는 스페인어로 카톨릭 신부를 뜻한다. 샌디에이고는 미국에서 스페인식 성당이 가장 먼저 세워진 지역이라고 전해진다. 또 파드리스는 종종 카톨릭교의 수사를 의미하는 '프라이어스(friars)'라 불리기도 하는데 팀의 공식 마스코트는 바로 스윙잉 프라이어(Swinging Friar)다. 펫코 파크는 2004년 개장한 구장으로 다운타운에 위치해 있다. 1969년 창단한 파드리스는 이전까지 퀄컴 스타디움을 홈구장으로 사용했다. 퀄컴 스타디움은 현재 NFL 샌디에이고 차저스의 홈구장으로 사용되고 있다.

야구장 안의 또 다른 공원

야구장의 공원(Park at the Park)은 펫코 파크 안에 있는 작은 공원이다. 홈 경기가 있는 날은 경기 시작 두 시간 반 전에 문을 열고 경기가 없는 날에도 시민들에게 개방된다. 피크닉 힐(Picnic Hill)은 우익수 뒤쪽 구장 외부에 있는 공원 내 언덕이다. 샌디에이고의 좋은 날씨와 잘 어울리는 곳으로 경기가 열리는 날이면 가족 단위로 쏟아져 나와 붐빈다. 입장료는 10달러로 펫코 파크에서 가장 싼 자리고 이곳에서는 옆에 있는 대형 스크린을 통해서 경기를 즐길 수 있다. 무엇보다 '소풍' 온 기분을 낼 수 있고, 잔디밭에 앉아서 야구를 관전할 수 있다는 것이 가장 큰 장점이다. 야구도 야구지만 그냥 한가롭게 편한 분위기 자체를 즐기러 오는 사람들도 많다. 또 가운데 담장 뒤에 있는 '더 비치(The Beach)'란 곳에는 모래사장이 깔려 있다. 경기가 펼쳐지는 동안 어린이 팬들은 이곳에서 모래성을 만들곤 한다. 또 작은 야구장인 '리틀리그 인필드'도 있다. 이 공원과 '더 비치'는 펫코 파크가 단순한 야구장만이 아닌 샌디에이고 시민들의 여가를 위한 공간, 즉 진정한 '볼파크'라는 사실을 잘 보여준다.

안타 제조기 토니 그윈

토니 그윈은 샌디에이고 구단은 물론 메이저리그 역사에서도 절대 빼놓을 수 없는 전설적인 인물이다. 20년 동안 파드리스 유니폼만 입고 뛴 그의 닉네임은 '미스터 파드리(Mr. Padre)'로 메이저리그 역사상 가장 뛰어난 교타자 중 한 명으로 평가 받는다. 통산타율이 .338에 달하는 그는 무려 8번이나 NL 타격왕을 차지했고 총 3,141안타를 때려내 안타 제조기로 명성을 떨쳤다. 특히, 1994년 그윈은 타자들의 성역인 4할 도전에 나섰지만 아쉽게 파업으로 .394의 타율로 시즌을 접어야 했다. 테드 윌리엄스(1941년) 이후 첫 4할 타자가 되진 못했지만 그윈의 타율 .394는 윌리엄스 이후 메이저리

구장 앞 토니 그윈 드라이브

그 최고타율로 아직까지 남아 있다.
한편 1994년 8월에 시작된 이 파업은 사상 초유의 월드시리즈 중단 사태와 함께 다음해 4월 초까지 무려 230일이 넘도록 지속됐다. 이 파업은 구단주들이 샐러리캡(연봉상한제)을 도입하려 하자 선수노조가 이에 반발하며 시작되었다. 그윈은 2007년 97.6%의 놀라운 득표율로 명예의 전당에 입성했다. 하지만 선수시절 씹는 담배를 즐겼던 그는 결국 2014년 6월 암으로 세상을 떠났고 샌디에이고 시민들은 깊은 슬픔에 잠겼다. 비록 그는 떠났지만 토니 그윈 플라자에 있는 그윈 동상은 여전히 펫코 파크를 지키고 있다. 펫코 파크 앞길의 이름도 그의 이름을 딴 '토니 그윈 드라이브'다.

샌디에이고 파드리스

투수에게 유리한 구장

펫코 파크는 개장 이래 줄곧 투수 친화적인 구장으로 평가 받는다. 펫코 파크는 샌디에이고 만을 사이에 두고 해변이 아름다운 코로나도 섬과 마주보고 있다. 따라서 바다의 습기를 머금은 타구는 좀처럼 홈런으로 연결되지 않는다. 결국 구단은 2012년 시즌이 끝나고 우측 펜스를 전체적으로 약 3미터 가량 앞당겼으며, 좌중간 일부 펜스도 줄여 우측 파울라인 옆에 있던 원정팀 불펜을 옮겼다. 그렇다면 펜스를 앞당긴 후 지금까지 나타난 효과는 어떨까. 2013년 시즌 이후 파크팩터 수치에는 어느 정도 변화가 나타났다. 2012년에 62에 불과했던 파크팩터 수치는 펜스를 앞당긴 2013년에 94로 급증했고, 2014년에도 81을 기록했다(출처: 《Bill James Handbook》).

더 자세히 살펴보면, 2년간 우타자에게는 큰 변화가 없었지만(75 → 77 → 76) 좌타자에게 눈에 띄는 변화가 나왔다(44 → 130 → 88). 파크팩터 수치는 100이 기준이다. 즉, 최대를 기록했던 2013년의 수치 94도 중립적인 구장에 비하면 여전히 홈런이 6% 덜 나와 타자들이 홈런 치기 불리한 구장이란 의미다. 2013년에는 좌타자들만 홈런 치기에 유리했다. 아직 더 지켜봐야겠지만 펫코 파크는 전체적으로 보면 펜스 조정 후에도 여전히 투수에게 유리한 구장이다. 좌타자들에겐 그나마 과거보다 유리해졌지만 우타자들에게는 여전히 무덤이다. 2014년 시즌이 끝나고 샌디에이고는 맷 켐프, 윌 마이어스, 저스틴 업튼이라는 '외야 3인방'을 영입해 중심타선을 강화했다. 하지만 이 셋 모두가 우타자라는 점에서 펫코 파크가 이들의 발목을 잡을 가능성도 배제할 수는 없다.

밀리터리 프로그램

샌디에이고에는 미 해군기지가 있다. 이런 배경 때문에 펫코 파크에선 종종 많은 군인들이 단체 관람하는 광경을 볼 수 있다. 구단도 미군을 지원하고 군인들에게 혜택을 준다. 거의 매월 군과 관련된 이벤트도 있다. 매 일요일 홈경기에 군복을 입고 입장하는 군인에겐 파격적인 50% 할인혜택을 준다. 또 파드리스 선수들은 매 일요일 홈경기에 군복 느낌이 나는 카모 저지를 입고 경기를 치른다.

서부금속회사(Western Metal Supply Co.) 건물

펫코 파크 좌측 담장 뒤엔 구장의 명물로 자리매김한 4층짜리 벽돌 건물이 있다. 이 서부금속회사 건물은 100년이 넘는 유구한 역사를 지닌 빌딩으로 구장 건립 당시 철거될 예정이었으나, 샌디에이고 시의 요청으로 구장에 포함돼 그 역사를 이어가고 있다. 1층에는 파드리스 팀 스토어가 있으며 2~3층엔 야구를 볼 수 있는 스위트룸이 있다. 전망 좋은 곳으로 유명한 4층엔 레스토랑이 있고 옥상엔 루프탑 좌석들도 생겼다. 특히 건물 좌측 끝에는 노란색 파울 폴이 함께하고 있다. 홈플레이트에서 왼쪽 폴까지의 거리는 334피트(102미터)로 오른쪽 펜스 거리인 322피트(98미터)보다 더 멀다.

'지옥의 종소리' 트레버 호프만

호프만은 메이저리그에서 최고의 마무리투수로 활약했다. 커리어 대부분을 샌디에이고에서 보낸 그는 61승 75패 601세이브, 평균자책점 2.87의 통산 성적을 남겼다. 양키스의 수호신 마리아노 리베라(652세이브)에 이어 역대 세이브 순위 2위에 올라 있다. 리베라에게 커터가 있었다면 호프먼에겐 체인지업이 있었다. 날아가다가 타자 앞에서 뚝 떨어지는 그의 체인지업에 상대 타자들은 좀처럼 타이밍을 잡지 못했다. 과거 이곳에선 AC/DC의 노래 '지옥의 종소리(Hells Bells)'가 흘러나오면, 샌디에이고 홈팬들은 열광적인 환호로 호프만을 맞이하며 구장은 축제 분위기로 휩싸이곤 했다. 그게 바로 '지옥의 종소리'와 함께 시작되던 '트레버 타임(Trevor Time)'

좌측 외야의 서부금속회사 건물   펫코 파크의 스코어보드

이었다. 샌디에이고를 대표했던 호프만의 등번호 51번은 2011년 영구결번으로 지정되었다.

샌디에이고 역시 LA 다저스의 라이벌이다. 펫코 파크에서도 다저스와 경기를 할 때면 샌프란시스코 AT&T 파크나 애리조나 체이스 필드와 마찬가지로 'LA를 물리쳐라(Beat LA)!'라는 구호가 경기장을 가득 메운다. 하지만 샌디에이고의 야구 열기는 못내 아쉬움이 남는데 아무래도 휴양도시라서 그런지 전체적인 열기와 관중들의 관전 몰입도가 확연히 떨어진다. 그만큼 해변을 비롯해 다른 놀거리가 많기 때문이지 않을까. 펫코 파크는 2016년 메이저리그 올스타전을 개최한다. 한편 펫코 파크에서 북동쪽으로 약 13킬로미터 떨어진 곳에는 예전 홈구장 퀄컴 스타디움이 있다. 더 이상 이곳에서 야구경기가 열리진 않지만 옛 향수를 불러일으킬만한 곳으로 충분히 방문해볼 가치가 있다.

MUST SEE
토니 그윈 동상
야구장의 공원(Park at the Park)

볼거리
서부 금속회사 건물

교통 및 숙박
샌디에이고 트롤리를 이용하면 구장에 갈 수 있다. 오렌지, 블루, 그린라인 3개 모두 야구장 근처에 역이 있다. 펫코 파크는 다운타운에 위치해 있어 주변에 여러 숙박시설이 있다. 특히 옴니 샌디에이고 호텔은 구장 바로 맞은편에 있다.

전체적인 분위기 (별 5개 만점)

우측 담장과 뒤로 보이는 맥코비 코브(담장에는 스플래시 히츠 전광판)

샌프란시스코 자이언츠
San Francisco Giants

샌프란시스코에
마음을 두고 오다,
AT&T 파크

구단 정보

창단: 1883년
연고지: 캘리포니아주 샌프란시스코
월드시리즈/리그 우승: 8회/23회
영구결번: 빌 테리(#3), 멜 오트(#4), 칼 허벨(#11), 몬트 어빈(#20), 윌리 메이스(#24), 후안 마리샬(#27), 올란도 세페다(#30), 게일로드 페리(#36), 재키 로빈슨(#42), 윌리 맥코비(#44)

구장 정보

이름: AT&T 파크(AT&T Park)
설립: 2000년
잔디: 천연 잔디
수용: 41,915명
규격: 좌 103m / 좌중 116m / 중 122m / 우중간 128m / 우 94m
주소: 24 Willie Mays Plaza, San Francisco, CA 94107

골든 게이트 브리지(Golden Gate Bridge)와 케이블카, 게이의 천국으로 잘 알려진 미국 샌프란시스코. 그러나 많은 메이저리그 팬들에겐 다른 무엇보다 아름답기로 유명한 야구장 AT&T 파크와 스플래시 히츠가 먼저 떠오를 것이다.

1849년 작은 어촌에 불과하던 샌프란시스코에서 금광이 발견됐다. 이후 일확천금의 '캘리포니아 드림'을 꿈꾸는 수십만 명이 서부로 몰려드는 '골드 러시'가 이어졌다. 샌프란시스코 연고 NFL팀 이름은 바로 포타나이너스(49ers)다. 포타나이너의 사전적 의미는 '49년에 온 사람들'로 보통 일확천금을 노리는 사람들을 의미한다. 이런 샌프란시스코 인근에 첨단기술 연구단지인 실리콘밸리가 들어선 것은 우연이 아닌가 보다. 이곳에 위치한 AT&T 파크는 NL 서부지구 샌프란시스코 자이언츠의 홈구장이다. 자이언츠는 강한 바람과 추운 날씨로 악명 높았던 전 홈구장 캔들스틱 파크를 떠나 이곳에 새 둥지를 틀었다.

AT&T 파크의 설계 비밀

2000년 개장한 AT&T 파크는 NL 서부지구 샌프란시스코 자이언츠의 홈구장으로 4만2천 명 가까이 수용 가능한 천연 잔디 구장이다. 개장 당시 이름은 퍼시픽 벨 파크(2000~2003)였고 이후 SBC 파크(2004~2005)를 거쳐 2006년부터 AT&T 파크로 불린다. 개장 첫 승리투수는 바로 박찬호다. 당시 박찬호는 배리 본즈에게 홈런을 맞았지만 퀄리티 스타트(6이닝 3실점)로 시즌 2승째를 거뒀다. 이날 다저스의 케빈 엘스터는 무려 3개의 홈런을 쏘아 올려 승리의 일등공신이 됐다. AT&T 파크는 캘리포니아 지역에 지진이 많이 일어나는 점을 고려해 그 피해를 최소화할 수 있는 설계 구조로 건립됐다고 한다. 구장의 콘크리트와 콘크리트 사이가 분리돼 있고 약간의 공간을 두고 있다. '배틀 오브 더 베이(Battle of the Bay)'로 알려진 지난 1989년 샌프란시스코와 오클랜드의 월드시리즈 3차전을 앞두고 당시 자이언츠 홈구장 캔들스틱 파크에서 발생한 지진으로 월드시리즈가 열흘이나 연기된 적이 있다.

자이언츠 영광의 얼굴들

자이언츠는 1958년 뉴욕에서 샌프란시스코로 연고지를 옮겼다. 2008년 연고지 이전 50주년을 기념해 만든 곳이 바로 '월 오브 페임(Wall of Fame)'. 킹 스트리트를 따라 구장 벽에 영광의 얼굴들이 전시돼 있다. 자이언츠 소속으로 활약을 인정받은 선수들만 이곳에 이름을 올릴 수 있다. 자이언츠 유니폼을 입고 5년 이상 뛰며 올스타전에 출전한 선수이거나 9년 이상을 자이언츠에 몸담은 선수여야 한다. 구장 주변엔 윌리 메이스와 후안 마리샬, 올랜도 세페다 동상이 있는데 이 중에선 단연 메이스 동상이 눈길을 사로잡는다.

월리 메이스 동상

후안 마리샬 동상

#24 월리 메이스

월리 메이스는 자이언츠 역사상 최고의 레전드로 평가 받는다. 메이스는 통산 .302 - 660홈런 - 1,903타점 - 3,283안타의 뛰어난 성적을 남기는 동안 총 20회 올스타에 뽑혔고 NL MVP(1954, 1965)도 2회 수상했다. 또 그는 1954년 월드시리즈 우승의 주역이다. 특히, 당시 1차전에서 빅 워츠의 타구를 잡아낸 그의 호수비는 아직까지 회자될 정도로 인상 깊었다. 메이스는 1979년 94.68%의 높은 득표율로 명예의 전당에 헌액됐다. 특히 1958년 연고 이전 퍼레이드와 2010년 우승 퍼레이드에 모두 참석한 사람은 월리 메이스가 유일하다. 현 AT&T 파크의 주소엔 그의 이름과 등번호가 모두 들어가 있어 그의 위상을 잘 보여준다. 구장 주변의 차이나 베이슨 파크(China Basin Park)는 경기 전후로 팬들의 발걸음이 끊이지 않는 곳이다. 야구장

맥코비 동상에서 바라본 AT&T 파크

에서 맥코비 코브를 따라 걸으면 나오는 이곳에서는 단연 윌리 맥코비 동상이 눈길을 끄는데 이곳에서 바라보는 AT&T 파크의 모습도 기가 막히다. 구장 안으로 들어서면 관중석은 톡톡 튀는 오렌지색 물결로 장관을 이룬다. 외야 너머로 펼쳐진 맥코비 코브와 야구장의 조화를 바라보고 있으면 정말 꿈의 구장이란 단어가 실감난다. 포수 뒤쪽 상단에 앉으면 이 환상적인 경치를 만끽할 수 있다. 특히 좌측 파울 폴 너머로 샌프란시스코와 오클랜드를 연결하는 다리 베이 브리지도 보인다. 베이 브리지를 건너면 오클랜드 홈구장으로 갈 수 있다. 또 구장 관계자에 따르면 3루 클럽하우스가 1루 클럽하우스보다 2배 가량 커서 자이언츠가 3루 덕아웃을 사용하게 됐다고 한다.

좌측 외야에 있는 대형 코카콜라 병과 글러브

우중간 외야에 있는 케이블카

AT&T 파크의 명물 코카콜라 병

AT&T 파크의 명물은 대형 코카콜라 병과 네 손가락 글러브다. 코카콜라는 샌프란시스코 자이언츠의 공식 스폰서로 콜라병 안에는 '수퍼슬라이드(Superslide)'라는 미끄럼틀이 있다. 단 14세 이하 어린이만 탈 수 있다. 특히 이 콜라병은 초록색 불빛이 들어오는 밤에 가장 아름다운 자태를 뽐낸다. 바로 옆에 위치한 대형 글러브는 1927년산 네 손가락 글러브를 모델로 제작됐다. 실제 글러브보다 36배나 커 무게가 2만 파운드에 달한다. 아직까지 홈런으로 이 글러브를 맞춘 타자는 아무도 없다. 또 우중간 외야석 뒤쪽엔 샌프란시스코의 명물인 케이블카를 그대로 옮겨다 놓아 팬들에게 또 다른 볼거리를 제공한다.

AT&T 파크의 상징 스플래시 히츠(Splash Hits)

맥코비 코브는 AT&T 파크의 우측 외야 담장 너머 존재하는 샌프란시스코 만의 일부다. 공식 명칭은 '윌리 맥코비 코브(Willie McCovey Cove)'로 521 홈런을 친 강타자 윌리 맥코비의 이름에서 따왔다. 스플래시 히츠란 타자가 친 홈런 볼이 맥코비 코브로 빠지는 것을 말한다. 정확한 스플래시 히츠 조건은 다음과 같다. 먼저 타자가 친 공이 아무데도 맞지 않고 노바운드로 맥코비 코브로 빠져야 하고 자이언츠 선수들 기록만 인정된다. 또 정규시즌이나 플레이오프 경기만 해당되고 올스타전은 제외된다. 이렇게 맥코비 코브에 빠졌지만 자이언츠 선수가 아니라 스플래시 히츠로 인정받지 못한 홈런이 총 36개. 그 중 하나는 2004년 플로리다의 최희섭이 기록했다. 스플래시 히츠 하면 가장 먼저 떠오르는 선수는 당연히 배리 본즈다. 지금까지 총 68개의 스플래시 히츠 가운데 배리 본즈가 절반 이상인 35개나 맥코비 코브로 빠뜨렸다. 특히, 본즈 은퇴 당시 전체 스플래시 히츠가 45개에 불과했으니 본즈의 위엄이 느껴진다. 또 본즈는 한 경기 2회 스플래시 히츠만 두 번 기록했을 정도다. 당시 맥코비 코비에는 카약을 타고 홈런 볼을

우측 담장과 뒤로 보이는 맥코비 코브(담장에는 스플래시 히츠 전광판)

주우려는 사람들로 진풍경이 연출되기도 했다. 단 스테로이드 문제로 대기록의 의미가 퇴색된 것은 본즈 개인으로나 메이저리그 전체로도 아쉬움이 남는 부분이다. 우측 펜스까지 거리가 94미터에 불과하지만 타자로선 7미터가 넘는 우측 담장을 넘겨야 하며 맥코비 코브에서 불어오는 강한 바람 때문에 스플래시 히츠를 기록하는 것은 쉽지 않다. 2012년 시즌은 2개, 2013년 시즌에는 단 1개만이 나왔을 뿐이다. 또 아직까지 우타자가 기록한 스플래시 히츠는 없다.

다저스와의 라이벌

자이언츠는 LA 다저스와 앙숙이다. 두 팀의 라이벌 역사는 뉴욕 자이언츠와 브루클린 다저스 시절까지 거슬러 올라간다. 이는 나란히 캘리포니아 주로 연고지를 옮긴 후에도 여전히 변함이 없다. 두 팀간의 라이벌 경기는 유독 많은 뉴스거리를 만들어낸다. AT&T 파크에선 'LA를 물리쳐라(Beat LA!)' 구호가 어느 구장에서보다 우렁차다. 오랜 라이벌 의식으로 원정팀 팬이 상대 홈구장을 방문할 때는 특히 조심해야 한다. 급기야 2013년에는 AT&T 파크 인근에서 두 팀 팬들이 충돌해 결국 다저스 팬이 칼에 찔려 사망하는 충격적인 사건도 있었다.

2010 - 2012 - 2014 짝수 해 월드시리즈 우승

자이언츠는 최근 짝수 해마다 우승 행보를 이어가고 있다. 2010년에는 텍사스 레인저스를 4승 1패로 꺾고 1954년 이후 56년 만에 우승을 차지했다. 이어 2012년에는 디트로이트 타이거즈에 내리 4연승을 거둬 2년 만에 다시 정상에 올랐고 2014년에는 캔자스시티의 돌풍을 7차전 끝에 잠재우고 다시 월드시리즈 트로피를 들어올렸다. 5년 동안 3번의 월드시리즈를 제패한 것은 새로운 왕조의 탄생이라고 봐도 무방할 듯하다. 하지만 자이언츠가 샌프란시스코를 떠날 뻔한 일도 있었다. 밥 루리 전 구단주가 1992년 플

가장 아름다운 야구장

로리다로 프랜차이즈를 옮기려고 계획하자 피터 매고완은 자이언츠 구단을 사들여 자이언츠의 연고 이전을 막았다. 이후 그는 FA 배리 본즈를 영입하고 이후 AT&T 파크 건립까지 이끌어냈다.

아름다운 AT&T 파크는 야구팬은 물론 샌프란시스코를 찾는 관광객도 꼭 가볼 만한 명소이다. 가수 토니 베넷은 샌프란시스코를 노래한 '아이 레프트 마이 하트 인 샌프란시스코(I Left My Heart in San Francisco)'로 그래미상을 받았고 AT&T 파크에는 베넷의 이름을 딴 스위트룸도 있다. AT&T 파크에서 확 트인 맥코비 코브 전경을 바라보며 구장 최고 인기메뉴 갈릭 프라이를 맛본다면, 누구나 샌프란시스코에 마음을 두고 오게 될 것이다.

직관 후기

이날 경기는 5회말 포수 버스터 포지, 6회말 투수 매디슨 범가너의 연속 만루홈런으로 자이언츠가 8-4로 애리조나를 쉽게 이겼다. 메이저리그 최초의 배터리 만루홈런이라는 역사적인 현장에 있었다는 사실만으로도 뿌듯했다.

MUST SEE
맥코비 코브

볼거리
코카콜라 병과 대형 글러브
윌리 메이스 동상

추천 메뉴
마늘 양념이 쏙 베인 갈릭 프라이는 유독 군침을 돌게 한다. AT&T 파크에서 꼭 먹어봐야 하는 메뉴로 가격은 8달러

교통 및 숙박
샌프란시스코는 차 없이 대중교통으로 편하게 여행할 수 있는 도시다. 베이 지역을 연결하는 교통수단 바트, 뮤니 메트로, 버스, 케이블 카 등 선택의 폭이 비교적 넓다. 뮤니 메트로(Muni Metro)를 타면 가장 편하게 AT&T 파크에 올 수 있다. 세컨드&킹(2nd & King) 역에서 내리면 구장 바로 앞이다. 샌프란시스코는 다양한 숙박시설이 있는데 물가가 비싼 편이라 숙소는 가격이 너무 비싸지 않은 곳으로 정하면 된다.

전체적인 분위기 (별 5개 만점)
★★★★★

세이프코 필드 앞의 글러브 조형물

25
시애틀 매리너스
SEATTLE MARINERS

'비의 도시'에 세워진 돔구장, 세이프코 필드

시애틀 매리너스
Seattle Mariners

'비의 도시'에 세워진 돔구장,
세이프코 필드

구단 정보

창단: 1977년
연고지: 워싱턴주 시애틀
월드시리즈/리그 우승: 0회/0회
영구결번: 재키 로빈슨(#42)

구장 정보

이름: 세이프코 필드(Safeco Field)
설립: 1999년
잔디: 천연 잔디
수용: 47,476명
규격: 좌 101m / 좌중 115m / 중 123m / 우중 116m / 우 99m
주소: 1250 First Ave. South Seattle, WA 98134

시애틀 하면 여러 가지가 머릿속에 떠오른다. 가장 먼저 세계적인 커피 프랜차이즈 스타벅스가 연상된다. 또 시애틀은 무대에서 기타를 때려부수던 불세출의 기타리스트 지미 헨드릭스의 고향이며 90년대 전세계 젊은이들을 열광시켰던 너바나와 펄 잼으로 대표되는 '그런지 락'의 발상지이기도 하다. 톰 행크스와 맥 라이언 주연의 영화 〈시애틀의 잠 못 이루는 밤〉도 빼놓을 수 없다. 이런 시애틀은 락의 정신이 뿌리에 깃든, 커피향이 가득한 낭만적인 도시다. 시애틀은 이 지역에 살았던 인디언 추장의 이름에서 도시명을 따왔는데 19세기 말, 알래스카와 캐나다 유콘의 골드러시로 인해 발전한 항구도시다. 스페이스 니들, 눈으로 덮인 레이니어산 등 랜드마크와 녹음, 호수가 어우러진 운치는 시애틀이 왜 '에메랄드 시티라 불리는지 짐작케 한다.

대형 글러브 조형물 '미트'

세이프코 필드는 AL 서부지구 시애틀 매리너스의 홈구장이다. 1999년 오픈한 개폐식 돔구장으로 이전 홈구장이던 킹돔(1977~1999)을 대체했다. 세이프코 필드는 시애틀의 다운타운 근처에 자리 잡고 있다. 한때 켄 그리피 주니어와 알렉스 로드리게즈, 랜디 존슨, 이치로 등 한 시대를 풍미한 특급스타들이 몸담았던 곳이기도 하다. 시애틀 소재 보험회사인 세이프코가 2018년까지 구장명 사용에 대한 권리를 가지고 있다. 세이프코 필드 입구에는 글러브 모양의 조형물이 눈에 띈다. '미트(The Mitt)'라 불리는 이 조형물은 세이프코 필드의 대표적인 볼거리로 많은 팬들이 몰린다. 또 옆에는 NFL 팀인 시애틀 시호크스(Seattle Seahawks)의 홈구장 센트리링크 필드(CenturyLink Field)가 있다. 세이프코 필드 구장 안에서 좌측 펜스 너머로 보이는 건물이 바로 이 센트리링크 필드다.

투수에게 유리한 개폐식 돔 구장

시애틀은 '비의 도시'라 불릴 정도로 비가 자주 내린다. 게다가 여름과 초가을을 제외하면 거의 1년 내내 흐린 날이 계속된다. 시애틀이 돔구장을 고집하는 이유다. 세이프코 필드도 이런 시애틀의 날씨를 고려해 개폐식 돔구장으로 건립됐다. 구장을 한 눈에 내려다보면 우중간 위에 있는 거대한 지붕이 전체 구장을 지배하는 듯하다. 지붕을 열고 닫는 것을 결정하는 요인은 비, 기온, 바람이다. 돔 지붕 밑에는 95, 97, 01년 AL 서부지구 우승과 95, 00, 01년 챔피언십 시리즈(ALCS) 진출을 기념한 대형 현수막이 걸려 있다. 주로 비가 올 때 지붕을 닫기 때문에 지붕이 열렸을 때는 엘리엇 만에서 불어오는 바닷바람의 습기를 차단하지 못한다. 습기를 머금은 타구는 멀리 나가지 못하는 경향이 있어 타자들에게는 다소 불리하다.

따라서 과거 팀의 간판타자였던 켄 그리피 주니어도 이런 구장의 특성 때

웰컴 투 세이프코 필드(Welcome to Safeco Field)

문에 홈런 수의 감소를 감수해야 했다. 알렉스 로드리게즈도 팀을 떠나기 전 외야 펜스를 앞당겨달라고 구단에 요구하기도 했을 정도였다. 또 비교적 넓은 파울 지역 때문에 투수에게 더 유리한 구장으로 알려져 있다. 결국 구단은 2013년 시즌을 앞두고 구장의 펜스를 앞당기기로 결정했는데 그 결과 좌중간 펜스는 무려 5미터 이상 가까워졌다. 작아진 구장의 효과는 어느 정도 나타났지만 그 결과는 조금 더 지켜볼 필요가 있다. 시애틀은 2014년 시즌 전 FA로 풀린 2루수 로빈슨 카노를 영입한 데 이어 2015년에는 전년도 홈런왕 넬슨 크루즈를 영입해 타선을 강화했다.

시애틀 매리너스 명예의 전당

시애틀 매리너스를 빛낸 레전드들을 만날 수 있는 곳이다. '빅 유닛' 랜디 존슨, 켄 그리피 주니어, 제이 뷰너, 에드가 마르티네즈, 댄 윌슨, 앨빈 데이비스, 루 피넬라 감독, 스포츠 캐스터 데이브 니하우스까지 총 8명의 영광스런 얼굴들이 자리잡고 있다. 최소 5년간 매리너스 유니폼을 입어야 하고, 은퇴한 지는 2년이 넘어야 입성 자격이 생긴다. 물론 선수가 아니더라도 구단에 5년 이상 몸담고 공헌한 인물은 이곳에 이름을 올릴 수 있다.

레전드들 중에서도 켄 그리피 주니어는 시애틀에서 데뷔한 프랜차이즈의 상징이었다. 비록 신시내티(2000~2008)에 몸담기도 했지만 현역생활 역시 시애틀에서 마무리했다. 메이저리그에서 22년간 통산 성적은 .284-630홈런-1,836타점. 베이스볼 레퍼런스의 시애틀 구단 소개에 그리피 주니어는 WAR(대체선수 대비 승리기여도) 70으로 프랜차이즈 역대 1위에 이름을 올리고 있다. 2위는 에드가 마르티네즈(68), 3위는 이치로 스즈키(56), 4위는 펠릭스 에르난데스(45)다. 특히, 그는 1997년부터 1999년까지 각각 56-56-48개의 홈런을 쏘아 올려 3년 연속 AL 홈런왕에 등극했다. 비록 내셔널리그의 마크 맥과이어와 새미 소사의 열띤 홈런 경쟁에 가려지긴 했지만 당시 아메리칸리그에는 그리피 주니어가 있었다. 지금 돌이켜보면 그리피의 기록은 더욱 놀랍다. 맥과이어와 소사의 기록은 금지약물 복용으로 그 의미가 많이 퇴색돼버린 데 반해 그의 기록은 여전히 깨끗하게 남아 있다. 그리피의 기록을 의심하는 사람들도 없다. 참고로 세이프코 필드의 닉네임은 '그리피가 지은 집(The House That Griffey Built)'이란 것을 보면 그가 시애틀 구단에 어떤 존재인지 알 수 있다.

메이저리그 각 구장에는 보통 그 구단을 대표하는 레전드들 동상이 있다. 세이프코 필드 우중간 외야석 통로에는 스포츠 캐스터 니하우스의 동상이 있다. '매리너스의 목소리'로 불린 그는 34년간 무려 5,284 경기를 중계한 전설적인 인물로 그 자격이 충분하다. 하지만 세이프코 필드의 외부에도 켄 그리피 주니어나 에드가 마르티네즈의 동상 하나쯤은 있어야 되지 않을까.

스코어보드

세이프코 필드는 전체 메이저리그 구장 중 가장 큰 스코어보드를 자랑한다. 가운데 담장 뒤에 있는 이 전광판은 가로 62미터, 세로 17미터에 달한다. 다양한 정보 제공을 위해 여러 개로 나뉘기도 하지만 리플레이를 보여줄 경우 전체가 한 화면으로 바뀌며 웅장한 크기를 뽐낸다. 수작업으로 이루어지는 구식 스코어보드는 과거 좌측 펜스의 일부분이었는데 담장 높이를 줄이면서 현재는 펜스 위로 올라갔다.

까다로운 영구결번 방침

재키 로빈슨의 42번은 현재 시애틀의 유일한 영구결번이다. 시애틀의 영구결번에 대한 구단 방침은 다소 까다롭다. 적어도 매리너스에서 5년 이상을 뛰고 쿠퍼스타운 명예의 전당에 입성한 선수거나, 오직 매리너스 유니폼만을 입고 명예의 전당 입성에 필적하는 활약을 보인 선수여야 한다. 첫 번째 영구결번 후보로는 최근 명예의 전당에 입성한 랜디 존슨의 51번이 유력하다. 향후 켄 그리피 주니어의

에드가 마르티네즈 명판

24번과 이치로 스즈키의 51번을 예상해 볼 수 있다. 두 선수도 쿠퍼스타운에 입성하는 순간 그들의 번호는 영구결번이 확실시된다. 단, 존슨과 이치로 모두 51번을 달아서 양키스의 8번(빌 디키, 요기 베라)처럼 같은 번호가 두 번 영구결번될 가능성이 높다.

이밖에 에드가 마르티네즈의 11번도 단연 관심을 모은다. 마르티네즈는 18년간 매리너스에서만 통산 .312 - .418 - .515(타율-출루율-장타율)의 성적과 309홈런 - 2,247안타의 성적을 남긴 프랜차이즈 스타다. 두 차례 AL 타격

시애틀 매리너스

왕(1992, 1995)에 올랐고 7번이나 올스타에 선정됐다. 마르티네즈는 2010년 처음으로 명예의 전당 입후보 자격을 얻었으나 커리어 대부분을 지명타자로 보낸 탓에 아직도 득표율이 40%를 넘긴 적이 없다(명예의 전당은 전미야구기자협회 투표에서 75%의 득표율을 넘겨야 입성할 수 있다). 1973년 아메리칸리그에 지명타자제도가 생긴 이래 메이저리그는 매년 최고의 지명타자에게 상을 수여하고 있는데 현재 이 상의 이름은 '에드가 마르티네즈 상'이 됐다.

현재 프랜차이즈의 얼굴, 킹 펠릭스

펠릭스 에르난데스는 현재 시애틀의 에이스다. 자신의 우상이던 프레디 가르시아를 따라 시애틀 유니폼을 입은 베네수엘라 출신의 에르난데스는 2010년에 AL 사이영상을 받아 최고 투수의 반열에 올랐다. 또 그는 2012년 8월 15일 세이프코 필드에서 열린 탬파베이 레이스와의 경기에선 메이저리그 역사상 23번째 퍼펙트게임의 위업을 달성했다. 한편 세이프코 필드 역사상 첫 퍼펙트게임의 주인공은 바로 현 기아 타이거즈 소속의 필립 험버로 그는 같은 해 4월 이미 대기록을 달성했다. 에르난데스의 닉네임은 '킹 펠릭스'인데 NBA 슈퍼스타 르브론 제임스의 별명도 킹이란 것을 보면 그의 위상을 짐작할 수 있다. 그가 등판하는 날이면 세이프코 필드의 홈팬들은 삼진을 의미하는 K에 왕관이 걸린 노란색 피켓을 들고 그를 반긴다.

스시와 롤을 파는 야구장

세이프코 필드는 푸짐한 먹거리를 자랑하는 야구장으로 명성이 자자하다. 역시 최고의 메뉴는 바로 스시다. 세이프코 필드는 미국에서 처음으로 스시를 판매한 야구장이다. 구단 최고의 마케팅 상품이었던 이치로가 이곳에서 전성기를 보냈기 때문이다. 이치로는 7년 연속 퍼시픽리그 타격왕에 오르며 일본무대를 완전히 평정하고 태평양을 건넜다. 시애틀 유니폼을 입게 된 이치로는 미국 무대까지 접수하며 자신의 이름을 모든 메이저리그 팬들에게 각인시켰다. 메이저리그 첫해인 2001년 타격왕과 도루왕 타이틀을 차지한 이치로는 AL 신인왕과 MVP를 동시에 석권하며 센세이션을 일으켰다. 다시 타격왕에 오른 2004년에는 262안타를 기록, 조지 시슬러(257안타)를 뛰어 넘어 메이저리그 단일시즌 최다안타 신기록을 수립하기도 했다. 시애틀에서의 첫 10년 동안 이치로는 매년 올스타에 선정됐고, 매년 골드 글러브를 수상해 메이저리그의 대표 스타로 자리잡았다.

시애틀에서 전성기를 보내고 2012년 시즌 중 팀을 떠났지만 이치로가 시애틀 구단에 미친 영향은 어마어마했다. 이치로의 성공으로 시애틀은 일본 특수를 톡톡히 누렸고, 이후 사사키 가즈히로, 조지마 겐지, 이와쿠마 히사시 등 일본선수를 지속적으로 영입하는 계기가 됐다. 물론 매리너스 구단의 모기업이 일본의 게임업체 닌텐도라는 점도 영향을 미쳤다. 현재 이치로는 떠나고 없지만, 스시와 다양한 롤은 여전히 구장 대표메뉴로 남아 팬들의 허기진 배를 채운다. 롤의 종류도 선수이름을 따서 이치로 롤, 이와쿠마 롤, 킹 롤 등 다양하다. 또 역시 스타벅스의 발상지답게 세이프코 필드에서는 따뜻한 스타벅스 커피 한 잔의 여유도 즐길 수 있다.

그라운드 쪽 좌석에서 바라본 돔 지붕

시애틀 매리너스

세이프코 필드의 전체적인 모습

시애틀의 가을 야구는 언제쯤 다시 볼 수 있을까

1977년에 창단한 시애틀은 아직 우승은커녕 월드시리즈 무대도 올라가보지 못했다. 마지막 포스트시즌 진출도 정규시즌에서 메이저리그 최다승(116승)을 올렸던 2001년이다. 당시 시애틀 팬들은 가을야구를 이렇게 오랫동안 기다리게 될지 알았을까. 시애틀 팬들은 창단 첫 월드시리즈 우승, 아니 이미 10년이 훌쩍 넘은 포스트시즌 진출을 애타게 기다리며 잠 못 이루고 있다.

MUST SEE
시애틀 매리너스 명예의 전당

볼거리
대형 글러브 조형물 '미트(The Mitt)'
데이브 니하우스 동상

추천 메뉴
푸짐한 먹거리를 자랑하지만 역시 최고의 메뉴는 바로 스시다. 세이프코 필드는 미국에서 처음으로 스시를 판매한 야구장이다.

교통 및 숙박
시애틀의 사운더 커뮤터 레일을 타고 킹 스트리트 역에서 내리면 걸어서 10분 거리이고, 링크 라잇 레일을 타고 스타디움 역에서 내리면 5분 거리여서 세이프코 필드에 쉽게 갈 수 있다. 구장 반경 2~3킬로미터 이내에 다양한 숙박 시설이 있다.

전체적인 분위기 (별 5개 만점)

베이스볼 헤븐, **부시 스타디움**

26
세인트루이스 카디널스
ST. LOUIS CARDINALS

부시 스타디움 외관

세인트루이스 카디널스
St. Louis Cardinals

베이스볼 헤븐,
부시 스타디움

구단 정보

창단: 1882년
연고지: 미주리주 세인트루이스
월드시리즈/리그 우승: 11회/19회
영구결번: 오지 스미스(#1), 레드 쇤디엔스트(#2), 스탠 뮤지얼(#6), 이노스 슬로터(#9), 토니 라루사(#10), 켄 보이어(#14), 디지 딘(#17), 루 브락(#20), 화이티 허조그(#24), 브루스 수터(#42), 재키 로빈슨(#42), 밥 깁슨(#45), 어거스트 부시(#85)

구장 정보

이름: 부시 스타디움(Busch Stadium)
설립: 2006년
잔디: 천연 잔디
수용: 43,975명
규격: 좌 102m / 좌중 114m / 중 122m / 우중 114m / 우 102m
주소: 700 Clark Street St. Louis, MO 63102

세인트루이스는 미국 동부와 서부의 관문 역할을 한다고 해서 '게이트웨이 시티(Gateway City)'라 불린다. 과거 서부 개척시대에 많은 사람들이 이곳을 통해 동부에서 서부로 넘어갔다. 세인트루이스 카디널스는 NL 중부지구 소속 전통의 강호다. 과거 선수들이 카디널색(주홍색 계열의 붉은색)의 스타킹을 신어서 붙여진 이름이다. 또 팀명 카디널스는 홍관조를 의미하는데 이 지역에는 실제로 홍관조들이 많이 서식한다.

세인트루이스의 홈구장 부시 스타디움은 2006년에 오픈한 천연 잔디 구장이다. 버드와이저로 유명한 맥주회사 앤호이저 부시 사가 구장명 사용 권리를 가지고 있다. 이전 홈구장인 올드 부시 스타디움은 1982년 월드시리즈 우승, 1998년 마크 맥과이어의 62호-70호 홈런 등 찬란했던 순간을 간직한 채, 역사 속으로 사라졌다. 새로 지어진 구장도 옛 이름을 그대로 물려받아 '뉴' 부시 스타디움이다.

포스트시즌에 강한 '가을 좀비'

카디널스는 내셔널리그를 대표하는 명문구단이다. 카디널스를 거쳐 쿠퍼스타운 명예의 전당에 이름을 올린 선수와 감독들만 40명이 넘는다. 뉴욕 양키스(27회)에 이어 두 번째로 많은 총 11회 월드시리즈 우승을 차지했다. 세인트루이스는 부시 스타디움 개장 첫 해인 2006년 '월드시리즈 우승'이라는 영원히 기억될 사건을 만들었다. 이어 2011년에도 알버트 푸홀스와 데이빗 프리즈, 야디어 몰리나를 앞세워 5년 만에 다시 월드시리즈 트로피를 들어올렸다. 최근 포스트시즌에서 유독 강한 모습을 보여 '가을 좀비'라는 별명까지 얻었다.

스탠 '더 맨' 뮤지얼 동상

구장에 도착하면 먼저 3루 출입구 옆에 세인트루이스의 전설 스탠 뮤지얼 동상이 먼저 눈에 들어온다. 뮤지얼은 세인트루이스 카디널스의 역사를 언급할 때 절대 빼놓을 수 없는 선수다. 그는 세인트루이스에서만 22년간 활약하며 내셔널리그에서 3번의 MVP(1943, 1946, 1948)와 무려 7번의 타격왕을 차지한 카디널스의 상징적인 존재다. 통산 타율 .331·475홈런·올스타 20회라는 화려한 경력을 바탕으로 1969년 명예의 전당에 입성했다. 또 뮤지얼은 통산 3,630개의 안타를 쳐냈는데 흥미로운 것은 홈과 원정에서 똑같이 1,815개의 안타를 때렸다는 점이다. 경이적인 기록을 세운 뮤지얼은 상대팀에 위협적인 존재로서 늘 경계대상 1호였다. 원정경기에 출전했을 때 상대팀 팬들은 '그 사람(The Man)이 또 왔어'라며 치를 떨기도 했다. 그 때부터 뮤지얼은 '스탠 더 맨(Stan The Man)'으로 불리기 시작했다는 유명한 일화도 있다. 그런데 이 동상은 뮤지얼 특유의 웅크린 타격자세를 표현했는데 상체가 유난히 크게 만들어진 게 옥의 티다.

구장 앞에는 이밖에 로저스 혼스비, 이노스 슬로터, 디지 딘, 루 브락, 밥 깁

스탠 뮤지얼 동상 | 이노스 슬로터의 '매드 대시(Mad Dash)' 동상

슨 등 카디널스 레전드들의 작은 동상들이 한 곳에 모여 있다. 주변에는 아나운서 잭 벽의 동상도 있다. 여기엔 또 하나의 스탠 뮤지얼 동상이 있어서 그의 위상이 어느 정도인지 알 수 있다. 이 중에선 슬로터의 동상이 가장 눈에 띄는데, 1946년 보스턴 레드삭스와의 월드시리즈 7차전에서 1루부터 홈까지 질주해 결승득점을 올린 일명 '미친 질주(Mad Dash)' 모습을 잘 형상화했다.

구장 바깥쪽에 홈 출입구와 3루 출입구 사이에 있는 벽돌 길. 무심코 지나칠 수도 있는 이곳에는 세인트루이스의 역사적인 순간을 기념해 놓은 벽돌 프레임이 있다. 주변에는 세인트루이스 팬들의 이름과 메시지가 적혀 있는 벽돌이 인상적이다. 여기에는 총 18,000개 이상의 벽돌이 있으며 이 벽돌의 색은 부시 스타디움의 외관 색과 동일하다. 야구장 주변에서 팬들의 흔적을 보여주면서 홈팬들의 사랑을 시각적으로 형상화해 구장을 찾은 사람들에게 또 다른 볼거리를 제공한다.

카디널스 명예의 전당 박물관

좌중간 담장 너머 경기장 외부에는 '카디널스 네이션(Cardinals Nation)'이라 적혀 있는 3층 건물이 보인다. 이곳에는 카디널스 명예의 전당 박물관이 있어 방대한 자료와 볼거리를 자랑한다. 2014년 새로 생긴 이곳은 선수들의 명판, 챔피언십 갤러리 등 구단의 소장품만 무려 16,000점에 달한다. 현재까지 카디널스 명예의 전당에는 선수, 감독 등을 포함 총 26명이 이름을 올렸다. 경기가 있는 날은 7회까지 문을 열고 평소에도 매일 오전 10시부터 저녁 6시까지 오픈해 많은 팬들이 찾는다. 박물관의 입장료는 성인 기준 12달러. 특히 건물 옥상에는 2층으로 된 루프탑 좌석이 있어 마치 리글

구장 주변의 벽돌 프레임

리 필드에 있는 리글리 루프탑을 연상시킨다. 이밖에 음식점과 기념품 가게도 있다.

좌측 펜스 뒤엔 원정 팀의 불펜이 우측펜스 뒤엔 홈 팀 불펜이 있다. 특히 카디널스의 불펜 내부에서는 2002년 세상을 떠난 데릴 카일의 등번호 57번과 2007년 교통사고로 사망한 조시 핸콕의 32번도 볼 수 있다. 가장 최근에는 유망주 오스카 타베라스마저 음주운전 교통사고로 유명을 달리했다. 카디널스 구단 내에서는 이따금씩 선수들의 충격적인 사고가 이어져 많은 사람들을 안타깝게 한다.

올드 부시 스타디움의 흔적

현재 부시 스타디움의 좌익수 쪽 지점은 지난 1985년 NLCS 5차전 오지 스미스가 역사적인 끝내기 홈런을 친 '올드' 부시 스타디움의 우익수 지점이

좌측 펜스의 영광스런 얼굴들

세인트루이스 카디널스

라고 한다. 현 구장과 과거 구장의 위치가 일부 겹쳐 있다는 얘기다. 당시 스미스는 9회말 2-2 동점 상황에서 극적인 홈런을 때려내 팀을 승리로 이끌었다. 당시 스미스가 홈런을 치자 경기를 중계하던 '명예의 전당' 캐스터 잭 벅은 'Go Crazy! Folks Go Crazy!'를 외쳤다. 스위치타자 스미스는 이날 홈런을 치기 전까지 3,000번 이상 좌타석에 들어서서 단 한 개의 홈런도 치지 못했다.

카디널스는 결국 다저스를 4승 2패로 물리쳐 월드시리즈 진출에 성공했고 결정적인 활약을 보인 스미스가 '시리즈 MVP'에 선정됐다. 현재 부시 스타디움 좌측 펜스에는 구단 영구결번과 그 주인공들의 그림이 전시돼 있다. 특이한 것은 영구 결번번호 '42' 아래로 2명의 이름이 보인다. 이는 모든 메이저리그 30개 팀에서 모두 영구결번된 재키 로빈슨과 2006년 명예의 전당에 입성한 '스플리터의 달인' 브루스 수터다. 흔한 광고판보다는 역시 구단을 대표하는 영광스러운 얼굴들이 펜스를 더 빛나게 만든다.

부시 스타디움의 명물, 게이트웨이 아치(Gateway Arch)

부시 스타디움에서 최고의 명물은 구장 너머로 보이는 게이트웨이 아치다. 미시시피 강 바로 옆에 있는 이 아치는 세인트루이스의 상징과도 같다. 높이가 무려 192미터에 달해 가까이 다가가면 그 크기에 놀란다. 이전 '올드' 부시 스타디움에서는 구장 좌측 너머로 아치의 상단부분만 조금 보였지만, 현재 부시 스타디움에서는 아치가 전체적으로 잘 보여 경기 중에 아름다운 장관을 연출한다. 세인트루이스의 상징인 이 아치가 최대한 잘 보이도록 하기 위해 경기장은 북동쪽을 향하게 설계됐다. 게이트웨이 아치와 함께 또 다른 부시 스타디움의 상징은 역시 버드와이저 맥주다. 밀러 파크에서 밀러 맥주, 쿠어스 필드에서는 쿠어스 맥주를 마시듯 부시 스타디움에서는 버드와이저가 가장 큰 인기다.

알버트 푸홀스

푸홀스는 카디널스 역사를 언급할 때 뮤지얼과 함께 꼭 언급되는 선수다. 도미니카 공화국 출신의 푸홀스는 1999년 드래프트에서 13라운드(전체 402순위)에 지명됐을 정도로 기대치가 높지는 않았지만 2001시즌 NL 신인왕을 차지한 것을 시작으로 매년 한결같은 활약을 보여 2000년대 최고의 선수로 우뚝 섰다. 카디널스에서 뛴 11년간 .328 - .420 - .617(타율 - 출루율 - 장타율)의 눈부신 성적을 남겼는데 이 기간 동안 3번의 NL MVP를 차지했고 MVP 2위만 무려 4번을 차지했을 정도다. 기록이 말해주듯 타격의 정확성과 파워, 선구안을 두루 갖춘 가장 위협적인 타자로 한 시대를 풍미했다. 2011년 월드시리즈 우승 이후 FA로 LA 에인절스로 팀을 옮겼지만 이후

부시 스타디움에서는 역시 버드와이저 맥주

의 모습은 예전 같지 못하다. 이미 500홈런 클럽 가입해 미래에 명예의 전당 입성이 확실시되는 선수다.

웰컴 투 베이스볼 헤븐!

세인트루이스는 미국 중부에 위치한 인구 30만 여명의 작은 도시다. 게이트웨이 아치 외에는 볼거리도 그다지 없다. 하지만 부시 스타디움의 홈 관중 숫자는 매년 꾸준해 지난 10년간 홈 평균 관중이 4만 명을 밑돈 해는 2011년이 유일하다. 그만큼 팬들의 사랑과 지지가 언제나 한결같다는 뜻이다. 평균 연령대는 조금 높은 편이지만 세인트루이스 팬들은 열정적이면서도 신사적인 응원을 하는 것으로 정평이 나 있다. 이 도시가 보여주는 카디널스에 대한 지지와 사랑은 실로 놀랍다. 온통 붉은 경기장을 보고 있노라면 세인트루이스 시민들은 도대체 왜 이토록 야구에 목을 매는지 의문이 든다. 매 경기 시작 전 장내 아나운서의 첫 마디가 아직도 귀를 맴돈다. "웰컴 투 베이스볼 헤븐!(Welcome to Baseball Heaven!)"

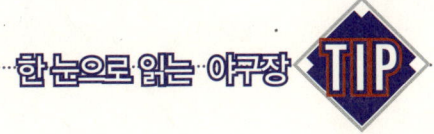

MUST SEE
스탠 뮤지얼 동상

볼거리
세인트루이스 카디널스 명예의 전당 박물관

교통 및 숙박
세인트루이스는 미국에서 위험한 도시로 손꼽힌다. 도시 특성상 차량을 이용하는 것이 좋다. 특히 미시시피 강 건너편은 위험하므로 가지 않는 것이 좋다. 구장이 다운타운에 위치해 주변에 다양한 숙박시설이 있다.

전체적인 분위기 (별 5개 만점)
★★★★☆

세인트루이스 카디널스

탬파베이 레이스
Tampa Bay Rays

MLB 유일의 폐쇄형 돔구장, 트로피카나 필드

구단 정보

창단: 1998년
연고지: 플로리다주 세인트피터스버그
월드시리즈/리그 우승: 0회/1회
영구결번: 웨이드 보그스(#12), 재키 로빈슨(#42)

구장 정보

이름: 트로피카나 필드(Tropicana Field)
설립: 1990년
잔디: 인조 잔디
수용: 31,042명
규격: 좌 96m / 좌중 113m / 중 123m / 우중 113m / 우 98m
주소: One Tropicana Drive St. Petersburg, FL 33705

탬파베이는 플로리다주 서부 해안에 위치한 광활한 만이다. 지도에서 보면 이 탬파베이를 중간에 두고 좌측엔 세인트피터스버그, 우측엔 탬파란 도시가 나란히 있다. 바다가 흡사 두 도시 사이를 파고들어와 있는 모습이다. 일반적으로 탬파베이라 하면 탬파와 세인트피터스버그 외에 북쪽의 클리어워터와 남쪽의 브레이던튼과 사라소타 등 만을 둘러싼 전체 지역을 아우른다. 이 지역에서 제일 큰 도시는 탬파다. 토니 라루사 감독과 티노 마르티네즈가 이곳 출신으로 유명하다. 마이애미의 호세 페르난데스 역시 쿠바를 탈출한 뒤 탬파에 정착해 이곳에서 고등학교를 나왔다. 탬파 다음으로 큰 도시는 바로 세인트피터스버그로 탬파베이 레이스의 홈구장 트로피카나 필드가 이곳에 위치해 있다.

레이스, 가오리와 광선의 팀

탬파베이는 지난 1998년 리그 확장 때 탬파베이 데빌레이스로 창단했다. 2008년에는 팀명에서 데빌을 떼어내 그냥 레이스로 바꿨다. 레이스는 기존의 가오리라는 의미와 광선이라는 뜻도 동시에 갖는다. 세인트피터스버그의 닉네임이 '선샤인 시티(Sunshine City)'란 것을 생각하면 쉽게 이해가 된다. 실제 탬파베이 유니폼 앞부분에는 노란 광선을, 소매부분에는 가오리 로고를 볼 수 있다. 1990년에 문을 연 트로피카나 필드는 실내 미식축구 경기장으로 사용되다가 1993년부터 NHL 탬파베이 라이트닝의 홈구장으로도 사용됐다. 이후 탬파베이 야구단의 창단과 함께 1998년부터 레이스의 홈구장으로 쓰이기 시작했다. 구장은 세인트피터스버그 시가 소유하고 있다.

경기장 외관은 둥근 형태로 전체적으로 밝은 톤을 띤다. 메인 출입구 쪽 오렌지색과 녹색이 어우러진 트로피카나 로고와 구장 주변 야자수 나무는 플로리다의 분위기를 각인시킨다. 트로피카나는 플로리다 지역의 오렌지 주스 회사로 현재 펩시 소유다. 구장 내 오른쪽 파울 폴 우측 뒤 초록빛이 들어온 트로피카나 로고와 빨대가 꽂힌 오렌지의 모습은 이 야구장의 상징과도 같다.

트로피카나 필드의 명물, 레이스 터치 탱크

레이스 터치 탱크(Rays Touch Tank)는 우중간 담장 뒤쪽에 있는 가오리 수족관이다. 트로피카나 필드의 최고 명물로 탬파베이의 팀명인 레이스, 즉 가오리들을 직접 보고 만질 수도 있는 곳이다. 경기시작 2시간 후면 문을 닫아 경기 전은 물론 경기 중에도 팬들의 발걸음이 끊이질 않는다. 구단 직원의 통제 하에 일정한 시간 간격으로 사람들을 모아 그룹으로 방문할 수 있다. 무엇보다 가오리들을 직접 만질 수도 있고 가오리들에게 먹이

트로피카나 필드의 외관 전면

가오리를 직접 만질 수 있는 '레이스 터치 탱크(Rays Touch Tank)'

Rays 탬파베이 레이스

를 줄 수 있다는 점이 가장 흥미롭다. 입장료는 무료, 가오리 먹이는 5달러다. 수족관 옆에는 가오리를 만지는 방법과 먹이를 주는 법까지 그림으로 자세히 설명되어 있다. 가오리의 몸통 부분에는 스트라이크 존, 측면 부분에는 홈런이라고 표시해 놓은 그림이 흥미롭다. 또 가오리를 만질 때 주의할 점은 검지와 중지로 가오리 측면 날개 부분을 가볍게 만져야 한다는 것. 그림처럼 가오리 몸통은 민감한 부분이라 건드리면 가오리가 놀란다고 한다. 참고로 가오리를 만지면 몸에서 진흙 같은 것이 묻어 나와 꼭 손을 씻어야 한다.

테드 윌리엄스 뮤지엄 & 타자 명예의 전당

트로피카나 필드에서 가오리 수족관 다음으로 꼭 방문해야 할 곳은 바로

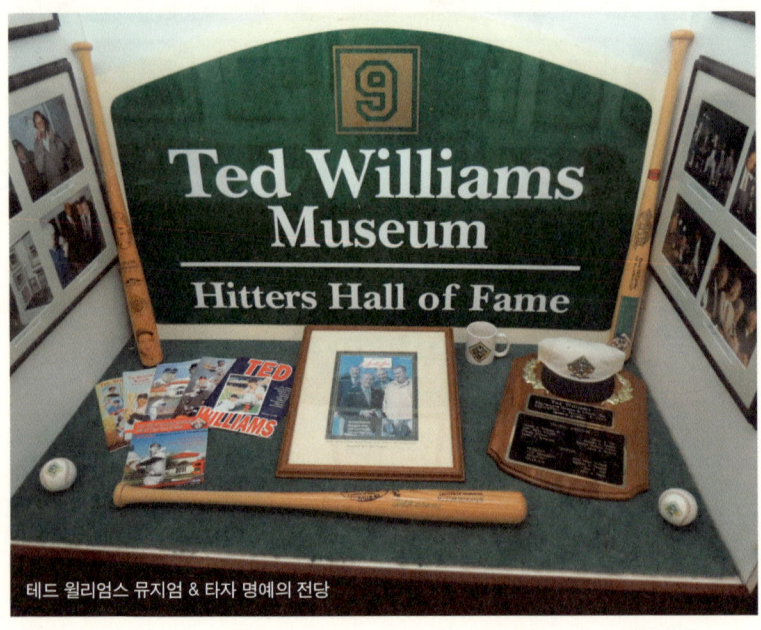

테드 윌리엄스 뮤지엄 & 타자 명예의 전당

테드 윌리엄스 뮤지엄 & 타자 명예의 전당이다. 보스턴이 아닌 이곳에 왜 윌리엄스 뮤지엄이 있을까 의문이 들 수도 있지만 윌리엄스는 말년을 플로리다에서 보냈다고 한다. 먼저 박물관에 들어서면 중앙에 테드 윌리엄스 동상이 단연 눈길을 끄는데 배트를 힘껏 휘두르는 그의 모습이 제법 닮았다. 이곳에선 동상 외에도 윌리엄스에 관한 다양한 전시물을 볼 수 있는데, 특히 한국전쟁 참전 중에 찍은 윌리엄스의 사진은 왠지 모르게 친근감이 느껴진다.

벽 한쪽에는 윌리엄스가 길거리를 지나갈 때 사람들로부터 듣고 싶어 했다던 '저기 역사상 가장 위대한 타자가 지나간다(There goes the greatest hitter who ever lived)'란 글귀가 적혀 있다. 이곳은 윌리엄스 외에도 미키 맨틀, 로베르토 클레멘테, 조지 브렛, 미겔 카브레라 등 역사에 남을만한 훌륭한 타자들의 다양한 전시물을 갖추고 있다. 입장료는 무료이다.

돔

트로피카나 필드는 현재 메이저리그에서 유일한 폐쇄형 돔구장이다. 햇빛을 볼 수 없는 구조라 당연히 인조 잔디가 깔렸다. 인조 잔디 구장임에도 내야가 흙으로 덮여져 있는 것이 특이하다. 또 트로피카나 필드에서는 특이한 돔 지붕 구조를 선수들이 유의해야 한다. 먼저 돔 지붕이 흰색이어서 수비수들이 타구 판단에 종종 어려움을 겪는다. 또 돔 지붕 밑에는 캣워크(Catwalk)라 불리는 4개의 좁은 통로가 나이테처럼 존재하고 여기에는 조명과 스피커도 달려 있다. 문제는 이 캣워크가 지붕에서 많이 내려와 있어서 경기 중 타구가 이곳에 맞는 경우가 이따금씩 발생한다는 것이다. 이 타구는 맞은 위치에 따라 인플레이나 아웃 오브 플레이로 선언된다. 인플레이일 경우엔 그라운드에 떨어지면 안타, 수비수가 잡으면 아웃이 된다고 하니 핀볼 게임이라고나 해야 할까. 가장 바깥쪽 두 캣워크 중 두 파울 폴

폐쇄형 돔구장인 트로피카나 필드의 독특한 지붕

사이에 맞으면 홈런으로 인정되고 캣워크에서 공이 내려오지 않는 경우는 그라운드 룰 더블이 주어진다.

탬파베이의 기적, 2008년 월드시리즈 진출

창단 후 항상 AL 동부지구 하위권을 맴돌던 탬파베이는 마침내 2008년에 사고를 쳤다. 같은 지구의 뉴욕 양키스와 보스턴 레드삭스를 제치고 지구 1위를 차지한 것이다. 포스트시즌에서도 승승장구해 결국 월드시리즈까지 진출했다. 비록 필라델피아 필리스에 아쉽게 패해 준우승에 머물렀지만, 탬파베이는 많은 사람들을 놀라게 했다. 이후 2010년에도 지구 우승을 차지했고 2011년과 2013년에는 와일드카드로 포스트시즌 진출에 성공했다. 빅 마켓팀인 양키스와 레드삭스의 틈바구니에서 올린 성적이라 더 놀랍다. 구단 수뇌부인 스튜어트 스턴버그, 앤드류 프리드먼, 맷 실버맨 이른바 '월

좌측 파울 폴 근처 162 랜딩(162 Landing)

'스트리트 3인방'은 통계와 분석을 강조했다. 이들은 저비용으로 눈부신 성적을 올려 그들의 투자방식은 월가 뿐 아니라 야구팀 운영에도 효과적이라는 것을 이미 입증했다. 이들의 자세한 성공 스토리는 조나 케리의 저서 《그들은 어떻게 뉴욕 양키스를 이겼을까(The Extra 2%)》에 잘 나와 있다. 현재 프리드먼은 LA 다저스 구단 사장으로 자리를 옮겼다.

162 랜딩 존(162 Landing Zone)

2011년 9월 28일. 이날은 메이저리그 정규시즌 역사상 가장 짜릿한 승부가 펼쳐진 날로 기억된다. 이날 경기 전까지 AL 와일드카드 순위에서 탬파베이는 보스턴과 함께 90승 71패로 동률을 이루고 있었다. 탬파베이는 이날 뉴욕 양키스를 상대로 시즌 마지막 경기를 치렀고 7-0으로 뒤져 포스트시즌 진출이 물거품 될 위기에 몰렸다. 하지만 8회말 에반 롱고리아의 3점 홈런 포함 대거 6득점해 7-6으로 따라붙더니 9회말 투아웃 이후 대타 댄 존슨이 극적인 솔로 홈런을 쏘아 올려 결국 7-7 동점을 만들었다. 이후 연장 12회말 에반 롱고리아가 끝내기 홈런을 때려내 8-7로 승리, 기적 같은 드라마를 완성했다. 반면 같은 날 보스턴은 9회 마무리 조너던 파벨본이 블론 세이브를 기록하며 포스트 시즌 진출에 실패했다. 162 랜딩 존(162 Landing zone)은 당시 12회말 롱고리아의 홈런이 떨어진 곳을 기념하기 위해 만든 곳으로 좌측 파울 폴 근처에 위치하고 있다. 우측 1열 10번 좌석은 댄 존슨의 홈런 볼이 떨어진 자리다.

웨이드 보그스 & 3,000안타

보스턴에서 데뷔해 뉴욕 양키스를 거친 웨이드 보그스는 탬파베이에서 선수생활을 마감했다. 보그스는 탬파베이에서 단 2년만 뛰었지만 트로피카나 필드에서 3,000안타의 위업을 달성했다. 3,000안타를 홈런으로 장식한 첫 선수가 바로 보그스다(이후 2011년 데릭 지터가 3,000안타를 역시 홈런으로 기록). 트로피카나 필드의 푸른 우측 외야석들 중엔 유일하게 노란 좌석이 하나 있는데 이 자리가 바로 보그스의 홈런 볼이 떨어진 자리다. 트로피카나 필드의 영구결번은 웨이드 보그스의 12번과 재키 로빈슨의 42번으로 외야 좌중간에 위치한 성조기 아래 쪽에 볼 수 있다.

탬파베이는 홈 관중 동원에서 3년 연속(2012~2014) 메이저리그 최하위에 그쳤다. 직접 피부로 느껴지는 트로피카나 필드의 분위기는 생각보다 더 심각하다. 메이저리그 구장이 맞나 싶을 정도로 분위기가 썰렁해 체감 열기는 30개 구장 중에서 가장 낮은 듯하다. 보통 주중 경기에는 좌석이 많이 비어 있다고 한다. 에반 롱고리아의 웅장한 등장 음악 탠트릭(Tantric)의 '다운 앤드 아웃(Down and Out)'마저 텅 빈 야구장에 울려 퍼지니 덩달아 초라하게 느껴질 정도다. 또 3층 복도는 문을 닫아버린 음식점들로 가득해 활

재키 로빈슨과 웨이드 보그스의 영구결번

기가 전혀 느껴지지 않아 야구장이 죽어 있다는 느낌마저 든다. '저비용 고효율'의 대명사 탬파베이가 매력적인 팀인 것은 분명하지만 트로피카나 필드의 전체적인 분위기는 팀 위상에 비추어 초라하기 짝이 없다. 눈앞에서 아무리 수준 높은 경기가 펼쳐져도 이를 보는 관중이 없으면

Rays 탬파베이 레이스

메이저리그는 존재할 수 없다. 탬파는 세인트피터스버그보다 큰 도시로 기업들이 더 몰려 있고 인구도 많다. 탬파 중심지에서 트로피카나 필드까지는 약 30킬로미터 정도 떨어져 있는데 야구장을 가려면 두 도시를 연결하는 하워드 프랭크랜드 다리를 건너야 한다. 이 다리의 길이는 5킬로미터가 채 되지 않지만 걸핏하면 생기는 심각한 교통체증 때문에 탬파 시민들은 체감거리가 너무 멀다고 입을 모은다. 그들이 야구장 가기를 꺼리는 이유다. 과거 독선적인 구두쇠 빈스 나이몰리 구단주가 물러나고 그 자리를 이어 받은 이가 월스트리트 출신의 스튜어트 스턴버그. 이후 구단은 외부 음식물 반입 허용과 제한적 무료주차라는 홈팬 친화적인 노력을 계속하고 있지만 구장으로 많은 팬들을 끌어 모으기에는 아직 2% 부족해 보인다. 미키 브래들리의 저서 《Haunted Baseball》에 따르면, 현재 트로피카나 필드가 지어진 부지는 과거 공동묘지였다고 한다. 상황이 이러하니 괜히 터가 안 좋다는 생각까지 든다. 트로피카나 필드는 야구장 건립에 있어 홈구장의 위치와 팬들의 접근성이 얼마나 중요한지 보여주는 좋은 사례다.

한 눈으로 읽는 야구장 TIP

MUST SEE
레이스 터치 탱크(Rays Touch Tank)
162 랜딩 존(162 Landing Zone)

볼거리
테드 윌리엄스 뮤지엄 & 타자 명예의 전당
우측 외야 웨이드 보그스의 3,000안타가 떨어진 노란 좌석

추천 메뉴
트로피카나 필드 역시 말린스 파크처럼 플로리다에 있어 쿠바빵에 햄, 스위스 치즈, 피클, 겨자소스가 들어가 있는 쿠바 샌드위치가 인기 메뉴다.

교통 및 숙박
차가 없으면 접근이 쉽지 않다. 야구장을 오고가는 무료 셔틀버스가 있으나 노선이 상당히 제한적이다. 세인트피터스버그에 가려면 보통 탬파 공항에서 내려서 하워드 프랭크랜드 다리를 건너와야 한다. 구장에서 더 가까운 세인트피터스버그-클리어워터 공항은 보통 소도시로만 운행하는 항공편이 주를 이룬다. 숙박시설은 야구장 주변 다운타운에 몇 군데 있다.

전체적인 분위기 (별 5개 만점)

Rays 탬파베이 레이스

28
텍사스 레인저스
TEXAS RANGERS

가장 아메리카다운 구장, 글로브 라이프 파크

글로브 라이프 파크 외관

텍사스 레인저스
Texas Rangers

가장 아메리칸리그다운 구장, 글로브 라이프 파크

구단 정보

창단: 1961년
연고지: 텍사스주 알링턴
월드시리즈/리그 우승: 0회/2회
영구결번: 조니 오츠(#26), 놀란 라이언(#34), 재키 로빈슨(#42)

구장 정보

이름: 글로브 라이프 파크(Globe Life Park)
설립: 1994년
잔디: 천연 잔디
수용: 48,114명
규격: 좌 101m / 좌중 119m / 중 122m / 우중 115m / 우 99m
주소: 1000 Ballpark Way Arlington, TX 76011

추신수가 뛰는 텍사스 레인저스의 홈구장 글로브 라이프 파크. 이 하나 이 유만으로도 우리에겐 방문 가치가 충분하다. 물론 예전에 박찬호가 뛰기도 해 우리에겐 더 친숙한 구장이다. 과거 볼파크 인 알링턴-아메리퀘스트 필드 인 알링턴-레인저스 볼파크 인 알링턴의 이름을 거쳐 2014시즌부터 미국 보험회사 글로브 라이프가 10년간 네이밍 권리를 얻어 현재의 글로브 라이프 파크가 됐다. 1994년 개장한 천연 잔디 구장이다.

레인저스는 1961년 리그 확장 때 워싱턴 세네터스라는 이름으로 창단했다가 1972년 알링턴으로 연고지를 옮겨 텍사스 레인저스로 새롭게 태어났다. 팀 이름인 레인저스는 텍사스의 보안관을 의미한다. 벽돌로 지어진 구장 외관과 아치형 창문은 고풍스런 느낌이 풍겨 언뜻 볼티모어의 캠든 야즈와 흡사해 보인다. 캠든 야즈가 문을 연 1992년 이후 메이저리그에선 새 야구장 건설의 광풍이 불었고 캠든 야즈는 이후 생겨난 야구장들에 큰 영향을 미쳤다.

알라모를 기억하라!

가장 눈에 띄는 것은 바로 구장 상단과 주변에 걸린 텍사스 주기다. 큰 별이 하나 있어 '외로운 별(The Lone Star Flag)'이란 이름이 붙은 이 주기는 언뜻 보면 칠레 국기와 상당히 흡사하다. 이 깃발 때문에 텍사스는 '외로운 별의 주'라는 닉네임을 얻었고, 텍사스 지역 팀인 레인저스와 휴스턴 애스트로스의 대결도 '론 스타 시리즈'로 불린다. 원래 광활한 텍사스는 스페인의 지배를 받던 멕시코 땅이었다. 이후 스페인으로부터 독립한 멕시코에 많은 미국인이 건너갔고 결국 이주민들은 멕시코 군대와의 전쟁에서 승리해 마침내 1836년 텍사스 공화국을 세웠다. 그 중 텍사스 의용군 180여 명이 장렬히 전사한 '알라모 전투'는 이후 텍사스가 독립을 이루는 데 정신적으로 큰 기여를 했다.

이 주기는 바로 텍사스 공화국 시절부터 사용된 것으로 이 지역 사람들은 유난히 텍사스주와 주기에 대한 애착이 강하다. 아직도 '알라모를 기억하라!'는 말이 전해지고 있으며 이 알라모는 텍사스 사람들의 정신적인 뿌리로 그들 속에 살아 숨쉰다. 텍사스는 주로 1845년에 미국 편입됐다. 글로브 라이프 파크에서 5회 초가 끝나면 '딥 인 더 하트 오브 텍사스(Deep in the Heart of Texas)'란 노래가 흘러나오며 모든 사람들이 일어나 노래를 따라 부른다. 제목에서 알 수 있듯이 이 곡은 텍사스 지역을 대표하는 노래다. 가사를 몰라도 짝짝짝짝 박수만 쳐주면 된다. 잠실구장에서 '서울의 찬가', 부산 사직구장에서 '부산 갈매기'를 부르는 것과 비슷하지 않을까.

구장 홈플레이트 쪽 입구에는 '레인저스 팬들(Rangers Fans)'이라는 이름이 붙은 동상이 있다. 이 동상은 레인저스 팬이었던 쉐넌 스톤과 그의 6살 아들 쿠퍼 스톤의 모습을 담은 것이다. 이들 부자는 지난 2011년 7월 7일 이 구장을 찾았는데 아버지 쉐넌이 비극적인 사고로 야구장에서 사망했다. 경기 전 외야수 조시 해밀턴이 관중석으로 던져주는 공을 잡으려다가 그만 좌측 외야 난간 밖 시멘트 바닥으로 떨어졌다. 이 동상은 그의 죽음을 기리

웅장한 글로브 라이프 파크의 전경

며 만들었다고 한다. 또 구장 근처에는 NFL 댈러스 카우보이스의 홈구장 AT&T 스타디움도 볼 수 있다.

타자 친화적인 구장?

레인저스의 홈구장은 그 동안 콜로라도 쿠어스 필드와 함께 메이저리그에서 대표적인 타자 친화적인 구장으로 명성을 떨쳤다. 기본적으로 건조한

텍사스 레인저스

알링턴의 기후 때문에 타구의 비거리가 늘어나는 편이다. 여기에 제트기류(Jet Stream)의 영향까지 더해져 수많은 홈런이 양산됐다. 제트기류는 외야에서 불어온 바람이 구장 스탠드에 막혀 다시 우측으로 불어나가는 바람이다. 하지만 최근 제트기류의 영향은 예전 같지 않다. 구단은 2012년 시즌 종료 후 장내 공기순환을 위해 보수공사를 실시했는데 이 과정에서 홈플레이트 뒤쪽에 막혀 있던 시설물에 공간을 내어 바람이 빠져나가도록 했다. 이후 글로브 라이프 파크의 파크 팩터 수치는 전혀 다른 구장으로 탈바꿈했다.

먼저 보수공사 이전인 2012년 구장의 홈런 파크 팩터는 113(좌타자 123/ 우타자 108)이었다. 즉 중립적인 구장(100)보다 13%의 홈런이 더 나왔다(좌타자는 23%/우타자는 8%)는 뜻이다. 그럼 공사 이후의 2년간 홈런 파크 팩터를 보자. 2013년 파크 팩터는 93(좌타자 100/우타자 87), 2014년 파크 팩터는 96(좌타자 109/우타자 86)으로 2년간 오히려 홈런이 중립적인 구장보다 각각 7%와 4% 덜 나온 것으로 분석됐다(출처: 《Bill James Handbook》). 결국 2013~2014년 시즌 평균을 보면 글로브 라이프 파크에서 좌타자들은 여전히 중립적인 구장보다는 많은 홈런을 기록했지만 그 수치는 과거보다 눈에 띄게 줄어들었고, 우타자들은 중립적인 구장보다도 훨씬 담장을 넘기기가 버거워졌다. 좌타자인 추신수 선수에겐 그나마 다행인 셈이다. 물론 조금 더 지켜봐야겠지만 최근의 글로브 라이프 파크는 분명 예전과 같은 타자들의 천국은 아니다.

구장 내부에서 바라본 글로브 라이프 파크는 굉장히 웅장한 느낌을 준다. 중견수 펜스 뒤쪽으로 4층 건물이 있는데 좌중간에서 우중간에 걸쳐 있는 이 빌딩은 전체적으로 웅장한 야구장 분위기 형성에 일조한다. 특히 건물 외벽에 보이는 흰 양식이 눈에 띈다. 이 건물은 역시 캠든 야즈 우익수 뒤에 있는 B&O 웨어하우스, 펫코 파크의 서부금속 회사 건물을 떠올리게 한다. 이래저래 캠든 야즈와는 많은 유사점을 보인다. 건물 1층은 매표소와 상점들이 들어섰고, 2, 3층은 임대를 주고 있으며 4층은 구단 사무실로 활용된다. 건물 위에 설치된 다양한 광고판들도 구장의 화려함을 더욱 부각시킨다. 홈플레이트에서 구장의 전체적인 모습을 바라볼 때 이 건물이 없다면 얼마나 허전했을까. 지명타자제도가 있는 아메리칸리그는 투수들이 타격을 하는 내셔널리그보다 조금 더 선이 굵고 공격적인 야구를 한다. 타격능력이 떨어지는 투수 대신 보통 타격이 뛰어난 중심타자가 들어서니 당연한 이야기다. 그래서 크고 웅장한 텍사스 구장을 보면 가장 아메리칸리그에 어울리는 구장이 아닌가 하는 생각이 들기도 한다.

중견수 펜스 바로 뒤 쪽엔 '그린스 힐(Green's Hill)'이라는 곳이 있는데 타자들의 시야를 돕는 배터스 아이(Batter's Eye) 역할을 한다. 하지만 그게 전부가 아니다. 레인저스 선수가 홈런을 치면 재미있는 광경을 볼 수 있는데 4명의 여성이 텍사스 주기를 들고 이곳을 우측에서 좌측으로 나란히 달린다. 추신수가 홈경기에서 홈런을 치면 TV 화면을 유심히 지켜보자.

추몽구스 & 불고기 비프 샌드위치

글로브 라이프 파크에서 가장 눈에 띄는 음식점은 127섹션에 위치한 '텍사스 사이즈드 24(TEXAS SIZED 24)'란 곳이다. 추신수 선수의 이름을 딴 추몽구스, 애드리언 벨트레의 이름을 딴 벨트레 버스터 버거를 판매하는 곳이다. 추몽구스는 한국식 바비큐와 매운 코울슬로 샐러드가 들어간 샌드위치로 가격이 무려 26달러에 달한다. 하지만 역시 텍사스답게 사이즈 하나는 정말 커 무려 24인치(61cm)나 된다. 실제 크기는 사진보다 훨씬 더 크다. 추몽구스는 혼자 먹기엔 너무 크고 2~3인이 먹기에 적당하다. 또 '텍사스 그릴'이란 음식가게도 눈길을 사로잡는데 이곳에서는 불고기 비프 샌드위치를 판매한다. 무엇보다 '불고기'라고 한글로 또렷이 적혀 있어 유독 눈에 띈다.

60cm가 넘는 추몽구스 샌드위치

불고기 비프 샌드위치 광고 (불고기란 한글이 눈에 띈다)

텍사스 레인저스 명예의 전당

우측 외야 뒤쪽에 위치한 텍사스 레인저스 명예의 전당은 2003년에 생겼다. 텍사스 출신 레전드들의 전시물을 만나볼 수 있는 곳으로 당일 경기 티켓이 있으면 무료다. 이곳에 헌액되기 위해서는 레인저스에서 최소 4년을 활약하고 은퇴한 지 1년이 넘어야 한다. 이곳엔 '너클볼러' 찰리 허프, 놀란 라이언, 버디 벨, 존 웨틀랜드, 러스티 그리어 등 선수뿐 아니라 텍사스 레인저스 탄생에 결정적인 역할을 한 전 알링턴 시장 탐 밴더그리프의 명판도 볼 수 있다. 외야 건물 앞에 있는 밴더그리프 플라자엔 놀란 라이언과 밴더그리프 동상을 볼 수 있다.

놀란 라이언 동상

텍사스 레인저스 명예의 전당

세 개 구단에서 동시에 영구결번된 놀란 라이언

구장에서 가장 큰 볼거리는 '텍사스의 상징' 놀란 라이언 동상이다. 텍사스 태생의 라이언은 메이저리그를 대표하는 우완 강속구 투수로 통산 324승 292패, 3.19의 평균자책점을 기록했다. 특히, 라이언의 트레이드마크는 왼발을 높이 들어올리는 키킹 동작과 불같은 강속구로 타자를 돌려세운 삼진이었다. 통산 5,714개의 탈삼진으로 역대 1위에 올라 있고 무려 7번의 노히트 경기를 펼쳤다. 라이언은 뉴욕 메츠에서 데뷔한 이후 캘리포니아 에인절스, 휴스턴, 텍사스에서 선수생활을 했고 그의 등번호는 메츠를 제외한 3개 구단에서 모두 영구결번 됐다. 텍사스 영구결번은 조니 오츠 감독의 26번, 라이언의 34번, 재키 로빈슨의 42번으로 레인저스 선수로선 라이언

텍사스 레인저스

이 유일하다. 구장 좌측 외야에서 위치한 라이언의 영구결번을 볼 수 있다. 라이언은 1999년 역대 2위에 해당하는 98.79%의 높은 득표율로 명예의 전당에 입성했다. 쿠퍼스타운 명판에 레인저스 모자를 쓰고 있는 선수는 라이언이 유일하다. 이 동상은 1989년 알링턴 스타디움에서 42세의 라이언이 리키 헨더슨을 상대로 5,000탈삼진을 잡아낸 후, 환호하는 팬들에게 모자를 벗어 드는 장면을 형상화했다. 또 그의 이름을 딴 '놀란 라이언 올 비프 핫도그'도 구장의 대표메뉴 중 하나다. 근처 레인저스 공식 팀 스토어에서는 추신수, 다르빗슈 등 레인저스 선수들의 티셔츠와 유니폼을 비롯해 각종 기념품들을 살 수 있다.

마이클 영

영은 2000년대 텍사스를 대표하는 간판 선수였다. 14년 현역생활 중 13년을 레인저스에서 뛰었다. 통산 타율 .300 - 185홈런 - 1,030타점 - 2,375안타의 성적을 남겼다. 특히 알렉스 로드리게즈가 떠난 이후에는 팀의 중심으로 자리잡았다. 2루수였던 영은 팀을 위해 유격수, 3루수로 포지션도 변경하며 전천후로 활약했다. 총 7번의 올스타에 선정됐고 2005년에는 AL 타격왕에도 올랐다. 영은 출장경기(1,823경기), 타석(8,047), 타수(7,399), 득점(1,085) 안타(2,230), 2루타(415), 3루타(55), 출루(2,783) 등에서 프랜차이즈 기록을 가지고 있다. 이런 텍사스의 상징과도 같은 영이지만 아쉽게도 2013년 다저스 유니폼을 입고 은퇴했다. 하지만 이후 텍사스는 2014년 영의 은퇴식을 따로 마련했다. 또 영은 2014년 말부터 단장 특별보좌역으로 레인저스에 다시 합류했다.

글로브 라이프 파크는 무려 126개의 다양한 스위트룸을 자랑한다. 이 중에는 대통령이 되기 전 텍사스 레인저스의 공동 구단주를 역임하기도 한 조지 W. 부시의 이름을 딴 스위트룸이 가장 눈에 띈다. 구장 안에 있는 레인

팀 스토어에서 파는 추신수와 다르빗슈 티셔츠

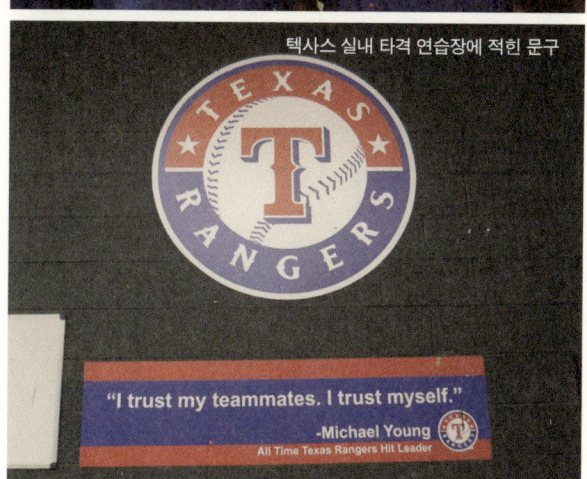

텍사스 실내 타격 연습장에 적힌 문구

"I trust my teammates. I trust myself."
-Michael Young
All Time Texas Rangers Hit Leader

텍사스 레인저스

저스 실내 타격 연습장도 인상적인데 이곳은 선수들이 없는 오전에는 유소년들이 연습하는 공간으로 활용된다. 이런 환경이야말로 어린이들이 자연스럽게 메이저리그를 꿈꿀 수 있는 좋은 토양이다. 연습장 내부 벽에는 마이클 영의 문구가 적혀 있다. "나는 나의 동료들과 나 자신을 믿는다(I trust my teammates, I trust myself)." 글로브 라이프 파크는 무엇보다 추몽구스와 불고기 비프 샌드위치 등 한인 팬들을 겨냥해 만든 음식들이 가장 눈에 띈다. 또 국내기업의 광고판을 보며 추신수라는 선수 한 명이 갖는 마케팅 파워를 실감할 수 있다.

직관 후기

아직도 댈러스로 가던 날의 아침을 잊지 못한다. 댈러스행 비행기를 타러 뉴욕 JFK 공항으로 가는데 그만 체크인 시간에 늦어 비행기를 놓쳤다. 게다가 직행이 아니라 샬럿에서 비행기를 갈아타야 하는 상황이어서 당장 저녁 경기를 못 보는 건 물론이고 자칫 경기, 숙소를 포함한 2박3일의 댈러스-휴스턴 일정이 시작부터 엉클어져 모든 일정을 날릴 수도 있는 상황이었다. 결과적으로 다행히 다음 비행기를 탔는데 그마저도 1시간 정도 연착이 되었다. 우여곡절 끝에 경기 시작 전 글로브 라이프 파크에 도착할 수 있었고 정말 가까스로 추신수의 경기를 볼 수 있었다. 그날 오전 공항에서 혼자 발을 동동 구르다가 망연자실해 흘린 눈물은 평생 잊지 못할 것이다.

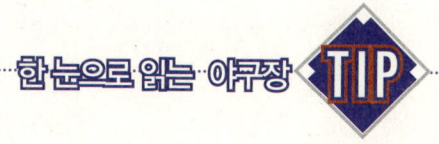

MUST SEE
추신수
놀란 라이언 동상

볼거리
텍사스 레인저스 명예의 전당
다 같이 부르는 '딥 인 더 하트 오브 텍사스(Deep in the heart of Texas)'
중견수 뒤 그린스 힐(Green's Hill)
댈러스 카우보이스 홈 구장(AT&T Stadium)

추천 메뉴
추신수의 이름을 딴 길이가 60센티미터가 넘는 26달러짜리 샌드위치 추몽구스
와 메뉴판에 한글 '불고기'가 인상적인 불고기 비프 샌드위치

교통 및 숙박
구장 주변에 여러 숙소가 있고 이곳에 머문다면 무료 셔틀버스를 이용할 수 있
다. 구단 셔틀버스가 주변에 있는 여러 숙소를 지나가며 사람들을 태우고 내려
준다. 구장까지 걸어서는 20분 정도 거리다.

전체적인 분위기 (별 5개 만점)

토론토 블루 제이스
Toronto Blue Jays
MLB 유일의 '캐나다 야구장'
로저스 센터

구단 정보

창단: 1977년
연고지: 온타리오주 토론토
월드시리즈/리그 우승: 2회/2회
영구결번: 로베르토 알로마(#12), 재키 로빈슨(#42)

구장 정보

이름: 로저스 센터(Rogers Centre)
설립: 1989년
잔디: 인조잔디
수용: 49,282명
규격: 좌 100m / 좌중 114m / 중 122m / 우중 114m / 우 100m
주소: One Blue Jays Way, Toronto, Ontario, Canada

메이저리그에는 북미 지역을 대표하는 총 30개 구단이 있다. 이 중 한 팀만이 미국이 아닌 캐나다를 연고로 한다. 주인공은 바로 AL 동부지구 소속의 토론토 블루제이스로 1977년 창단했다. 토론토는 온타리오호 북쪽 연안에 위치한 캐나다 제1의 도시로 가장 많은 인구가 사는 온타리오주의 주도이다. 이곳의 다운타운 중심부에는 블루제이스의 홈구장이 자리 잡고 있다. 1989년 개장 당시 이름은 스카이 돔이었고 2005년부터 로저스 센터로 불린다. 구단과 구장 모두 캐나다 대표 통신사 로저스 커뮤니케이션스 소유다.

로저스 센터(ROGERS CENTRE)

구장의 외관엔 '로저스 센터(ROGERS CENTRE)'라고 빨간색으로 선명하게 적혀 있다. 구장 바로 옆에는 토론토의 상징 CN 타워가 시선을 사로잡는다. 이 타워는 높이가 무려 553미터가 넘어 토론토 시내 어디서나 쉽게 보이는 명물로 일부 각도에선 마치 야구장의 일부인 것처럼 겹쳐져 보이기도 한다. CN 타워 전망대에 올라가면 로저스 센터가 한 눈에 내려다보인다. 구장 외부에는 바람에 펄럭이는 캐나다 국기가 눈에 띄고 구장 건물 옆에는 '오디언스(The Audience)'라 불리는 인상적인 동상 조각이 튀어나와 있어 이목을 끈다.

구장에 들어서면 한눈에 내려다보이는 야구장 전체 광경이 그야말로 압권인데 인조 잔디와 웅장한 돔의 조화가 탄성을 자아낸다. 로저스 센터는 현재 메이저리그에서 트로피카나 필드와 함께 유이한 인조 잔디 구장이다. 인조 잔디 구장에서 부상 방지용으로 베이스 주변에 흙을 덮어놓는데, 트로피카나 필드는 내야 전체에 흙이 깔려 있는 반면 로저스 센터는 잔디 비중이 더 높다. 현재 구장의 인조 잔디는 애스트로터프다. 애스트로터프(1989~2004) - 필드터프(2005~2010)를 거쳐 2010년에 200만 달러를 투자해 다시 애스트로터프를 깔았다고 한다. 여러 메이저리그 구장 중에서 로저스 센터의 잔디는 유난히 연둣빛을 띤다.

세계 최초의 개폐식 돔 구장

로저스 센터는 세계 최초의 개폐식 돔 구장이다. 지붕은 3개의 이동패널과 1개의 고정패널 등 총 4개로 구성돼 있고 고정패널에 이동패널이 겹쳐져 지붕이 열리는 시스템이다. 무게는 무려 11,000톤에 달한다. 지붕 개폐 여부를 결정하는 요인은 기온, 바람, 비와 눈이다. 구단 홈페이지에 따르면 안전상의 이유로 10도 이상에서만 지붕을 열고 닫을 수 있다. 또 일단 경기가

로저스 센터 외부에 걸린 캐나다 국기

로저스 센터의 연둣빛 인조 잔디와 거대한 돔 지붕

지붕이 열린 채로 시작되면, 경기 중 예상기온이 15도 이하거나 예상 강수 확률이 75% 이상이 될 경우 지붕을 닫는다. 지붕을 여닫는 데 걸리는 시간은 20분 정도. 경기 중 지붕이 움직이면 거대한 지붕에서 눈을 떼기가 힘들다. 돔 지붕이 열리면 구장 안에서도 CN 타워가 잘 보이고 1루 쪽보다는 3루 쪽에서 전망이 더 좋다.

외야에 있는 호텔과 레스토랑

르네상스 토론토 호텔은 구장과 연결돼 있다. 이 중 70개 방은 야구장을 향해 있어 바로 필드가 훤히 내려다보인다. 숙박은 물론 야구 관람까지 가능한 이 방의 하루 호텔비는 팀에 따라 300달러에서 수천 달러를 상회한다고

두 나라의 국기와 스코어보드 사이에 있는 호텔방

한다. 스코어보드를 둘러싸고 있는 흰 창문들이 모두 호텔방 창들이다. 또 '사이트라인(Sightlines)'이라는 오픈 구조의 레스토랑도 있다. 음식을 먹으면서 확 트인 야구장을 바라볼 수 있는 게 장점이지만 스코어보드 밑에 있어 전광판을 볼 수 없다는 게 단점이다. 1998년 클리블랜드 인디언스의 짐 토미는 이 음식점으로 483피트(147미터) 대형 홈런을 쏘아 올렸는데 놀랍게도 그 공은 식사를 하던 한 여성의 샐러드 그릇 안으로 빠졌다고 한다. 구단 관계자에 따르면 결국 토미는 음식비용을 대신 지불하고 손수 사인볼까지 전달했다는 후문이다. 이후 에드윈 엔카나시온도 이 음식점으로 대형 홈런을 때렸다. 한편, 구장 역사상 가장 큰 홈런을 친 선수는 매니 라미레즈로 비거리가 무려 500피트(152미터)에 달한다. 현재 외야석엔 당시 공이 떨어진 자리를 노란 직사각형으로 표시해두고 있다.

1992~1993 월드시리즈 우승

토론토는 1992년과 1993년 월드시리즈 2연패에 성공했다. 당시 로베르토 알로마, 존 올러루드, 조 카터 등이 팀의 주축이었다. 1992년엔 캐나다 팀 최초로 월드시리즈에 올라 애틀랜타 브레이브스를 4승 2패로 꺾고 월드시리즈 트로피를 들어올렸고 이어 1993년에는 6차전에서 9회말 터진 조 카터의 끝내기 3점 홈런으로 필라델피아 필리스를 역시 4승 2패로 제압했다. 당시 스카이 돔에서 방방 뛰며 베이스를 도는 카터의 모습은 월드시리즈의 명장면으로 자주 소개된다. 구장의 외야 스탠드 벽엔 조 카터를 비롯해 카를로스 델가도, 로베르토 알로마, 팻 길릭 단장 등의 이름이 붙어 있다. 또 그 중엔 '4306 Tom Cheek'이라 적힌 문구도 있는데, 이는 '블루제이스의 목소리'로 유명한 톰 칙에 대한 경의를 표한 것이다. 그는 1977년부터 2004년까지 무려 4,306경기를 연속으로 마이크를 잡은 전설적인 스포츠 캐스터다. 또 팀의 에이스였던 로이 할라데이에게 'Doc'이라는 별명을 붙여준 사람이기도 하다.

메이드 인 캐나다!(Made in Canada)

로저스 센터에선 매 홈경기 시작 전 미국 국가 '별이 빛나는 깃발(The Star-Spangled Banner)'과 캐나다 국가 '오 캐나다(O Canada)'가 나란히 울려 퍼진다. 또 토론토의 유통화폐는 당연히 캐나다 달러지만 구장에선 미국 달러도 사용 가능하다. 단, 잔돈은 캐나다 돈으로 준다. 또 스코어보드 위 좌측엔 캐나다 국기가, 우측엔 성조기가 걸려 있다. 매년 7월 1일 '캐나다의

구장에서 바라본 CN 타워

로저스 센터의 파울 네트(파울 폴이 없다)

날'에는 대형 캐나다 국기가 운동장에 깔리고 기념행사가 열린다. 캐나다의 건국기념일인 이날만큼은 로저스 센터가 파랑이 아닌 붉은 물결로 뒤덮인다. 대표적인 캐나다 출신 메이저리거로는 퍼거슨 젠킨스, 에릭 가니에, 래리 워커, 저스틴 모노, 러셀 마틴, 조이 보토, 브렛 로우리 등이 있다. 이 중 마틴과 보토는 바로 토론토 출신인데 마틴은 고향팀인 토론토에 몸담고 있다. 한편, 토론토에서 차로 2시간 떨어진 세인트 메리란 곳에는 '캐나다 야구 명예의 전당' 박물관이 세워졌다.

토론토의 랜드마크

로저스 센터는 단순한 야구장이 아닌 다목적 스포츠 시설이다. 현재 캐나다 풋볼리그 CFL 토론토 아르고나우츠의 홈구장으로도 활용된다. 이밖에도 나이아가라 강을 사이에 두고 캐나다와 마주보는 미국 도시 버펄로를 홈으로 사용하는 NFL팀 빌스가 2008년 이후 매년 정규시즌 1경기를 이곳에서 치른다. 과거에는 NBA 토론토 랩터스의 홈구장(1995~1998)이기도 했다. 또 1997년에는 '세상에서 가장 빠른 사나이'를 놓고 도노번 베일리와 마이클 존슨의 150미터 육상 경기도 열렸다. 이어 2011년에는 조르주 생피에르와 제임스 쉴즈가 맞붙은 UFC 129 대회가 이곳에서 열렸는데 5만5천 명이 넘는 관중이 들어와 북미 MMA 역사상 최다관중 동원이라는 신기록을 세우기도 했다.

또 크리켓, 축구뿐 아니라 수많은 아티스트의 공연장으로도 쓰인다. 이렇듯 로저스 센터는 단순한 야구장이 아닌 토론토 시민들의 문화생활 공간으로 자리매김하고 있다. 활용 범위가 다양해 일반 야구장과는 다른 특징이 있다. 먼저 로저스 센터의 마운드는 다른 스포츠 경기나 이벤트를 위해 마운드가 위 아래로 움직이도록 설계돼 있다. 다른 경기가 열릴 때는 마운드가 땅 아래로 자취를 감춘다. 또 로저스 센터에는 파울 폴도 없다. 다목적 구장 특성 때문에 딱딱한 폴을 설치할 수 없다고 한다. 대신 쉽게 설치 가능한 파울 네트를 사용하는데 파울 폴보다는 더 넓은 직사각형 모양이다.

애스트로터프 인조 잔디를 직접 밟다

넓은 크기를 자랑하는 팀 스토어 한쪽에는 로베르토 알로마의 골드 글러브와 그의 사인이 들어간 유니폼 등 다양한 전시물이 눈길을 사로잡는다. 과거 토론토 선수들 사진으로 가득 채워진 파란 벽은 조명 불빛을 받아 화려했던 과거의 영광을 떠올리게 만든다. 또 로저스 센터에서 구장 투어를 신청하면 구단은 팬들이 그라운드 잔디를 직접 밟아볼 수 있게 배려한다. 직접 애스트로터프를 밟아보면 생각보다 잔디가 훨씬 푹신푹신하다. 구단의

로저스 센터의 인조 잔디

작은 배려 하나가 팬들에게 큰 만족을 준다.
과거 메이저리그에는 캐나다 연고의 팀이 또 있었다. 바로 1969년 창단한 최초의 캐나다 팀 몬트리올 엑스포스. 아쉽게도 엑스포스는 2005년 연고지를 워싱턴으로 옮겨 내셔널스가 됐다. 로저스 센터는 현존 메이저리그 유일의 캐나다 야구장이라는 것만으로도 의미가 있다.

MUST SEE
개폐식 돔

볼거리
애스트로터프
CN 타워
르네상스 토론토 호텔

교통 및 숙박
지하철이나 버스, 기차를 타고 유니온 역에서 내리면 걸어서 10분 거리다. 주변에 여러 숙소가 많아 비교적 선택의 폭이 넓다. 단 구장에 있는 르네상스 토론토 호텔은 위치는 좋지만 비싼 편이다. 또 미국에서 토론토로 넘어올 경우에는 당연히 입국심사를 받아야 한다.

전체적인 분위기 (별 5개 만점)
★★★★

토론토 블루 제이스

워싱턴 내셔널스
Washington Nationals

최첨단 친환경 구장,
내셔널스 파크

구단 정보

창단: 1969년
연고지: 워싱턴 DC
월드시리즈/리그우승: 0회/0회
영구결번: 재키 로빈슨(#42)

구장 정보

이름: 내셔널스 파크(Nationals Park)
설립: 2008년
잔디: 천연 잔디
수용: 41,418명
규격: 좌 102m / 좌중 115m / 중 123m / 우중 113m / 우 102m
주소: 1500 South Capitol Street, SE Washington, DC 20003

미국의 수도이자 50개 주 어디에도 속하지 않은 독립 행정구역 워싱턴 D.C.(District of Columbia). 지도상으로는 미국 동부의 메릴랜드주와 버지니아주 사이에 위치한다. 대다수 관광객들에게는 백악관을 비롯해 국회의사당, 링컨기념관, 다양한 박물관 등으로 유명하지만, 메이저리그 팬들에겐 이들보다 우선순위를 두는 곳이 있으니 바로 최첨단 시설을 자랑하는 워싱턴 내셔널스의 홈구장 내셔널스 파크다. 내셔널스 파크는 2008년 오픈한 최신식 구장으로 워싱턴은 그 전까지 RFK 스타디움을 홈구장으로 사용했다.

몬트리올에서 워싱턴으로

메이저리그 내셔널리그 동부지구에 소속된 내셔널스의 전신은 바로 캐나다 최초의 팀 몬트리올 엑스포스로 1969년 창단됐다. 만년 적자에 허덕이던 엑스포스는 2005년 연고지를 워싱턴 D.C.로 이전하면서 팀명을 현재의 내셔널스로 변경했다. 지난 2005년 4월 14일 워싱턴은 애리조나를 상대로 홈개막전을 가졌는데, 이는 33년 만에 워싱턴에서 메이저리그 경기가 열린 날이다. 워싱턴 야구팀의 역사를 간단히 살펴보면 1901년 창단한 워싱턴 세네터스(Washington Senators)가 1960년 시즌을 끝으로 연고지를 미니애폴리스로 옮기면서 현재의 미네소타 트윈스가 됐다. 이에 발맞춰 1961년에는 '뉴' 워싱턴 세네터스가 생겨났는데, 이 팀은 1971년 시즌을 마치고 텍사스의 알링턴으로 옮기면서 현재의 텍사스 레인저스가 되었다. 현재 워싱턴 구단은 세네터스, 그레이스, 내셔널스 등을 두고 고민한 끝에 내셔널스로 최종 결정했다.

먼저 센터필드 게이트로 입장하면 '빅 트레인' 월터 존슨의 동상이 야구팬들의 시선을 사로잡는다. 존슨은 불같은 강속구로 리그를 지배했던 전설적인 사이드암 투수로 아직도 역사상 가장 빠른 공을 던진 투수로 회자된다. 통산 417승으로 사이 영(511승) 다음으로 가장 많은 승리를 기록했고, 완봉승만 110회(역대 1위)에 달한다. 존슨은 1936년 명예의 전당이 생겼을 때 최초의 멤버 5인 중 1명이기도 하다. 존슨 동상은 일반 동상들과는 달리 역동적인 투구 모습을 파노라마 형식으로 잘 형상화했다. 존슨 동상 옆으로 세네터스 소속으로 237홈런을 기록한 프랭크 하워드, 흑인 리그의 베이브 루스로 불린 조시 깁슨의 동상도 눈길을 모은다.

최초의 그린 디자인(Green Design) 야구장

내셔널스 파크는 메이저리그 구장 최초로 LEED(Leadership in Energy and

'빅 트레인' 월터 존슨의 파노라마 동상   월터 존슨 동판

Environmental Design) 인증을 받은 것으로 유명하다. LEED란, 미국 그린 빌딩 위원회가 만든 것으로 자연친화적 빌딩, 건축물에 부여하는 친환경 인증제도다. 즉, 설계에서부터 운영, 유지, 보수, 해체까지 자원을 효율적으로 이용하며 환경을 최우선적으로 고려한 구장이다. 또한 이 구장의 특이한 점은 필드가 주변보다 24피트(약 7.3미터) 아래에 위치하고 있다는 점이다. 그래서 센터필드 게이트로 입장할 경우 외야석에서 바로 구장을 훤히 내려다 볼 수 있다. 또 대다수 팬들은 엘리베이터나 에스컬레이터를 타고 오르내릴 필요가 없다. 구장의 주요 통로도 경기장 밖 도로와 같은 레벨에 위치해 편리하다. 또한 다른 구장들과 달리 관람석이 딱딱한 소재가 아닌 소프트한 소재로 되어 있어 오랜 시간 앉아도 편안하다. 그야말로 친환경적이고 친인간적인 구장이다. 친환경 구장이면서도 전광판과 음향시설

워싱턴 내셔널스

뛰어난 선명도를 자랑하는 전광판

링컨 의상을 입은 마스코트

들은 최첨단 기술로 만들어졌다. 실제로 전광판을 통해 나오는 리플레이 장면은 관람석에도 선명도를 느낄 수 있을 정도로 놀랍다. 또한 구장의 상단 좌석에서는 워싱턴 기념탑과 국회의사당 건물도 볼 수 있다.

프레지던트 레이스(Presidents Race)

장소가 장소인 만큼 미국 역대 대통령들을 만나볼 수 있는 기회도 있다. 4회초가 종료되면 미국의 역대 대통령들 4명(조지 워싱턴, 에이브러햄 링컨, 토머스 제퍼슨, 테오도어 루즈벨트, 윌리엄 태프트)의 의상을 입은 마스코트들의 레이스를 볼 수 있다. 이 레이스는 워싱턴 홈경기에서 가장 인기 있는 이벤트 중 하나다. 경기시작 전부터 이 마스코트들은 경기장 주변을 돌아다니며 팬들과 사진을 찍으며 시간을 보낸다. 한편 메이저리그에선 종종 대통령이 직접 개막전 시구를 하는 경우가 있는데 그 시작은 1910년 윌리엄 태프트 대통령이었다. 이후 백악관이 있는 워싱턴에서 가장 많은 대통령의 시구가 있었는데, 특히 과거 워싱턴 세네터스의 홈구장 그리피스 스타디움에선 프랭클린 루즈벨트, 해리 트루먼, 드와이트 아이젠하워, 리처드 닉슨, 존 F 케네디 등 가장 많은 대통령이 시구를 했다. 현재 내셔널스 파크에서도 2008년에 조지 W. 부시, 2010년에는 버락 오바마 대통령이 개막전 시구를 해 화제를 모았다.

#NATITUDE

'NATITUDE'란 2012년 시즌부터 내셔널스가 내세운 마케팅 슬로건으로 내셔널즈(Nats)의 자세(Attitude)를 상징하는 문구다. 쉽게 말해 젊은 선수들이 주축인 내셔널스가 더 강팀이 되기 위해 가져야 할 자세와 스킬, 헌신 등을 아우르는 말이다. 2012년 시즌부터 내셔널스를 상징하는 단어가 됐다. 좌중간 쪽 펜스에 '#NATITUDE'라고 적혀있다.

펜스에 적힌 #NATITUDE

국보급 선수들, 스트라스버그 & 하퍼

사실 내셔널스는 창단 이후 그동안 강팀의 이미지를 심어주지 못했다. 하지만 2009년 드래프트에서 전체 1픽으로 '괴물투수' 스티븐 스트라스버그를, 2010년 드래프트에서는 전체 1픽으로 '천재타자' 브라이스 하퍼를 지명했다. 그리고 이 둘이 동시에 활약하게 된 2012년 시즌 마침내 내셔널스는 98승 64패를 거두며 NL 동부지구 1위에 오르는 기염을 토했다. 내셔널스는 몬트리올 시절인 1981년 이후 처음으로 포스트시즌 무대에 올랐다. 하지만 홈에서 열린 세인트루이스와의 NLDS 마지막 5차전에서 경기초반 6-0으로 앞서며 거의 다 잡았던 경기를 7-9로 내주며 허무하게 2012년을 마감했다.

내셔널스 파크의 전경

이어 2013년 시즌 일부 전문가들은 내셔널스를 우승후보로 내다보기도 했지만 애틀랜타에 밀려 포스트시즌조차 나가지 못했다.

2014년 시즌 절치부심한 내셔널스는 다시 지구 1위를 탈환해 포스트시즌 진출에 성공했지만 와일드카드로 올라온 샌프란시스코에게 일격을 당해 또 다시 디비전시리즈(NLDS)에서 탈락하고 말았다. 하지만 이제 내셔널스는 어느덧 무시할 수 없는 강팀으로 변모했다. 또 2015년 시즌을 앞두고 'FA 최대어'로 평가 받은 거물급 투수 맥스 슈어저를 영입해 월드시리즈 우승까지 꿈꾸고 있다. 스트라스버그, 슈어저와 하퍼가 있다는 이유만으로도 여전히 워싱턴의 미래는 긍정적이고 많은 팬들은 야구장으로 발걸음을 향할 것이다.

실제로 평균 9,356명으로 메이저리그 최하위를 기록했던 2004년 몬트리올 시절의 홈경기 관중수는 2014년 스트라스버그와 하퍼를 보기 위해 내셔널스 파크를 찾는 관중들로 인해 평균 31,844명으로 전체 12위까지 올랐다(출처: ESPN.com). 워싱턴은 메이저리그 연고지 이전의 대표적인 성공사례로 평가할만하다. 먼 훗날 내셔널스 파크가 한 시대를 풍미한 최고의 투타 스트라스버그와 하퍼가 함께 뛰었던 구장이라는 사실만으로도 그 역사적인 가치를 지니는 구장이 되기를 기대해본다.

MUST SEE
월터 존슨 동상

볼거리
프레지던트 레이스(Presidents Race)

추천 메뉴
시티 필드에서와 같이 내셔널스 파크에서도 미국 동부에서 유명한 셰이크 샥(Shake Shack)이 인기다.

교통 및 숙박
내셔널스 파크는 고속도로에서도 멀지 않고, 지하철역에서도 가까운 곳에 있어서 접근이 용이하다. 지하철 그린라인을 타고 네이비 야드(Navy Yard) 역에서 내리면 편하게 야구장에 갈 수 있다. 워싱턴은 물가가 비싼 편이라 저렴한 숙박시설을 찾는 것이 쉽지 않다.

전체적인 분위기 (별 5개 만점)
★★★

명예의 전당 동판 갤러리

31

미국 야구 명예의 전당
National Baseball Hall of Fame & Museum

미국 야구의 성지, 쿠퍼스타운을 가다

미국 야구 명예의 전당
National Baseball Hall of Fame & Museum

미국 야구의 성지
쿠퍼스타운을 가다

박물관 정보

설립: 1939년
주소: 25 Main Street Cooperstown NY 13326

미국 뉴욕주에 위치한 쿠퍼스타운. 뉴욕주에 있지만 맨해튼에서는 북쪽으로 차로 꼬박 4시간을 달려야 할 정도로 동떨어져 있다. 대다수 사람들에게 이곳은 그저 작은 시골마을에 불과하지만, 메이저리그 팬들이라면 누구나 한번쯤 방문하기를 꿈꾸는 장소다. 바로 메이저리그 명예의 전당 박물관(National Baseball Hall of Fame & Museum)이 위치한 곳이기 때문이다. 매년 30만 명이 넘는 야구팬이 이 먼 곳까지 발걸음을 해 지금까지 무려 1,600만 명 가까이 다녀간 미국 야구의 성지다. 특히 명예의 전당 헌액 기념행사가 열리는 기간에는 각지에서 몰려든 야구팬들로 북새통을 이룬다.

이곳이 주목을 받게 된 이유는 '남북전쟁의 영웅' 애브너 더블데이 장군이 1839년에 처음 야구를 고안한 곳이라는 전설 때문이다. 이에 '야구 탄생 100주년'을 기념하기 위해 1939년 6월 12일 명예의 전당 박물관이 정식으로 문을 열었다. 그의 이름을 따서 1920년에 지어진 야구장 더블데이 필드는 박물관에서 조금 떨어진 주차장 근처에 아직도 남아 있고 이곳에 붙어 있는 '야구의 발상지'라는 동판은 팬들의 관심을 끌어당기기에 충분하다. 명예의 전당이란 메이저리그에서 큰 업적을 남기고 야구계에 공헌한 선수를 기념하기 위해 만든 곳으로 이곳에 이름을 올린다는 것은 야구인으로서 가장 큰 축복인 동시에 최고로 명예를 드높이는 일이다. 여기에는 성적은 물론이고 경기 외적인 부분도 포함된다.

1936년 최초의 명예의 전당 멤버들

타이 콥, 베이브 루스, 호너스 와그너, 크리스티 매튜슨, 월터 존슨. 이 영광스런 5명은 1936년 최초로 명예의 전당에 헌액됐다. 이 '퍼스트 클래스(The First Class)'를 시작으로 2015년의 랜디 존슨, 페드로 마르티네즈, 존 스몰츠, 크레이그 비지오까지 총 310명이 이곳에 이름을 올렸다. 선수는 물론 감독, 심판, 구단관계자까지 메이저리그를 빛낸 모든 사람들이 들어가 있다. 메이저리그에서 10년 이상 활약하고 은퇴한 지 5년이 지나야만 명예의 전당 입후보 자격이 생기고 전미야구기자협회(BBWAA) 소속 경력 10년 이상의 기자들의 투표로 결정된다. 인당 최대 10명까지 투표가 가능하다. 투표단으로부터 75% 이상 득표율을 기록하면 명예의 전당에 입성할 수 있다. 득표율이 5% 미만이면 후보자격을 상실하지만 5% 이상만 유지되면 최대 10년까지 매년 자격이 주어진다(2014년까지는 15년).

물론 자격을 상실하더라도 여전히 이곳에 이름을 올릴 수는 있다. 명예의 전당 멤버, 구단 임원, 기자 등 구성된 원로위원회의 투표로 다시 한번 입성의 기회를 갖는다. 이 위원회는 활동시기를 기준으로 통합이전 시대(1876~1946), 황금시대(1947~1972), 확장시대(1973~현재) 3개의 시대로 나누어져 있다. 16명으로 구성돼 있는 각 위원회는 1년에 한 번씩 돌아가며 투표하므로 각 위원회는 3년마다 투표하는 꼴이다. 명예의 전당에 입성하기 위해서는 보통 타자는 통산 500홈런이나 3,000안타, 투수는 300승 이상을 기록해야 한다. 물론 이는 일반적인 기준이고 이에 미달해도 가능성은 열려 있다.

통산 165승에 불과했던 샌디 쿠팩스는 짧은 기간이었지만 당대 최고의 투수라는 강한 인상을 모두에게 남겼기에 명예의 전당에 헌액될 수 있었다. 또 1972년의 마지막 날 비극적인 비행기 사고로 세상을 떠난 로베르토 클레멘테는 5년의 기간 적용 없이 이듬해인 1973년 바로 명예의 전당에 입성했다. 기록 외에도 도덕성도 중요한 잣대다. 메이저리그에서 가장 많은 안

퍼스트 클래스

타를 때린 피트 로즈는 도박혐의로 영구제명됐고, 약물복용 꼬리표가 붙어 다니는 배리 본즈, 마크 맥과이어, 새미 소사 등의 득표율은 여전히 저조하다. 선수들은 대개 자신의 얼굴이 새겨진 동판에 본인이 가장 인상적인 활약을 했던 소속팀 모자를 선택하지만, 캣피시 헌터와 그렉 매덕스, 토니 라루사 감독처럼 어느 특정 팀의 모자를 선택하지 않을 수도 있다. 명예의 전당은 또한 박물관 자체를 의미하기도 하는데 미국에서 가장 방대한 야구자료를 소장하고 있다. 야구공, 배트, 유니폼, 글러브 등 무려 3만8천 점이 넘는 전시품이 갖춰져 있고 또 13만5천 장의 야구카드, 50만 장의 흑백·컬러 사진, 200만 개의 리서치 파일자료가 박물관을 가득 채우고 있다.

미국 야구 명예의 전당

야구에 대한 진기한 기록물들

1층에는 박물관의 상징인 명예의 전당 동판 갤러리가 있어 가장 많은 사람들이 몰린다. 대형 홀을 중심으로 양쪽 벽에 동판이 일렬로 전시돼 있다. 이 갤러리에서 또 눈길을 끄는 것은 바로 베이브 루스와 테드 윌리엄스의 목상이다. 실제 크기로 제작된데다가 화려한 색상으로 옷을 입어 마치 두 전설이 살아 돌아온 듯 그들의 숨결이 생생히 느껴진다. 로버트 레드포트 주연의 〈내추럴(The Natural)〉 등 모든 야구영화를 한 곳에 정리해 놓은 '영화 속 야구(Baseball at the Movies)'도 보는 재미가 쏠쏠하다. 이밖에 기념품을 파는 뮤지엄 스토어도 있다. 2층엔 박물관의 기원과 역사에 대해 소개하는 쿠퍼스타운 룸과 연도별로 각 구단의 역사를 전시한 라커를 만날 수 있다. 이중선 단연 테드 윌리엄스의 스트라이크 존이 눈을 사로잡는다. 알록달록한 77개의 공이 스트라이크 존을 가득 채우고 있고, 각각의 공에는 그 위치에 온 공을 쳤을 때 윌리엄스 본인이 기록할 것이라 예상한 타율이 적혀 있다. 특히 이 스트라이크 존은 윌리엄스의 저서 《타격의 과학》의 표지를 장식하기도 했다. 투자의 귀재인 '오마하의 현인' 워렌 버핏은 윌리엄스의 타격 이론을 투자의 원칙으로 삼고 그의 책 표지를 방 안에 붙여 놓았다고 한다. 또 다양한 니그로 리그 전시물도 눈에 띄고 영상자료를 볼 수 있는 그랜드 스탠드 극장도 있다. 게다가 이곳에서는 놀랍게도 한국 프로야구 롯데 자이언츠의 모자를 발견할 수 있는데, 이것은 바로 2012년 라이언 사도스키가 착용했던 모자다. 모자 아래에는 그가 2013 WBC에서 네덜란드 대표팀에 전달한 한국대표팀 분석자료 7장이 나란히 전시돼 있다. 당시 사도스키는 자신의 옛 코치이기도 했던 네덜란드 헨슬리 뮬렌스 감독의 부탁으로 한국대표팀의 전력 분석 자료를 그에게 건넸고 당시 네덜란드는 한국대표팀을 5-0으로 제압했다.

3층에는 '체이싱 더 드림(Chasing the Dream)'이란 행크 애런 갤러리가 가장 눈에 띈다. 애런의 발자취를 잘 정리해둔 곳으로 특히 그의 역사적인 홈

베이브 루스 목상

테드 윌리엄스의 스트라이크 존

런 레이스 당시 분위기를 고스란히 느낄 수 있다. 이밖에 월드시리즈와 포스트시즌 관련 전시품이 가득한 '오텀 글로리(Autumn Glory)'라는 곳도 빼놓을 수 없고 건물 뒤쪽 외부에는 조니 파드레스가 로이 캄파넬라에 투구하는 동상도 인상적이다.

쿠퍼스타운은 과연 야구의 발상지일까?

외딴 곳에 있는 작은 마을이라고 알려져 있지만 상상했던 것보다도 더 아기자기했던 쿠퍼스타운. 이 주변은 온통 야구일색이다. 박물관뿐 아니라 다양한 기념품을 구비해 호기심을 불러 일으키는 주변 가게들의 유혹을 뿌리치기란 쉽지 않다. 유명 선수들의 이름을 딴 '미키스 플레이스(Mickey's

미국 야구 명예의 전당

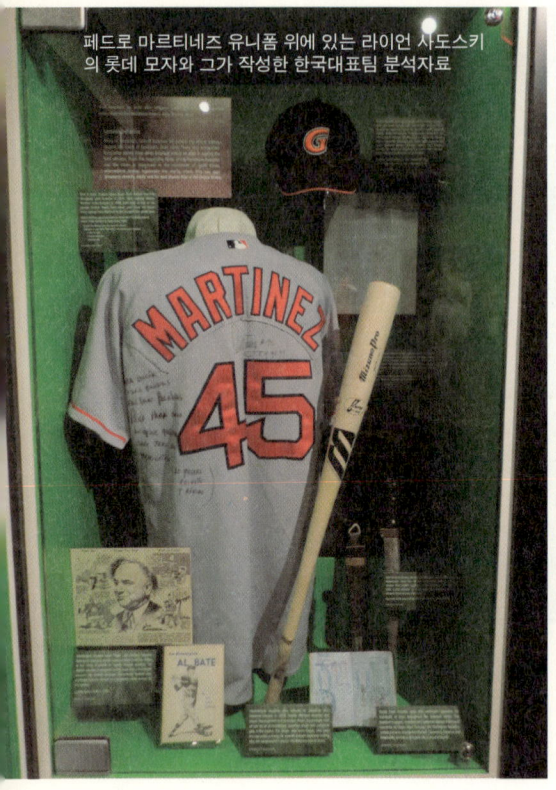

페드로 마르티네즈 유니폼 위에 있는 라이언 사도스키의 롯데 모자와 그가 작성한 한국대표팀 분석자료

더블데이 필드

Place)', '슈리스 조스(Shoeless Joe's)' 같은 가게들이야말로 야구팬들에겐 천국이자 또 다른 박물관이다. 여러 선수들의 유니폼과 티셔츠, 그들의 친필 사인이 담긴 야구공, 사진, 엽서 등 다양한 기념품들을 보고 먼 길을 온 팬들은 지갑을 열지 않을 수 없다. 가게들 구경만으로도 즐거워 시간 가는 줄 모를 정도다. 또 왁스 박물관(Wax Museum) 옆에 있는 '하드볼 카페'에서는 푸짐한 '밤비노 버거'를 즐길 수 있다.

애석하게도 쿠퍼스타운은 더블데이 장군이 1839년 처음 야구를 고안한 곳이라는 전설에 대해 진위여부 논란이 많았고, 결국 이는 거짓이라는 게 야구계의 정설이다. 스토리를 좋아하는 미국인들에게 미국이 야구의 종주국이 되기 위해서 남북전쟁의 영웅 더블데이 장군은 꼭 필요한 존재였을지도 모른다. 사실 대공황으로 타격을 입은 지역경제를 살리기 위한 방편으로 그럴 듯하게 지어낸 이야기라는 시각도 있다. 하지만 그 전설이 거짓이라고 해서 어쩌겠는가. 어쨌든 지금 이곳에 메이저리그의 전설들이 살아 숨쉬고, 야구의 역사적 의미와 가치를 조명하는 쿠퍼스타운의 상징성까지 퇴색되지는 않고 있으니 말이다.

MUST SEE
더블데이 필드
명예의 전당 동판 갤러리

볼거리
베이브 루스 동상
테드 윌리엄스 동상

추천 메뉴
하드볼에서 파는 베이브 루스의 이름을 딴 밤비노 버거

교통 및 숙박
쿠퍼스타운에 가기 위해서는 차량이 반드시 필요하다. 그리고 쿠퍼스타운은 시골에 있는 작은 마을이어서 대부분의 숙소가 10~20킬로미터 이상 떨어져 있다.

전체적인 분위기 (별 5개 만점)